Precedentes Vinculantes no Processo Civil Brasileiro e a Razoável Duração do Processo

Luís Manoel Borges do Vale

Precedentes Vinculantes no Processo Civil Brasileiro e a Razoável Duração do Processo

GZ
EDITORA

Rio de Janeiro
2019

1ª edição – 2019
1ª edição – 2019 – 2ª tiragem

Presidente do Conselho Editorial
Nelson Nery Costa

Diagramação
Olga Martins

CIP – Brasil. Catalogação-na-fonte.
Sindicato Nacional dos Editores de Livros, RJ.

V243p

Vale, Luís Manoel Borges do
Precedentes vinculantes no processo civil brasileiro e a razoável duração do processo / Luís Manoel Borges do Vale. - 1. ed. - Rio de Janeiro: LMJ Mundo Jurídico, 2019.
192 p. ; 24 cm.

Inclui bibliografia e índice
ISBN 978-85-9524-060-5

1. Precedentes judiciais - Brasil. 2. Processo civil - Brasil. I. Título.

19-56185

CDU: 347.91/.95(81)

contato@editoragz.com.br
www.editoragz.com.br
Av. Erasmo Braga, 299 – Sala 202 – 2º andar – Centro
CEP: 20020-000 – Rio de Janeiro – RJ
Tels.: (0XX21) 2240-1406 / 2240-1416 – Fax: (0XX21) 2240-1511

Impresso no Brasil
Printed in Brazil

Para Sheyla, Rafaela e Arthur

AGRADECIMENTOS

A honrosa empreitada de escrever um livro exige o auxílio e a compreensão de inúmeros sujeitos. Dessa forma, o autor, por vezes, acaba por se tornar coadjuvante das manifestações de apoio diuturnas. Assim, é preciso nominar algumas pessoas imprescindíveis à conclusão desta enriquecedora etapa da vida.

De início, verto meus agradecimentos a Deus, inteligência suprema e causa primária de todas as coisas.

Sem uma doce companheira ao seu lado, um homem padece sozinho na imensa solidão, por isso, sou grato à Sheyla por todo amor e carinho e por ter me concedido a dádiva de ser pai do pequeno e angelical Arthur e da doce Rafaela, os quais, ainda nos primórdios da vida, colaboraram no despertar de minhas inspirações.

Elos inquebrantáveis de uma união eterna, nossos pais são sempre o porto seguro que nos amparam em qualquer circunstância. Assim, não poderia deixar de registrar minha imensurável gratidão a Almir e Ana, grandiosos seres humanos, que romperam todos os obstáculos para que eu multiplicasse meus momentos felizes.

Ser mãe duas vezes é para poucas. Dobrar o amor é algo que beira o impensável. Porém, compreendemos que isso é possível, quando conhecemos nossas avós. Neusa e Talgíbia, obrigado pelo colo afável e pela torcida sem fim.

Irmãos surgem como figuras expoentes em nosso caminhar, pois reforçam a confiança de que a união e o afeto são as chaves fundamentais de uma vida plena. Posto isso, deixo grafado meu muito obrigado a José Vilson e Paulo Henrique.

Pedro Henrique Pedrosa Nogueira, cujo talento dispensa qualquer comentário e a quem atribuí a insígnia de amigo, participou ativamente deste projeto como mentor e revisor, de tal forma que este livro também é fruto de suas maduras reflexões. Gratidão, Mestre!

Gabriel Ivo é daqueles professores que bem traduzem o verbo 'ensinar'! Solícito e atencioso, ele dispensou muitos minutos de seu precioso tempo, para responder algumas de minhas inquietações. Sem dúvida, foi mola propulsora desta obra!

Uma das maiores autoridades do Brasil na temática dos Precedentes Judiciais, Jaldemiro Ataíde, com toda a sua tradicional cortesia, fez questão de enriquecer a obra com suas considerações sempre atentas, ao tempo em que aceitou prefaciá-la. Miro, serei eternamente grato!

In memoriam, dedico este livro a Alexandre Rodrigues de Albuquerque, saudoso mestre, cujas lições ainda ecoam em minha mente.

Em arremate, agradeço a todos os amigos, os quais são verdadeiros irmãos que a vida me deu. Alon, Humberto, Natália Parente, Gregório Henrique, Rafael Studart, Roney Leão, Leonardo Máximo, Thales Amaral, Ritha Manoella, Denarcy, Marcial, Philippe Nader, Vanessa Baesse, Rodrigo Parente, dentre outros.

APRESENTAÇÃO

Tive a satisfação de conhecer Luís Manoel Borges Vale por indicação de um amigo em comum, o ilustre Daniel Miranda, destacado professor cearense, com quem tive a fortuna de, ao lado de outros grandes professores e amigos, fundar a Associação Norte Nordeste de Professores de Processo – ANNEP.

Luís veio residir em Maceió, para o desempenho das funções de procurador de estado. Pouco tempo depois de sua chegada em terras alagoanas, no ano de 2012, convidei-o para integrar o corpo docente da SEUNE – Sociedade de Ensino universitário do Nordeste, de cujo curso de Direito, à época, era eu o coordenador.

Desde então, já pude presenciar o talento e a competência demonstrados por Luís Vale, que sempre desempenhou seu mister com grande versatilidade, transitando com destaque por várias disciplinas do Direito.

Numa de nossas conversas na faculdade, ele me externara o seu desejo pessoal de cursar o mestrado na Universidade Federal de Alagoas, onde até hoje tenho a felicidade de lecionar. Luís se candidatou e foi aprovado, tornando-se, em seguida, no ano de 2014, meu aluno e orientando e, hoje, um querido amigo.

O livro que ora apresento tem aí sua gênese: do pré-projeto inicialmente submetido para fins de participar da seleção do mestrado na UFAL, passando pelo seu desenvolvimento, até a sua construção definitiva na dissertação depositada e defendida com esmero perante banca formada pelos professores Marcos Ehrhardt Jr., Juvêncio Vasconcelos Viana e Gabriel Ivo, sempre esteve presente a ideia e o propósito de estudar e trabalhar com os precedentes judiciais no Brasil.

Defendida exitosamente a dissertação, surgiu então o ensejo de publicá-la na sua versão comercial, em forma de livro, e também me sobreveio o honroso convite para apresentá-lo. Minha gratidão, por isso, aqui também é externada.

A obra busca responder se o regime de precedentes no direito processual brasileiro promove o direito fundamental a razoável duração do processo.

Estrutura-se o livro em quatro capítulos, além da introdução e conclusão: o primeiro tratou do conceito e natureza do precedente judicial. No capítulo segundo, buscou-se abordar vários aspectos gerais da teoria dos precedentes. No capítulo terceiro, examinou-se o direito à duração razoável do processo desde os aspectos históricos, perpassando pelos problemas dogmáticos. No último capítulo, a obra apresenta a relação entre precedentes e duração razoável, com indicação de prognósticos do problema à luz do Código de Processo Civil de 2015.

Tratar cientificamente de precedentes no Brasil, sobretudo a partir dos últimos dois anos, é ingressar em terreno movediço. A produção científica nessa seara se multiplicou, mas os problemas reais do cotidiano envolvendo sua manipulação pelos órgãos judicantes ainda não foram debelados. O autor resolveu enfrentar o desafio, fornecendo o seu contributo para tentar desvendar essa relação enigmática: é possível enxergar o precedente como elemento de promoção da razoável duração do processo?

A resposta foi bem posta no livro, de modo que a essa altura só me restam três palavras finais.

Primeiro, externar o regozijo de ver um egresso do Programa de Pós-Graduação em Direito da Universidade Federal de Alagoas brilhando no cenário jurídico e compartilhando suas ideias sobre um tema tão atual e relevante.

Em seguida, felicitar a editora por viabilizar essa publicação, que certamente engradecerá as nossas letras e se tornará uma utilíssima ferramenta para os que desejam estudar os precedentes judiciais no direito brasileiro.

Por fim, só me restar parabenizar a Luís Vale por oferecer ao público o seu trabalho, que já nasceu exitoso.

Maceió, em novembro de 2018.

PEDRO HENRIQUE NOGUEIRA
Doutor em Direito pela Universidade Federal da Bahia (UFBA).
Professor nos cursos de graduação e mestrado na Universidade Federal de Alagoas (UFAL).
Presidente da Associação Norte e Nordeste de Professores de Processo (ANNEP).

PREFÁCIO

Luís Manoel Borges do Vale – brioso Procurador do Estado de Alagoas, que conheci há alguns anos, quando ainda estava iniciando a elaboração do seu projeto de mestrado, e, a partir de então, tornou-se um querido amigo – honrou-me com o convite para prefaciar a sua bela obra intitulada *Os precedentes vinculantes, no direito processual civil brasileiro, e o direito fundamental à razoável duração do processo*, que é a versão comercial de sua dissertação de mestrado, defendida com êxito na UFAL, sob orientação de Pedro Henrique Pedrosa Nogueira, um dos mais reluzentes processualistas brasileiros de sua geração.

Não posso deixar de externar minha gratidão e imensa felicidade em estar prefaciando esta obra; aliás, a primeira que prefacio.

O tema dos precedentes – situado em uma zona interseccional de relevantes disciplinas como a história do direito, a analítica jurídica, a teoria da decisão, dentre outras – é fascinante e inesgotável.

Quem se dedica ao estudo do tema, de tempos em tempos, é surpreendido com abordagens um tanto quanto diferentes das convencionalmente difundidas no Brasil, abordagens essas que, à primeira vista, soam como algo estranho diante do imaginário que se criou em torno dos precedentes e da tradição jurídica do *common law*.

Por exemplo, parecem absurdas afirmações como as seguintes: (i) que o *common law* se assemelha muito mais ao direito romano clássico e ao *ius commune* da Europa medieval do que ao próprio *civil law* nos contornos adquiridos após a Revolução Francesa;[1] (ii) que os reis ingleses foram os únicos monarcas europeus que legislaram abundantemente em matéria de direito privado durante os séculos XII e XIII [2] e (iii) que as Cortes inglesas, muito provavelmente, foram as últimas da Europa a produzirem precedentes vinculantes.[3]

Quanto à primeira afirmação aparentemente absurda, cumpre esclarecer que os juristas da fase clássica do direito romano, os juristas continentais do medievo e os *common lawyers* apresentavam semelhanças nos seus modos de raciocinar e no estilo argumentativo-discursivo-casuístico de suas atividades práticas. Tanto os juristas romanos – lidando com a *responsa prudentium* – quanto os *common lawyers* – lidando com os precedentes – realizavam um raciocínio *from case to case*, ambos buscavam não uma máxima abstrata à qual pudessem subsumir o caso em análise, mas, indutivamente, o princípio que conduziu à solução de um anterior caso semelhante (a *ratio decidendi*), para, mediante distinções (*distinguishing*) ou a extensão por analogia, chegar à resolução do

---

1 VACCA, Letizia. *La giurisprudenza nel sistema delle fonti del diritto romano.* 2ed. Torino: G. Giappichelli Editore, 2012, p. p. 113-115. Em sentido semelhante, as lições de Gino Gorla, ao tratar do estilo de decisão das Cortes Italianas entre os séculos XVI e XVIII, p. 740-745. *In*: GORLA, Gino. Civilian judicial decisions – an historical account of italian style. *Tulane Law Review.* Vol XLIV. USA: Tulane University Law School, 1970, p. 740-745.

2 CANNATA, Carlo Augusto. *Historia de la ciência jurídica europea.* Tradução de Laura Gutiérrez-Masson. Madrid: Editorial Tecnos, 1996, p. 210.

3 DOLEZALEK, Gero. I precedenti giudiziali nello *ius commune. In:* VINCENTI, Umberto (Org.). *Il valore dei precedenti giudiziali nella tradizione euripea.* Pádua, CEDAM, 1998, p. 55-80.

caso em julgamento. Tanto o direito romano clássico como o *common law* adotaram mecanismos de desenvolvimento do direito lento, gradual e casuístico – no primeiro, a responsa *prudentium* e os editos do pretor; no segundo, os precedentes judiciais.[4]

Quanto à segunda afirmação aparentemente absurda, as lições de Carlo Augusto Cannata são deveras esclarecedoras, quando afirma que "Sin saberlo, y sin quererlo tampoco de verdad, los reyes ingleses de los siglos XII y XIII fueron los únicos soberanos europeus en haber legislado abundantemente en materia de derecho privado. En efecto, no hay ninguna diferencia práctica entre la atribución de un derecho y la concesión de un *writ*, y el derecho privado en substancia no es otra cosa que la atribución de derechos y de deberes a los particulares; esta es la razón por la que se puede hacer esa ecuación entre creación de numerosos *writs* y legislación. Esa legislación era de pésima calidad y su estructura apenas esbozada esperaba ver colmadas sus lagunas con el trabajo de los tribunales, pero debe destacarse, al objeto de una comparación con el derecho continental, que el *common law* fue desde el principio un derecho positivo mientras que el derecho romano resucitado en las universidades era un derecho ideal y académico".[5] Como facilmente se percebe, os reis ingleses não editavam normas gerais e abstratas como as leis que conhecemos hoje, mas conferiam *ações de direito material* ao concederem *writ*, tal qual se davam com os editos dos pretores romanos, que, ao fim e ao cabo, positivavam direito.

Quanto à terceira afirmação aparentemente absurda, vale lembrar que, na Inglaterra, os precedentes passaram a ter eficácia *formalmente* vinculante apenas na segunda metade do século XIX,[6] ao passo que na Europa Continental do medievo, em virtude da multiplicidade de fontes do direito – nas cidades-estados e nos reinos, além do direito imperial (leis editadas pelo soberano), vigiam os direitos locais, os costumes,

---

4 VACCA, Letizia. Op. Cit., p. XVII, 113-124; PLUNCKNETT, Theodore F. T. *A concise history of the common law*. 5ed. Little, Brown and Co., 1956, p. 297-300; MOCCIA, Luigi. English law attitudes to the 'civil law'. *Journal of Legal History*. Vol 2, September/1981. London: Frank Cass, p. 161-163; BUSTAMANTE, Thomas da Rosa de. *Teoria do precedente judicial:* a justificação e a aplicação de regras jurisprudenciais. São Paulo: Noeses, 2012, p. 3-10, 78-87; CANNATA, Carlo Augusto. Op. Cit., p. 63-65, 237; TUCCI, José Rogério Cruz e. *Precedente judicial como fonte do direito.* São Paulo: Revista dos Tribunais, 2004, p. 64-68; MACÊDO, Lucas Buril de. *Precedentes judiciais e o direito processual.* Salvador: Juspodivm, 2014, p. 50-52.

5 CANNATA, Carlo Augusto. Op. Cit., p. 210.

6 O que sói ocorrer apenas em 1861 com a decisão proferida pela *House of Lords* no caso *Beamish v. Beamish*, oportunidade em que se considerou como vinculante o seu precedente no caso *R. v. Millis*, proferido em 1844. Ressalte-se que, em 1898, sob os influxos do positivismo novecentista propugnado por Benthan, a *House of Lords*, em *London Tramways v. London Couty Council*, considerou-se estritamente vinculada aos seus próprios precedentes, o que perdurou até a *Practice Statement* de 1966, quando o *Lord* Delvin, falando para todos os *Law Lords*, anunciou a intenção da Corte de mudar a prática até então vigente, passando a permitir a superação de seus próprios precedentes, quando lhe parecesse justo agir de tal forma. Sobre o tema: CROSS, Rupert; HARRIS, J. W. *El precedente en el Derecho ingles.* Tradução de Mª. Angélica Pulido. Madrid: Marcial Pons, 2012, p. 28-29, 129-131; ITURRALDE SESMA, Victoria. *El Precedente en el common law* Madrid: Editorial Civitas, 1995, p. 24-25; et al.

os direitos especiais de pessoas ou de grupos particulares e o direito comum europeu (*ius commune*) – e da ausência de um conjunto de regras de estrutura aptas a solucionar satisfatoriamente os inevitáveis conflitos normativos; fez-se surgir a necessidade de atribuição de eficácia vinculante às reiteradas decisões das Cortes de mais elevado grau hierárquico (*stylus curiae*), visando à organização do complexo normativo desse direito pluralista.[7] Exemplo disso se deu em Portugal, onde, desde as Ordenações Afonsinas (Liv. II, Tit., IX), estabeleceu-se a eficácia vinculante das decisões da Casa de Suplicação (no mesmo sentido as Ordenações Manuelinas, Liv. II, Tit. V, as Ordenações Filipinas, Liv. III, Tit. LXIV, e a Lei da Boa Razão, §§ 4º e 5º).[8]

Desde a década de 70 do século passado, autores europeus, sobretudo italianos e alemães, a exemplo de Carlo Augusto Cannata, Luigi Moccia, Gino Gorla, Letizia Vacca e Paul Koschaker, têm se dedicado a desmistificar a insularidade do direito inglês.

O papel sociopolítico dos juízes ingleses foi um tanto quanto sobrevalorizado, incutindo, assim, a convicção de que a Inglaterra tinha um direito muito diferente do contemporâneo direito continental. Hoje, fala-se no mito da insularidade do direito inglês, mito esse que fora alimentado por juristas clássicos como Sir. William Blackstone e Maitland.

E essa ideia mítica da insularidade do direito inglês fora influenciada por *fatores religiosos*, decorrentes da Reforma anglicana e do vínculo que se fazia entre os romanistas, os canonistas e o Papado; por *fatores políticos*, em virtude das relações, de um lado, entre os *civilians* e a monarquia e, de outro, entre os *common lawyers* e o parlamento e por *fatores mercadológicos*, uma vez que à classe de juristas ingleses precocemente formada (já consolidada no séc. XIII e que edificou o *common law*) interessava um certo distanciamento da tradição romanística, tendo em vista o receio de que houvesse uma perda de espaço para juristas de formação romanista (os *civilians*).[9]

Ou seja, essa linha de pesquisa tem revelado que, durante os séculos XVI e XVIII, havia uma grande semelhança entre o *common law* e o *ius commune* europeu, uma vez que neste também se observava: (i) uma prática jurídica embasada em um estilo argumentativo-discursivo-casuístico; (ii) a proeminência do juiz e uma larga criatividade judicial e (iii) a força dos precedentes dos tribunais continentais (*stylus curiae*).

E mais, prova da não insularidade do direito inglês era o intercâmbio de entendimento entre as Cortes inglesas e as continentais na época, bem como a existência de

---

7 HESPANHA, António Manuel. *Cultura jurídica europeia.* Reimpressão. Coimbra: Almedina, 2015, p. 153-164; BUSTAMANTE, Thomas da Rosa de. *Teoria do precedente judicial:* a justificação e a aplicação de regras jurisprudenciais. São Paulo: Noeses, 2012, p. 65-66.

8 Nesse sentido: SILVA, Nuno J. Espinosa Gomes da. *História do direito português – fontes do direito, Vol. I.* Lisboa: Fundação Calouste Gulbenkian, 1985, p. 229-232; ALBUQUERQUE, Martim de; ALBUQUERQUE, Rui de. *História do direito português I.* Lisboa: Pedro Ferreira Editor, 1985, p. 172-181; SOUZA, Marcus Seixas. *Os precedentes na história do direito processual brasileiro: colônia e império.* Dissertação (Mestrado) – Faculdade de Direito. Universidade Federal da Bahia, Salvador, maio/2014, p. 53-86.

9 KOSCHAKER, Paul. *L'europa e il diritto romano.* Traduzione di Arnaldo Biscardi. Firenze: Sansoni Editore, 1962, p. 366-368.

vastas coleções de obras de juristas continentais nas bibliotecas tanto das universidades quanto das *Inns Courts.*[10]

O fato é que, embora não se possa afirmar que o direito romano fora recepcionado na Inglaterra – de fato, não o foi, pois, no momento em que se inicia o ressurgimento do direito romano (recepção do direito romano *imperial*) na Europa continental (séculos XII e XIII), o direito inglês já havia atingido um outro nível de desenvolvimento, uma vez que já se encontrava unificado e um tanto quanto amadurecido, em decorrência do trabalho dos tribunais reais[11] –, é inegável a sua grande influência sobre o *common law*.

Como defende Cannata, a influência do direito romano sobre o *common law* dá-se desde a conquista normanda de 1066, uma vez que "la decisión de emprender la conquista de Inglaterra había sido apoyada políticamente por el papado. No sólo la Iglesia de Roma facilitó la conquista, sino que proporcionó después a Guillermo la ayuda de la única estructura administrativa entonces existente, la suya, donde abundaban las personas instruidas".[12]

E o primeiro contato da Inglaterra com o direito romano deu-se já com a chegada do Cristianismo, ou seja, simultaneamente à conquista normanda. De acordo com Theodore Pluncknett, Koschaker e Cannata, nesse primeiro momento, a principal ligação entre o direito romano e o direito inglês foi Lanfranc, jurista italiano da Escola de Pavia, que fundou a Escola de Bec, na Normandia, onde se tornou monge Beneditino e, depois, acompanhou Guilherme (William) na conquista da Inglaterra, tendo se tornado Arcebispo de Canterbury.[13]

Em virtude do alto grau de formalismo e tecnicismo do sistema de *writs*, sobretudo depois das *Provisions of Oxford* (1258) e do *Statute of Westminster II* (1285), impôs-se aos práticos a capacidade de fazer coincidir uma pretensão com uma fórmula de ação adequada, o que logo ensejou o surgimento da profissão de advogado, fazendo aportar à Inglaterra juristas vindos do continente, como o italiano Ambrose, um dos primeiros advogados da Inglaterra.[14-15] O famoso glosador Vaccarius ensinou em Oxford de 1139 até 1151, quando fora proibido de lecionar pelo rei Etienne (*Stephen of Blois*). Mais tarde, o rei Eduardo I chamou a Oxford Francesco Accursius, filho de Accursius (1185-1263) – um dos maiores glosadores e autor da mais notável obra da época, *Glosa Ordinária* ou a

10 Sobre o tema: MOCCIA, Luigi. English law attitudes to the 'civil law'. *Journal of Legal History.* Vol 2, September/1981. London: Frank Cass, p. 161-164; HESPANHA, António Manuel. Op. Cit., p. 163-164, 252-255; KOSCHAKER, Paul. Op. Cit., p. 375-377.

11 MOCCIA, Luigi. Op. Cit., p. 159-160; CAENEGEM, R. C. van. *Uma introdução histórica ao direito privado.* Tradução de Carlos Eduardo Lima Machado. São Paulo: Martins Fontes, 2000, p. 04-05, 51.

12 CANNATA, Carlo Augusto. Op. Cit., p. 209.

13 PLUNCKNETT, Theodore F. T. Op. Cit., p. 297; KOSCHAKER, Paul. Op. Cit., p. 367; CANNATA, Carlo Augusto. Op. Cit., p. 224.

14 CANNATA, Carlo Augusto. Op. Cit., p. 214-215.

15 Pluncknett, relaciona a vinda de Vaccarius à influência de Lanfranc e sua escola na Inglaterra, pois este trouxe Anselmo para ensinar na Inglaterra e, depois, outro arcebispo, Theobald, que ensinou Thomas Becket, responsável por trazer Vaccarius à Inglaterra. *In*: PLUNCKNETT, Theodore F. T. Op. Cit., p. 297.

Magna Glosa[16] –, que não aceitou a nomeação, tendo em vista o confisco que os bolonheses reservavam aos bens dos professores que iam lecionar no exterior.[17-18]

Além disso, traços da influência romanista e do direito canônico são percebidos na terminologia e no estilo de Glanvill – autor de uma das primeiras obras da literatura jurídica inglesa, escrita entre 1187 e 1189, *Tratacus de legibus et consuetudinibus regni Angliae* – e, ainda com mais clareza, no tratado de Bracton (1258).[19]

A influência do direito romano, que havia minguado durante o século XIII, é retomada no século XVI com a dinastia dos Tudors. Enrique VIII instituiu os professores régios com a missão de ensinar o direito romano em Oxford e Cambridge.[20]

Nessa mesma época, desenvolveu-se, em paralelo à jurisdição de *common law,* a jurisdição de *equity*, através da qual aqueles que não encontravam a tutela dos seus direitos nos tribunais de *common law* recorriam diretamente ao rei, que remetia seus pleitos à apreciação do Lord Chanceler, que, por sua vez, decidia-os com base em princípios do direito romano-canônico, corrigindo a rigidez e a formalidade do *common law*. O crescimento do número de pedidos de tutela ao Chanceler deu origem às *Courts of equity*, que concorreram com as *Courts of common law* durante toda a dinastia dos Tudors e dos Stuarts e sobreviveram à Revolução Gloriosa (1688), tempo em que já se observava uma convivência harmoniosa entre tais Cortes – até que ocorreu a unificação dos sistemas de *common law* e *equity* com os *Judicatury Act* de 1873-1875.

Não se pode olvidar, ainda, a influência do direito comum europeu, ou melhor, da tradição jurídica romano-canônica, nas matérias de direito matrimonial e de sucessões, no direito mercantil e no direito marítimo inglês, que, além de não serem materialmente regidos pelo *common law*, até o século XIX – quando foram absorvidos, em virtude dos *Judicature Acts* (1873-1875) – não eram submetidos aos tribunais de *common law*, mas, respectivamente, aos tribunais eclesiásticos (*Ecclesiastical Courts*), aos tribunais de equidade (*Courts of equity*) e aos tribunais marítimos (*Admiralty Courts*).[21] Como afirma

16 PLUNCKNETT, Theodore F. T. Op. Cit., p. 297; CANNATA, Carlo Augusto. Op. Cit., p. 234-235.

17 CANNATA, Carlo Augusto. Op. Cit., p. 234.

18 De todo modo, não se pode obscurecer que, mesmo nessa época, já havia ondas cíclicas de resistência ao direito romano. Como já ressaltado, em 1151, o Rei Stefano (Etienne ou *Stephen*) proibiu Vaccarius de exercitar a docência em Oxford e, em 1234, o rei Henrique III vetou o ensino do direito romano em Londres. Nesse sentido: KOSCHAKER, Paul. *L'europa e il diritto romano.* Firenze: Sansoni Editore, 1962, p. 364.

19 CANNATA, Carlo Augusto. Op. Cit., p. 212, 230-231; PLUNCKNETT, Theodore F. T. Op. Cit., p. 297-298; GILISSEN, John. Op. Cit., p. 212; HESPANHA, António Manuel. *Cultura jurídica europeia.* Reimpressão. Coimbra: Almedina, 2015, p. 170; KOSCHAKER, Paul. Op. Cit., p. 364--365.

20 PLUNCKNETT, Theodore F. T. Op. Cit., p. 297-298; CANNATA, Carlo Augusto. Op. Cit., p. 234-236; KOSCHAKER, Paul. Op. Cit., p. 369-370.

21 CANNATA, Carlo Augusto. Op. Cit., p. 235-237; KOSCHAKER, Paul. Op. Cit., p. 371-372; BUSTAMANTE, Thomas da Rosa de. *Teoria do precedente judicial:* a justificação e a aplicação de regras jurisprudenciais. São Paulo: Noeses, 2012, p. 62-64; SLAPPER, Gary; KELLY, David. *English law.* 3ed. London: Routledge-Cavendish, 2010, p. 10-11; DAVID, René. Op. Cit., p. 417-419; LOSANO, Mario G. *Os grandes sistemas jurídicos.* Tradução de Marcela Varejão. São Paulo: Martins Fontes, 2007, p. 328.

Cannata, havia "una corporación, dicha *Doctor's Commons*, que estuvo en activo desde finales del siglo XV y hasta la primera metad del siglo XIX; eran también denominados *civilians* por oposición a los *common lawyers* que trabajan con los tribunales de *common law* propriamente dichos. Esos *civilians* ingleses conocían bien el derecho continental y junto con los juristas escoceses fueron, por así decirlo, los mediadores entre éste último y el derecho inglés".[22]

Pois bem, diante desse universo praticamente inesgotável que é o tema dos precedentes, Luís Manoel Borges do Vale optou por dar enfoque à relação entre os precedentes vinculantes e a razoável duração do processo no sistema jurídico brasileiro, sobretudo a partir das inovações trazidas pela Lei nº 13.105/2015 (CPC/2015).

A obra em comento se encontra dividida em quatro capítulos. Nos dois primeiros, Luís Vale aborda a teoria dos precedentes, tratando pormenorizadamente dos conceitos fundamentais de tal teoria (tais como: precedente, *ratio decidendi, obiter dictum, overruling* etc.) e, assim, lançando as bases teóricas do seu trabalho. No terceiro capítulo, Luís Vale realiza uma análise histórica acerca da razoável duração do processo, além do que apresenta a sua noção de razoável duração do processo e propõe critérios para que se afira o seu maior ou menor grau de concretização. No quarto capítulo, Luís Vale empreende uma análise sobre a relação entre os precedentes vinculantes e a concretização do princípio da razoável duração do processo, o que faz abordando questões como: a crise de números que afeta a justiça brasileira; a necessidade de implementação de uma cultura jurídica em torno dos precedentes (o que remete ao comportamento dos profissionais do direito como um todo – juízes, advogados etc.) e a potencialidade de os precedentes vinculantes, se bem aplicados, reduzirem a litigiosidade.

Como bem observado por Luís Vale, parece óbvio que o principal motivo que induziu o legislador pátrio a tentar instituir um "sistema de precedentes" foi a necessidade de combater a crise de números em que se encontra envolto o judiciário brasileiro. Contudo, cabe aqui uma advertência: tal propósito não se relaciona em nada com as razões que impingiram a formação e o desenvolvimento do *common law* inglês. O *stare decisis* surgiu em decorrência de uma necessidade prática vivenciada no direito inglês, em período remoto. Em seu começo, a doutrina dos precedentes nada mais era que uma prática conveniente para juízes e advogados, em que estes lembravam àqueles como haviam decidido casos semelhantes anteriormente (isso é o que significa *treat like cases alike*). Só com o passar do tempo e com o desenvolvimento da respectiva teoria é que as decisões das Cortes Superiores vieram a ter efeito vinculante.[23]

Luís Vale também foi muito feliz ao concluir que não há uma relação direta e necessária entre a previsão legal de precedentes vinculantes e a concretização do princípio da razoável duração do processo. Basta ver que à prolação das decisões paradigmáticas previstas no sistema jurídico brasileiro (*v. g.*, as decisões proferidas em IRDR e em Recursos Repetitivos) se impõe todo um rito diferenciado visando à ampliação do debate, à consideração dos argumentos etc., o que por si só, a princípio, demanda mais tempo que o necessário à prolação de uma decisão comum.

Ademais, aplicar precedente não se confunde com brincar de lego (onde uma peça se encaixa perfeitamente na outra). Como estabelecido no art. 489, § 1º, V, do CPC, o juiz, para decidir seguindo precedente, tem que identificar/(re)construir a *ratio decidendi* do precedente invocado – o que inexoravelmente exige a explicitação da hipótese de

22 CANNATA, Carlo Augusto. Op. Cit., p. 236-236. No mesmo sentido: MOCCIA, Luigi. Op. Cit., p. 160; HESPANHA, António Manuel. Op. Cit., p. 170-171.

23 SESMA, Victoria Iturralde. Op. Cit., p. 24.

incidência e do consequente da norma precedental, que, como qualquer outra norma, contém esses elementos estruturais – e, em seguida, justificar porque os fatos relevantes do caso em julgamento se assemelham aos fatos relevantes do caso que gerou o precedente, ou melhor, justificar porque os fatos do caso em julgamento são suporte fático da norma precedental invocada.

Agora, uma coisa é inegável: os precedentes vinculantes, por se constituírem em normas mais densificadas que as normas legisladas, por terem uma maior aptidão à decidibilidade que as normas legisladas, dão origem a uma relação de prioridade normativa, de acordo com a qual a aplicação da norma precedental prefere à aplicação da norma legislada, de modo que a observância de um precedente vinculante conduz a um resultado natural e intuitivo, sendo razoável, portanto, exigir-se razões qualificadas àquele que pretenda (afastando-se de precedente vinculante) chegar a uma solução que, a princípio, apresenta-se como antinatural e contraintuitiva.

Sob essa perspectiva, parece-me que os precedentes vinculantes podem contribuir à concretização do princípio da razoável duração do processo, (i) seja ao atuarem como mecanismo de *redução da incerteza*, exigindo que aquele que pretenda inverter a relação de prioridade normativa existente em prol dos precedentes apresente razões qualificadas para tanto (*função de carga argumentativa* – que, neste aspecto, pode combater o problema da litigiosidade), (ii) seja ao mitigarem o ônus de fundamentação para aquele que pretenda seguir precedente (*função de descarga argumentativa*), que, nessa hipótese, precisa apenas justificar a semelhança entre os fatos relevantes do caso em julgamento e os fatos relevantes do caso que gerou o precedente.

Pensei, pensei e ainda não descobri o porquê de Luís Vale ter me convidado para prefaciar sua obra. Aliás, a única resposta plausível talvez seja a sua enorme generosidade, até por que ao seu derredor há várias outras pessoas muito mais habilitadas do que eu para se desincumbir com êxito de tal missão.

Do que escrevi sobre precedentes em 2011 – quando estava elaborando minha modesta dissertação de mestrado, que resultou no livro *Precedentes vinculantes e irretroatividade do direito no sistema processual brasileiro* –, talvez pelas circunstâncias da época (exiguidade de tempo para tratar de um tema tão relevante, complexo e abrangente escolhido de última hora), hoje, de pouco ou quase nada eu possa me orgulhar.

Contudo, tem algo de que posso me orgulhar: o meu trabalho ao menos contribuiu minimamente para despertar o interesse no tema em pessoas próximas, que foram muito além de mim, produzindo obras de relevo no cenário nacional, tais como: Lucas Buril com o seu *Precedentes judiciais e o direito processual civil* (hoje já na 2ª edição), Ravi Peixoto com o seu *Superação do precedente e segurança jurídica* (hoje na 3ª edição) e, agora, Luís Vale com o seu *Os precedentes vinculantes, no direito processual civil brasileiro, e o direito fundamental à razoável duração do processo*, que, certamente, também terá grande sucesso.

Parabéns ao autor e à editora!

JALDEMIRO RODRIGUES DE ATAÍDE JÚNIOR

Doutor em Direito Processual Civil pela Pontifícia Universidade Católica de São Paulo – PUC/SP. Mestre em Direito pela Universidade Católica de Pernambuco – UNICAP. Diretor-tesoureiro e membro fundador da Associação Brasileira de Direito Processual – ABDPRO. Membro efetivo da Associação Norte Nordeste de Professores de Processo – ANNEP. Sócio do Escritório de Advocacia – NÓBREGA FARIAS ADVOGADOS ASSOCIADOS. Professor da Faculdade de Ensino Superior da Paraíba – FESP.

SUMÁRIO

1

INTRODUÇÃO

A teoria dos precedentes judiciais ganhou relevo e robustez nos países vinculados à tradição do *common law*, mormente os Estados Unidos e a Inglaterra. A viabilidade de desenvolvimento dessa doutrina, nesse tipo de ordenamento jurídico, deveu-se a um maior grau de autoridade das decisões judiciais, em face do papel ímpar da função jurisdicional na construção do Direito.

Ao revés do que habitualmente preleciona a tradição romano-germânica, no *commow law*, as querelas postas em juízo buscam solução em decisões anteriores, não se vinculando, necessariamente, como ocorre no sistema do *civil law*, a preceitos legais preordenamente fixados. Cumpre deixar claro, logo de início, que não se está excluindo a relevância das disposições legais, nos países afetos à tradição de *common law*, mas apenas pontuando o papel de destaque dos precedentes judiciais nesta seara jurídica[1].

Frise-se, lado outro, que o fato de a construção normativa se abeberar nos costumes e nos posicionamentos dos Tribunais, vistos como fontes materiais do Direito, viabiliza uma valorização e força do precedente, enquanto elemento de racionalização do julgamento.

O contexto histórico de desenvolvimento dos sistemas de *civil law* e *common law* em muito colaborou para a formação de um perfil diferenciado da atuação do magistrado, que influiu, sobremaneira, na efetivação dos precedentes judiciais.

Na consolidação do *civil law*, buscou-se afastar do juiz a função criadora do Direito, haja vista que o Judiciário, quando da França Pré-Revolucionária, atuava à revelia dos interesses sociais, tendo em conta os laços estreitos com a Aristocracia. Assim, empós a Revolução Francesa, buscou-se conferir ao Poder Jurisdicional uma atividade meramente declaratória, na medida em que apenas cabia ao juiz expressar algo já contido no bojo dos inúmeros compilados normativos.

Nessa linha, assevera-se que, no Antigo Regime Francês, a atuação jurisdicional era descompromissada com os cânones da igualdade, liberdade e fraternidade, tendo em conta que buscava atender os estritos anseios da Aristocracia Feudal. Desse modo, nada mais lógico que, no contexto revolucionário, houvesse uma busca constante pela restrição

---

1 MACCORMIL, Neil. **Rethoric and the rule of law** – A theory of legal reasoning. New York: Oxford University Press, 2005. p. 247.

do poderio dos juízes, a fim de alijar qualquer tentativa de favorecimento dos antigos grupos dominantes.

Elucida-se, dessa forma, a máxima de que somente cabe ao Poder Legislativo a tarefa de criação do Direito, pois a medida da atuação do Judiciário se restringe aos aspectos declaratórios de tudo quanto posto na Lei.

Noutro giro, historicamente, no *common law*, a atuação jurisdicional era acreditada pelo corpo social, de tal sorte que ao magistrado cumpria a tarefa de construir a solução adequada à moldura fática trazida a lume em determinada demanda. O juiz, portanto, ganha papel de relevo, pois, ao revés do que se propunha no *civil law*, o julgador não estava adstrito às estreitas amarras legislativas.

Hans Kelsen[2], por exemplo, já propunha que o tribunal, ao criar o precedente, atua como legislador, nos mesmos moldes do órgão legitimamente indicado pela Constituição como hábil a produzir enunciados normativos.

Posto isso, vislumbra-se que o desenvolvimento jurídico dentro dos Tribunais, no *common law*, é aprofundado pela viabilidade de as decisões se erigirem à categoria de paradigmas vinculantes à solução de futuros conflitos.

Assim, o destaque do papel do magistrado, nos dois sistemas, elucida, historicamente, os entraves à consolidação da teoria dos precedentes, no Direito dos países mais alinhados ao *civil law*.

No entanto, com a consolidação do pós-positivismo o papel do Judiciário se transmuda, nos países de tradição romano-germânica, de tal sorte que não se perfaz possível creditar apenas uma função declaratória aos magistrados, vistos outrora como meros *bouche de la loi* (boca da lei), mas sim, com o objetivo de dar efetividade aos direitos e garantias fundamentais, conferir-lhes um agir criativo.

Nesse contexto, é possível vislumbrar uma maior convergência ou interconexão entre as tradições jurídicas de *common law* e *civil law*. Sem dúvida, essa nova configuração do papel dos juízes confere ampla autoridade e relevância às decisões por estes proferidas, reforçando a necessidade de se trabalhar com um sistema de precedentes judiciais, mormente em seu caráter vinculante.

Alinhavadas tais premissas, será analisado o desenvolvimento da teoria dos precedentes judiciais, no Brasil, principalmente naquilo que se remete às decisões dotadas de caráter vinculante, as quais foram, paulatinamente, inseridas em nosso ordenamento jurídico, a fim de via-

2 KELSEN, Hans. **O problema da Justiça**: Tradução de João Baptista Machado. 3ª edição. São Paulo: Martins Fontes, 1998.

bilizar, em hipótese, julgamentos mais céleres e consentâneos com valores como a segurança jurídica e a isonomia.

A discussão central da presente obra gravitará em torno da influência da aplicabilidade dos precedentes vinculantes, na efetiva consolidação do direito fundamental à razoável duração do processo.

Isso se revela prioritário porque o Poder Judiciário, a despeito dos enforços envidados para a redução do número de processos, possuía, ao final do ano de 2014, 71,2 milhões de demandas pendentes. Esse número revela, segundo o Conselho Nacional de Justiça – CNJ, problemas relacionados ao adequado aparelhamento administrativo dos órgãos jurisdicionais e à inefetividade de alguns institutos processuais. Para se ter uma ideia, a taxa de congestionamento judicial, em 2014, foi de 71,4%, assim, mesmo que tenham sido julgados 28,5 milhões de processos, aportaram ao Judiciário 28,9 milhões de novos feitos, os quais se somaram às demandas já existentes.

Ao final de 2016 o número de processos pendentes saltou para 79,7 milhões, segundo relatório do CNJ divulgado em 2017.

Esses dados estatísticos do CNJ demonstram um cenário deveras assustador, cujos delineamentos clamam por uma solução estruturante. Desse modo, busca-se, no sistema de precedentes obrigatórios, uma resposta ao problema da morosidade e inadequabilidade das respostas jurisdicionais.

Frente a tal contexto, cuidar-se-á da análise da existência de verdadeiro liame entre precedentes vinculantes e razoável duração do processo, na medida em que a literatura moderna[3] apenas tem se restringido a afirmar que os precedentes obrigatórios reduzem a duração das demandas, ao tempo em que conferem a expedição de pronunciamentos qualitativamente adequados. No entanto, verificar-se-á que essa conclusão não deve ser tida como premissa inafastável, pois, nem sempre, a vinculatividade decisória terá como resultado o encurtamento do lapso temporal de duração das demandas.

Com efeito, busca-se elucidar o seguinte questionamento: A utilização da técnica de precedentes vinculantes é fator de promoção da razoável duração do processo?

Dessa forma, o livro é construído em quatro capítulos estruturantes.

No primeiro e segundo excertos, buscar-se-á apresentar os contornos da teoria do precedente judicial, explicitando o seu desenvolvimen-

---

3 MARINONI, Luiz Guilherme. **Precedentes Obrigatórios**. 2ª Edição. São Paulo: Revista dos Tribunais, 2011. p. 186-187.

to, nos países de *common law* e *civil law*, bem como a sua influência no Direito Brasileiro. Ademais, será aclarada a ideia de precedente vinculante, bem como os impactos de sua aplicação.

O terceiro capítulo se destina ao detalhamento do direito fundamental à razoável duração do processo. Serão tecidas considerações sobre a sua evolução histórica e as dificuldades de se consolidar esse direito tão caro aos jurisdicionados.

Ao fim, no quarto capítulo, estabelecer-se-ão os eventuais vínculos entre os precedentes vinculantes e a razoável duração do processo, a fim de que se demonstre, em que medida, o sistema de precedentes judiciais obrigatórios contribui para a razoabilidade temporal na tramitação de demandas.

Espera-se, portanto, que os delineamentos argumentativos aqui apontados sirvam de ponte de reflexão crítica acerca da teoria dos precedentes judicias, no Brasil.

2

CONCEITO E NATUREZA JURÍDICA DO PRECEDENTE JUDICIAL

2.1. Conceito de precedente judicial. Diferenciação entre precedente judicial e institutos afins

2.1.1. A importância dos conceitos, no bojo da ciência do direito

Em todo e qualquer ramo do conhecimento, os conceitos estruturam a base metodológica necessária à compreensão das noções fundamentais do objeto epistemológico, de tal sorte que devem ser sistematizados, a fim de viabilizar uma racionalidade interconectiva dos diversos pólos da ciência.

No âmbito da ciência do direito, que se debruça sobre objeto complexo e arquitetado, indubitavelmente, sob o palio da linguagem, a formulação de conceitos é ainda mais tormentosa, mormente quando se leva em consideração os pressupostos filosóficos, valorativos e ideológicos tomados em conta na construção da ideia central destes.

Outrossim, não se deve desconsiderar a pluralidade de sentidos que pode advir do contexto vocabular empregado no plexo normativo regulador encontrado no Direito, o que enseja discussões de enorme relevo, principalmente, quando do cotejo de inúmeros sistemas de direito positivo.

Para se ilustrar a dificuldade de consenso em torno de determinados conceitos, cumpre registrar a falta de unanimidade em se definir o próprio Direito. Lourival Vilanova[1] se posiciona acerca do tema, de modo a apontar o quão tormentoso é construir uma noção pacífica do conceito de Direito:

> Ainda não se entendem, cientistas e filósofos do direito, sobre a definição do direito. As causas da diversidade de definições são muitas. Entre outras, a complexidade do objeto jurídico, os pressupostos filosóficos que servem de base às definições, os pontos de vista mediante os quais se considera o direito – ora a forma, ora o conteúdo, ora o valor, a natureza sociológica etc. –, de sorte que a definição do jurista, a do filósofo, até mesmo decorrente do fato da especialização num ramo do direito, ostentam ampla discrepância, não meramente verbal, mas de substância.

---

1 VILANOVA, Lourival. **Escritos jurídicos e filosóficos**. São Paulo: Axis Mvndi IBET, 2003, v.1, p. 07.

Sobreleva informar que, a despeito da dificuldade de sua construção, os conceitos compõem, ontologicamente, a ciência, na medida em que esta é vista como um sistema conceitual, ou seja, diante do prisma lógico é tida como uma construção de conceitos.

Doutro giro, cumpre pontuar que os conceitos não podem estar alheios ao mundo fenomênico, pois o ponto de contato com o real é medida imperiosa à construção conceitual de conteúdo, afastando-se, assim, definições puramente formalistas. A ciência do direito, portanto, enquanto ciência social, lida com os fatos erigidos no contexto cotidiano, de tal modo que os conceitos não devem ficar alheios a esse universo.

O conceito, portanto, não serve meramente à reprodução irrefletida do objeto, mas, sobretudo, a uma descrição analítica e construtiva daquilo que se evidencia como referencial de pensamento ou pressuposto gnosiológico.

Revelando a natureza conceitual, manifesta-se Lourival Vilanova[2]:

> Da multiplicidade de coisas, fenômenos, propriedades, atributos, relações, o conceito escolhe alguns. Tem ele uma função seletiva em face do real. Em rigor, implica um ponto de vista, a partir do qual encara o ser em sua inabordável heterogeneidade. O conceito vale, pois, como um esquema em cujos limites o real é pensado. Somente aquilo que do real cai dentro da órbita desse esquema é, rigorosamente objeto.

Iniludível, assim, que o conceito tende a retratar o panorama do objeto da pesquisa científica, servindo à demonstração escorreita da pluralidade do real, de forma a desnudar as características, os aspectos intrínsecos e as propriedades que envolvem o foco do conhecimento.

Sob essa perspectiva, é necessário pontuar que os conceitos servem à simplificação do objeto cognoscente, atuando como unidades condensadoras dos inúmeros elementos fenomenológicos, os quais por não estarem limitados a um número factível, afastam a possibilidade de reducionismo individualizado de cada um deles.

Diante desse panorama, revela-se inafastável a necessidade de precisão conceitual em toda a ciência do direito, bem como em cada um dos ramos jurídicos, que se propõem a estudar parcelas do objeto do conhecimento científico. A preocupação é necessária, haja vista que a conceituação desprovida de bases sólidas prejudica o correto dimensionamento que deve ser conferido a todo e qualquer instituto do direito.

Consoante se vislumbra em inúmeros autores da modernidade, inexiste preocupação metodológica suficiente, hábil a afastar impreci-

2 VILANOVA, Lourival. **Escritos jurídicos e filosóficos**. São Paulo: Axis Mvndi IBET, 2003, v.1, p. 09.

sões conceituais, as quais restam por prejudicar, em muitas situações, a adequada aplicabilidade e conseqüente produção de efeitos que deve ser conferida a um determinado instituto. Com efeito, muitos dos nossos tribunais têm adotado posicionamentos canhestros, tendo em conta um estudo inadvertido dos conceitos formatados pela ciência do direito, de modo que são prolatados acórdãos alheios à realidade normativa assentada.

Os conceitos, portanto, precisam ser compreendidos em suas correlações diretas, de modo a evitar incongruências, no âmbito da ciência jurídica. Mais uma vez, posiciona-se Lourival Vilanova[3]:

> A ciência é uma construção conceptual acerca de um setor autônomo do ser. Os conceitos não existem desvinculados, mas se coordenam formando uma totalidade coerente, um todo conceptual, de tal sorte que esteja afastada a possibilidade de contradição. A contradição desfaz a unidade sistemática e compromete a verdade.

Assim, todo aquele que se propõe a trabalhar qualquer tema, na seara científica, seja ou não no campo jurídico, deverá atentar para a necessidade e relevância de um burilamento conceitual, que não renda azo a contradições ou percepções equivocadas daquilo que se pretende retratar.

2.1.2. Da adequada compreensão acerca dos conceitos lógico-jurídicos e jurídico-positivos

De início, cumpre estabelecer que nem todos os conceitos possuem a mesma localização topográfica, de tal sorte que se encontram alocados segundo uma ordem de importância diretiva. Os conceitos, enquanto elementos simplificadores do real, podem traduzir premissas mais genéricas ou se ater a determinado contexto, ocasião na qual são levadas em conta as particularidades espaciais, temporais, históricas e ideológicas.

Nesse ponto, urge respaldar a distinção acima, com as considerações de Lourival Vilanova[4], que cuidou de adentrar no tema em tratativa, prezando por um esmero metodológico:

> Importante é observar que, num sistema conceptual, científico, nem todos os conceitos ocupam o mesmo plano. Há uma hierarquia lógica que coordena e subordina os conceitos entre si. Uns têm âmbito de validez especí-

3 VILANOVA, Lourival. **Escritos jurídicos e filosóficos**. São Paulo: Axis Mvndi IBET, 2003, v.1, p. 26.

4 VILANOVA, Lourival. **Escritos jurídicos e filosóficos**. São Paulo: Axis Mvndi IBET, 2003, v.1, p. 10.

> fico, outros, genérico. Uns são fundamentais e principais, outros derivados e adjacentes.
>
> (...)
>
> Em todo sistema conceptual, existe um grupo de conceitos fundamentais, cuja amplitude cobre todo o território científico sobre o qual dito sistema repousa.

Com efeito, independente do ramo da ciência alvo de abordagem, deve o pesquisador se ater àqueles conceitos que são premissas referenciais de todo o sistema cognitivo, para fins de compreender, adequadamente, as linhas diretivas daquilo que se busca estudar. Consoante exposto na transcrição em epígrafe, é preciso ter acesso aos conceitos ditos fundamentais, sob pena de possível estagnação e incongruência, na análise de fenômenos redutíveis a um determinado contexto.

Assim, faz-se possível vislumbrar, de logo, a existência de dois tipos de conceitos básicos, quais sejam os fundamentais, considerados os que se inserem no âmbito de uma pretensão epistemológica genérica, e os específicos, que nominaremos de jurídico-positivos, os quais traduzem a expressão de uma realidade especificada, amoldando-se, portanto, às peculiaridades ínsitas a um dado panorama.

Essa consideração serve a todo e qualquer ciência, na medida em que, como consignado alhures, esta se caracteriza por sua estruturação através de um sistema conceitual. Portanto, ainda que estivéssemos tratando de dados alusivos às ciências da natureza, seria viável catalogar quais os conceitos fundamentais que envolvem, por exemplo, a física ou química. Não se pode questionar, desta feita, o caráter de fundamentalidade que o conceito de pressão possui para os que se debruçam sobre os eventos cognitivos da física.

Importante considerar, doutro lado, que, ante à multiplicidade do real, ainda que dentro do mesmo ramo do conhecimento, é possível divisar a existência de conceitos fundamentais referidos a objetos específicos, tal como ocorre, na biologia, com as definições essenciais que são construídas na zoologia ou na botânica. Assim, vale a ponderação de Lourival Vilanova[5]: "A multiplicidade de conceitos fundamentais, e, com isso, a variedade de ciências, repousa na multiplicidade irredutível dos vários modos de ser do real."

No entanto, existem conceitos que se revestem de uma suprafundamentalidade, de forma que ao derredor deles gravitam outros conceitos fundamentais setoriais. Dentro dessa perspectiva, poder-se-ia dizer que o conceito de direito é ponto de partida das demais conjecturas concei-

5 VILANOVA, Lourival. **Escritos jurídicos e filosóficos**. São Paulo: Axis Mvndi IBET, 2003, v.1, p. 10.

tuais, haja vista que não é possível compreender qualquer instituto jurídico, sem que se conheça a definição do próprio objeto da ciência do direito.

A despeito disso, sabe-se o quão tormentosa, como já dito, é a pacificação de uma idéia do direito, de modo que é preciso perseguir sua essência, na forma do que dispõe Juan Manuel Terán[6]: "La definición del concepto del derecho es consecuencia del análisis de su esencia, entendiendo por esencia el concepto fundamental de um objeto".

Posto isso, é possível concluir que os conceitos fundamentais construídos nas mais diversas ramificações do direito são derivados da noção preambular do próprio conceito de Direito, haja vista que este deve ser tomado como pressuposto, para a construção metodológica daquilo que se pretende entender como genérico e universal, nas mais diversas estratificações do conhecimento.

Feitas essas considerações, é preciso detalhar quais os traços que podem diferenciar e definir, no bojo da ciência jurídica, um conceito como fundamental, também nominado de lógico-jurídico, ou específico, mais propriamente cognominado de jurídico-positivo.

Juan Manuel Terán[7] trata de explicitar o cotejo entre a natureza distintiva desses conceitos, pronunciando-se da seguinte forma:

> Los conceptos jurídico-positivos tienen um ángulo equivalente al de la positividad del derecho concreto que los ha comprendido e implantado, en tanto que los fundamentos lógicos pretenden tener una validez común y universal para todo sistema jurídico y, por lo tanto, para toda conceptuación jurídica.

Os conceitos ditos fundamentais se caracterizam pela nota peculiar da pretensão de universalidade, de tal sorte que não são transmudados, em regra, pelos influxos do sistema de direito positivo em que são aplicados. Os conceitos lógico-jurídicos, destarte, servem para guiar qualquer estrutura jurídica particular, na medida em que são condensados a partir dos elementos gerais amoldáveis a qualquer plexo normativo tomado por referência. Outrossim, os conceitos jurídico-positivos são erigidos com fundamento nos perfis particulares de cada ordenamento jurídico, tomando-se por base a conjuntura filosófica, histórica, política, ideológica e territorial presentes no instante de sua consolidação.

O conceito fundamental é uma noção apriorística, validamente considerável, independente das variações normativas existentes nos mais diversos ordenamentos. Ao revés, o conceito que se emoldura como

6 TERÁN, Juan Manuel. **Filosofía del derecho**. 14ª ed. Mexico: Porrúa, 1998. p. 79.

7 TERÁN, Juan Manuel. **Filosofía del derecho**. 14ª ed. Mexico: Porrúa, 1998. p. 82.

jurídico-positivo é arquitetado diante das experiências vivenciadas nos regimes normativos peculiares.

Dizer que o conceito fundamental tem pretensões de compreensão ampla e universal, não significa inferir que ele ignora as realizações empíricas constituídas nos diversos sistemas de direito positivo, haja vista que, por congregar os traços elementares e congruentes, acaba por analisar a realidade subjacente dos conjuntos normativos soberanos de cada país.

De acordo com Lourival Vilanova[8], é possível perceber que, ainda que se trate de um conceito lógico-jurídico, este acaba tomando por base as inúmeras contingências fenomenológicas dos sistemas de direito positivo, tendo em conta que o direito se insere no bojo das realidades normativas em estudo:

> O objeto possível do conhecimento jurídico deve ser o dado positivo, o direito histórico ou o direito de vigência atual. O fenômeno é o direito positivo, cujos limites não é lícito ultrapassar. Há que limitar, o sujeito, ao dado, como ele aparece e nos limites em que aparece. Toda a realidade jurídica esgota-se no fenômeno jurídico. Não existe, em conseqüência, uma hipotética realidade absoluta como *suppositum* do fenômeno. E o fenômeno jurídico sempre se dá, temporalmente, sujeito à variação e à heterogeneidade. Um direito absoluto, uma como *Ding in sich* jurídica, imutável e de validez supratemporal, é simples metafísica jurídica.

Com fundamento nessas considerações, pode-se aduzir que, a despeito de o conceito fundamental ter uma pretensão não só de universalidade, mas também de perenidade, ele não deve se desvincular das constantes transmudações por que passam os sistemas de direito positivo, de modo que é preciso sempre ter uma visão crítica da realidade temporal cambiante.

Ademais, cumpre ressaltar que um dos primeiros autores a elucidar a distinção entre conceito fundamental e conceito contingente (jurídico-positivo) foi John Austin[9], o qual percebeu as variações inerentes a todo ordenamento, bem como os pontos de contato, que dão azo a noções fundantes. Necessário, desta feita, fazer alusão às considerações de Eduardo Garcia Maynez[10], que explicita os considerandos de Austin:

8 VILANOVA, Lourival. **Escritos jurídicos e filosóficos**. São Paulo: Axis Mvndi IBET, 2003, v.1, p. 26.

9 AUSTIN, John. **The province of jurisprudence determined and the uses of the study of jurisprudence**. New York: The Noonday Press, 1954. p. 365.

10 MAYNEZ, Eduardo Garcia. **Dialogos jurídicos**. México: Forrua,1978. p. 196.

> En un ensayo titulado "Uses of the study of jurisprudence", afirma que si bien todo sistema jurídico tiene sus diferencias características y específicas, hay princípios, conceptos y distinciones comunes a vários sistemas, y que estos conceptos, distinciones y princípios constituyen el objeto de la Jurisprudencia Geral, que distingue de la particular o nacional de cada país, lo mismo que de la Politica Legislativa.

Em assim sendo, dentro do contexto da Filosofia do Direito, Austin já percebia a necessidade de uma construção conceitual dita elementar, que restaria por servir de pressuposto a formulações de cada direito positivo. Assim, os conceitos ditos fundamentais seriam aqueles que aparecem em todos os sistemas de direito.

Ainda em Austin, o contraposto de conceito fundamental eram os conceitos contingentes, os quais não seriam indispensáveis para a compreensão das manifestações jurídicas incidentes em dada esfera normativa.

Stammler também teceu considerações acerda da construção da idéia de conceito fundamental. O citado autor fixa premissa ímpar, na medida em que concebe como soberana a noção de direito, da qual se irradiam os demais conceitos fundamentais que a tomam como ponto de partida. Desta feita, transcreve-se passagem de Maynez[11], em que elucida o pensamento de Stammler:

> Los conceptos fundamentales, irradiaciones de aquella noción o funciones lógicas de toda consideración jurídica, deben, pues, ser derivados de la definición em que se hallan contenidos, es decir, de la del concepto que Stammler llama supremo o soberano.

Iniludível, portanto, que os conceitos fundamentais, no âmbito da ciência jurídica, não podem ser concebidos apenas diante do aspecto de sua universalidade e generalidade, mas também da derivação necessária do que seja Direito.

Seguindo a linha intelectiva de Stammler, Somló[12] também concebeu como fundamentais os conceitos que se estruturam como noções implícitas do conceito de direito, nos moldes do que verifica na idéia de norma jurídica, sanção, dever jurídico, sujeito de direito, dentre outras.

Sob essa perspectiva, arremata Vilanova[13], tomando por base a centralidade do conceito de direito:

---

11 MAYNEZ, Eduardo Garcia. **Dialogos jurídicos**. México: Forrua,1978. p. 102.

12 Felix Somló, **Juristische grundlehre**, 1927, p. 8-10, Apud. Lourival Vilanova, **Estruturas Lógicas e o Sistema do Direito Positivo**. São Paulo: Editora Revista dos Tribunais, 1977, p. 132.

13 VILANOVA, Lourival. **Escritos jurídicos e filosóficos**. São Paulo: Axis Mvndi IBET, 2003, v.1, p. 26.

> O conceito do direito é o conceito fundamental para as ciências jurídicas. Na ordem do conhecimento jurídico é o conceito supremo. Não é possível, logicamente, remontar a um conceito mais alto no domínio do jurídico. Nesse particular domínio, ele é único. Por ser o conceito supremo não está coordenado a outros, nem é derivado de outros. Por seu posto lógico, é o vértice da pirâmide jurídica conceptual. Sua amplitude de validez cobre todo o campo dos objetos jurídicos.

Em síntese, diante do relato acima exposto, resta claro o quão importante é a sistematização de conceitos na seara jurídica, mormente no que se refere ao ato classificatório que os distingue em fundamentais ou jurídico-positivos. Traçar esse paralelo, independente do tema que se vá trabalhar, é pressuposto necessário à compreensão do fenômeno jurídico em sua universalidade ou particularidade.

2.1.3. O conceito de precedente judicial e sua inserção no plano jurídico-positivo

Na doutrina brasileira e alienígena, não são uníssonos os posicionamentos acerca do conceito de precedente judicial. Como sói acontecer com as expressões cunhadas no âmbito do Direito, admitem-se compreensões variadas, mormente quando se transmuda o paradigma do ordenamento jurídico. Afinando-se no mesmo diapasão, manifesta-se o professor italiano Michele Taruffo[14]: "Essa extensão do fenômeno do precedente pode, no entanto, provocar não poucos mal entendidos, além de uma perda de precisão do conceito de precedente, dado que nem sempre se entende corretamente que coisa é isso."

Tomando-se por base as considerações tecidas nos itens anteriores, faz-se necessário situar o conceito de precedente judicial, na esfera dos conceitos lógico-jurídicos ou jurídico-positivos, a depender da visão e profundidade desse importante instituto.

De início, é preciso refletir se os precedentes judiciais são derivações do próprio conceito de Direito, de modo que são necessários à delimitação de sua essência, ou apenas servem à estruturação da objetividade de cada sistema jurídico.

Entender como fundamental um conceito, portanto, significa reconhecer sua essencialidade frente a projeções jurídicas universalizáveis, na medida em que se está a tratar de noções construídas e aperfeiçoadas, no contexto da Teoria Geral do Direito.

14 TARUFFO, Michele; MITIDIERO, Daniel (Org.) **Processo civil comparado**: ensaios. São Paulo: Marcial Pons, 2013. p. 117.

Hodiernamente, independente do sistema jurídico adotado, seja *civil law* ou *common law,* ganha relevo a apreciação adequada dos precedentes judiciais, haja vista que, ante a novel concepção da atividade jurisdicional, que, indiscutivelmente, expressa contornos criativos, servem de parâmetro à compreensão exata da correta aplicação do Direito.

Propugna a doutrina especializada em tema de precedentes judiciais[15] que, no Brasil, a crescente valorização desse instituto se deve à aproximação entre o *civil law e common Law,* de tal sorte que não mais se entende incompatível a adoção de institutos habitualmente utilizados na Inglaterra e nos Estados Unidos, por exemplo, na cultura jurídica brasileira.

No entanto, não há como simplesmente transpor o conceito de precedente e a teoria ampla desenvolvida na Inglaterra e nos Estados Unidos, para os países de *civil Law,* deixando de lado as peculiaridades destes, mormente quando, nos dizeres de Taruffo[16], o papel do juiz encontra contornos diversos.

José Rogério Cruz e Tucci[17] se pronuncia acerca do tema, estabelecendo bases inafastáveis, para a correta elucidação do precedente judicial: "deve partir da premissa de que o precedente é uma realidade em sistemas jurídicos histórica e estruturalmente heterogêneos, e que apresenta características próprias em diferentes legislações."

Valendo-se de um ponto de vista macro, é possível conceituar o precedente judicial como a decisão proferida em determinado caso, que ganha foro paradigmático, na medida em que pode se tornar elemento de referência para decisões futuras, haja vista que nele se encontra inserida uma tese jurídica passível de ser universalizável, no bojo de circunstâncias fáticas que embasam a controvérsia. Essa linha de intelecção também é seguida por D. Neil Maccormick e Robert S.Summers[18]: "Precedents are prior decisions that function as models for later decisions. Applying lessons of past to solve problems of present and future is a basic part of human practical reason."

15 LIMA, Tiago Asfor Rocha. **Precedentes judiciais civis no Brasil**. São Paulo: Saraiva, 2013.

16 TARUFFO, Michele. **Dimensiones del precedente judicial**. Paginas sobre justicia civil. Madrid: Marcial Pons, 2009, n. 33.

17 TUCCI, José Rogério Cruz e. **Precedente judicial como fonte do direito**. São Paulo: Revista dos Tribunais, 2004. p. 304.

18 MACCORMICK, Neil; SUMMERS, Robert S. (orgs.). **Interpreting precedents**: a comparative study. Dartmouth: Ashgate, 1997, p. 1.

Fredie Didier Júnior[19] também encara o precedente de maneira ampla: "Precedente é a decisão judicial tomada à luz de um caso concreto, cujo núcleo essencial pode servir como diretriz para o julgamento posterior de casos análogos." Esta tese, em reforço, é encampada por Lucas Buril de Macêdo[20], o qual define o precedente como qualquer decisão judicial que possa servir de referencial julgador para situação futuras, desde que analogamente correlatas, e Antônio Castanheira Neves[21]:

> O precedente é uma concreta decisão jurisprudencial, vinculada como tal ao caso historicamente concreto que decidiu – trata-se também aqui de uma estrita decisão jurisdicional – que se toma (ou se impõe como padrão normativo casuístico em decisões análogas ou para casos de aplicação concretamente analógica.

Assim, resta claro que, segundo a ótica acima posta, o precedente se traduz como uma decisão com características especiais. Desta feita não é qualquer pronunciamento judicial que pode ser considerado um precedente, mas somente aquele que seja capaz de influenciar julgamentos futuros, servindo-lhes de guia para que se encontre a solução do caso debatido. Com isso, é possível afirmar que o precedente somente pode ser assim considerado, quando o juiz do caso futuro assim o declara como tal, pois, até então, não se vislumbrava seu caráter de decisão-quadro.

À evidência devem ser concebidos, no conceito de precedente judicial, um elemento prospectivo e um elemento retrospectivo, haja vista que a decisão posta como precedente judicial se projeta para o futuro, uma vez que seus efeitos influenciarão decisões posteriores, bem como o juiz do caso subseqüente precisa revisitar o passado, para firmar o sentido e o alcance do precedente judicial. Outrossim, na medida em que a aplicação do precedente se destina à resolução de caso atual, o tempo presente não pode ser desprezado ou dissociado, do conceito de precedente judicial.

Noutra quadra, não se pode confundir o precedente judicial com a norma jurídica dele extraída, tal como preceituam impropriamente alguns autores[22].

---

19 DIDIER JR, Fredie. **Curso de Direito Processual Civil**. 8ª Edição. Salvador: JusPodivm, v.2, 2013.

20 MACÊDO, Lucas Buril. **Precedentes judiciais e o direito processual civil**. Salvador: Juspodivm, 2015.

21 NEVES, Antônio Castanheira. **O instituto dos assentos e a função jurídica dos Supremos Tribunais**. Coimbra: Coimbra, 1983, n. 1, p. 12.

22 Marinoni chega a afirmar que: O precedente pode ser identificado com *a ratio decidendi* de um caso ou de uma questão jurídica – também conhecido como *holding* do caso. (MARINONI, Luiz Guilherme; ARENHART, Sérgio Cruz; MITIDIERO, Daniel. **Curso de Processo Civil**. São Paulo: Revista dos Tribunais, v.2, 2015.)

Em verdade, nos moldes do que propõe o professor José Rogério Cruz e Tucci[23], o precedente judicial é composto de duas partículas essenciais, quais sejam: a *ratio decidendi* e as circunstâncias fáticas peculiares ao caso.

Desta feita, o precedente abrange a totalidade da decisão e dele é possível escandir uma parte justificadora da solução adotada, que se consubstancia como tese universalizável, ou seja, a *ratio decidendi ou holding*. Assim, o que habitualmente se toma como parte vinculante do precedente é a *ratio decidendi,* sem que se olvide o arcabouço fático do caso a que ela se refere[24].

Doutra ponta, é possível cogitar a existência de uma acepção estrita de precedente, tal como ocorre nos sistemas de *common law*, que consideram como precedente a decisão a que se pode imprimir caráter vinculante. Posto isso, desconsiderar-se-ia a ideia de precedentes persuasivos, para arrematar que somente aquelas decisões dotadas de efeito vinculante (*biding effect*) seriam consideradas, de fato, precedentes judiciais. Na esteira do que se aduz, costuma-se tratar, no Brasil, como precedentes as decisões, em regra dos Tribunais Superiores, habitualmente eleitas pela via legislativa, para servir como paradigma de pronunciamentos futuros.

Ademais, para alguns autores, tais como Juraci Mourão Lopes Filho[25], só se considera precedente uma decisão que promova ganho hermenêutico, com obtenções de novo sentido, opção por um sentido específico e avanço de sentido não contidos, inicialmente, em um texto constitucional ou legislativo. Com efeito, diante dessa concepção, não serão considerados precedentes judiciais as decisões que se limitem a citar uma decisão pretérita, sem que se tenha traçado qualquer nova baliza, ou aquelas que não propõe uma tese jurídica universalizável. Quanto ao tema, pronuncia-se Hermes Zaneti Jr[26]:

> Serão precedentes apenas aqueles casos que constituírem acréscimos (ou glosas) aos textos legais relevantes para a solução de questões jurídicas. Neste último caso, quando o precedente aplicar a lei sem acrescentar conteúdo relevante, a vinculação decorrerá diretamente da lei. Nem toda a decisão, portanto, será um precedente.

23 TUCCI, José Rogério Cruz e. **Precedente judicial como fonte do direito**. São Paulo: Revista dos Tribunais,2004. p.304.

24 CROSS, Rupert; HARRIS, J.W. **El precedente en el derecho inglés**. Traducción de Mª Angélica Pulido. Madrid: Marcial Pons, 2012. p. 65.

25 LOPES FILHO, Juraci Mourão. **Os Precedentes judiciais no constitucionalismo brasileiro contemporâneo**. Salvador: JusPodivm, 2014.

26 ZANETI JR, Hermes. **O valor vinculante dos precedentes**. Salvador: Juspodivm, 2015, p. 329-330.

Ademais, há quem entenda que somente poderiam ser considerados precedentes judiciais as decisões exaradas pelas Cortes de Vértice, haja vista que lhes incumbiria a função de uniformizar o Direito, evitando, ante a função jurisdicional criativa, tormentosos impasses na solução de questões jurídicas parelhas.

Nesse diapasão, arremata Marinoni[27]: "Apenas o Supremo Tribunal Federal e o Superior Tribunal de Justiça formam precedentes. (...) Os precedentes emanam exclusivamente das Cortes Supremas e são sempre obrigatórios – isto é, vinculantes." Assim, restariam excluídas as manifestações oriundas das Cortes inferiores, que não teriam o condão de produzir decisões paradigmáticas. Esse entendimento, no entanto, caminha na direção oposta ao que preleciona o Código de Processo Civil de 2015, cujo art. 927 admite a emissão de julgamentos referenciais pelos Tribunais de Justiça e Tribunais Regionais Federais, quando da apreciação, por exemplo, do incidente de resolução de demandas repetitivas.

Posto isso, independente da idéia de precedente que se conjecture, ainda que sob o prisma amplo, percebe-se que o conceito vai variar ao sabor do ordenamento jurídico considerado, na medida em que nem todas as decisões têm potencial para fincar teses consideráveis prospectivamente em outros julgados.

Afinando-se na mesma linha do que fora exposto, posiciona-se Taruffo[28]:

> Existem además diferencias relevantes, relacionadas con el uso de los precedentes, que se remontan a factores inherentes a la organización judicial, a la teoria de las fuentes, a la concepciós del papel del juez, a la cultura de los juristas y a la práctica defensiva y judicial.

Iniludível, desta feita, que o conceito de precedentes judiciais vai variar de acordo com as contingências inseridas em cada sistema de direito positivo. Para aferir tal premissa, basta ter em mente que as concepções de precedentes, ainda que dentro dos sistemas de *common law*, são distintas, consoante se vislumbra nas realidades inglesa e norte-americana. Rupert Cross[29] admite que, nos Estados Unidos, a ideia de

---

27 MARINONI, Luiz Guilherme; ARENHART, Sérgio Cruz; MITIDIERO, Daniel. **Novo código de processo civil comentado**. São Paulo: Revista dos Tribunais, 2015, p. 870-871.

28 TARUFFO, Michele. **Dimensiones del precedente judicial**. Paginas sobre justicia civil. Madrid: Marcial Pons, 2009, n. 33.

29 CROSS, Rupert; HARRIS, J.W. **El precedente en el derecho inglés**. Traducción de Mª Angélica Pulido. Marcial Pons. Madrid, 2012. p. 65.

precedente judicial está imbuída de uma maior flexibilidade na observância pela própria Corte de seus julgados pretéritos:

> Aunque la práctica norteamericana de elaborar sentencias como una exposición detallada de los precedentes relevantes es más propria del sistema inglés que Del sistema continental, ni el Tribunal Supremo de los Estados Unidos ni los tribunales de apelaciones estatales se consideran obligados a acatar y seguir sus decisiones previas. En efecto, son muchos – o demasiados, según algunos abogados norteamericanos – los ejemplos de casos em los que el Tribunal Supremo há desconocido sus próprios precedentes.

Assim, se um conceito varia a depender do sistema de direito positivo utilizado, não é possível classificá-lo como fundamental ou lógico-jurídico, haja vista que, para isso, necessitaria ser uma ideia *a priori* e universalizável, ao revés de uma noção cambiante, de acordo a perspectiva histórico-temporal-espacial.

Outrossim, para se conferir o traço da fundamentalidade ao conceito de precedente judicial, dever-se-ia ser possível extraí-lo da própria concepção de Direito. No entanto, o conceito de precedente judicial não é inerente ou pressuposto da Ciência do Direito. Tanto é assim que existem ordenamentos em que a noção de precedente judicial é desprezada.

Enfeixando tais considerações, cumpre que, quando da construção de sentido da expressão precedente judicial, o aplicador atente para as quatro dimensões de análise, quais sejam: a) a dimensão institucional (organização judicial e o modo como se operam as relações de autoridade dentro dos sistemas das corte); b) a dimensão objetiva (está vinculada aquilo que se atribui eficácia de precedente – importante os conceitos de ratio decidendi e obter dicta); c) a dimensão estrutural (se relaciona com o que constitui o precedente que se usa como ponto de referência para uma decisão posterior) e 4) a dimensão da eficácia (se remete à natureza e intensidade da influência que o precedente exerce sobre a decisão posterior).

Posto tal arrazoado, por não constituir uma noção imbuída no bojo da Filosofia do Direito e que se estende na amplitude dos inúmeros plexos normativos, o conceito de precedente judicial deve ser analisado à luz da realidade subjacente, sob pena de se construírem concepções equivocadas e destoantes das contingências determinantes.

Assim, fica evidente a relevância de se trabalhar com o paralelo conceitual estabelecido, no presente trabalho, haja vista que, se a noção de precedente fosse considerada como um conceito fundamental, ela deveria ser amoldável a qualquer ordenamento jurídico.

Tem sido freqüente, portanto, a referência à expressão "precedente à brasileira"[30] o que denota a ideia de que o conceito de precedente judicial pode variar ao sabor do ordenamento jurídico. Cabe registrar, inclusive, que há variações dentro do mesmo país, como é possível observar, nos EUA, mais precisamente no Estado da Lousiana, o qual tem traços marcadamente de *civil law*[31].

Dessa forma, evitam-se transposições acríticas da definição de precedente judicial que tenha sido confeccionada em outros países.

2.1.4. Distinção entre precedente, jurisprudência, súmula e ementa

A despeito da clara diferenciação entre o precedente, a jurisprudência, a súmula e a ementa, muitos operadores do Direito realizam verdadeira confusão terminológica, de modo a lidar com os termos como se sinônimos fossem. Tal postura resta por prejudicar a adequada aplicabilidade dos institutos, haja vista que deles decorrem efeitos distintos e atraem forma diferenciada de interpretação.

De logo, tomando-se por base a noção de precedentes judiciais instituída linhas pretéritas, cumpre distingui-lo da jurisprudência.

Assim, com espeque nas concepções de precedentes, vê-se, ao cotejá-lo com a jurisprudência, que esta possui um sentido totalmente distinto. Insta salientar que, de início, deve ficar claro que o termo jurisprudência é de todo polissêmico, podendo traduzir a manifestação dos jurisconsultos romanos, a ciência do direito e o conjunto de decisões reiteradas do tribunal em um mesmo sentido. Esta última concepção é a que devemos tomar por conta, para fins de distinção com o precedente judicial[32].

Diversamente do precedente judicial, que, sob o ponto de vista quantitativo[33], constitui uma única decisão, a qual, como se disse, po-

---

30 COUTINHO, Carlos Marden Cabral; CATERINA, Rafaela Marjorie de Oliveira. Legitimidade das decisões judiciais: análise dos precedentes à brasileira e do acesso à justiça no novo CPC. FREIRE. Alexandre *et al* (org.). **Novas tendências do processo civil**: estudos sobre o projeto do novo código de processo civil. Salvador: Juspodivm, 2014.
ROSSI, Júlio César. **Precedente à brasileira**: a jurisprudência vinculante no CPC e no novo CPC. São Paulo: Atlas, 2015.

31 SANTOS, Evaristo Aragão dos. Em torno do conceito e da formação do precedente judicial. WAMBIER, Teresa Arruda Alvim (coord.). **Direito jurisprudencial**. São Paulo: Revista dos Tirbunais, 2012, v. 1, p. 139.

32 SANTOS, Evaristo Aragão dos. Em torno do conceito e da formação do precedente judicial. WAMBIER, Teresa Arruda Alvim (coord.). **Direito jurisprudencial**. São Paulo: Revista dos Tirbunais, 2012, v. 1, p. 141.

33 TARUFFO, Michele. **Precedente y Jurisprudencia**. Paginas sobre justicia civil. Madrid: Marcial Pons, 2009, n. 33.

derá servir de modelo, quando da prolação, a posteriori, de decisões envolvendo casos correlatos/análogos, a jurisprudência não se resume, quantitativamente, a um isolado pronunciamento, ao revés, ela se remete a um corpo decisional, que se perfectibiliza uníssono, na medida em que as soluções dos casos postos à apreciação do Judiciário são lavradas com a aplicação dos mesmos preceitos. Portanto, para a configuração da jurisprudência é necessária a compilação de um acervo estável, construído ao longo do tempo e que toma por premissa originária um dado precedente. Afinando-se no mesmo diapasão, bem se pronuncia Lucas Buril de Macêdo[34]:

> Essa percepção assevera a necessidade de distinção entre jurisprudência e precedente: enquanto a teoria dos precedentes trabalha a partir da importância de uma única decisão para a produção do Direito, respeitados determinados requisitos, reconhecendo importante papel do judiciário para a criação de normas, a força normativa da jurisprudência, em sentido contrário, pressupõe a inexistência de relevância da decisão em sua unidade, mas a autoridade somente se apresentaria a partir de um grupo de precedentes.

Em acréscimo, cumpre grafar, mais uma vez com supedâneo nas lições de Taruffo, que o precedente judicial, em regra, pressupõe uma decisão qualitativamente mais elaborada, tendo em conta a sua predisposição para servir de modelo aos casos futuros. Na maioria das vezes, busca-se promover o debate, contrapondo as ideias, para produzir a decisão que se afigure mais justa ao caso (exemplo disso é ampla discussão que se trava para a construção do acórdão em sede de Incidente de Resolução de Demandas Repetitivas, nos termos do art. 983, do CPC/15). Noutra quadra, a linha de julgamento afeta à jurisprudência nem sempre é a melhor, de modo que representa apenas uma linearidade/repetição de um dado posicionamento.

Seguindo essa mesma linha, é que Daniel Mitidiero resta por assinalar que o conceito de precedente: "É um conceito qualitativo, porque depende da qualidade das razões invocadas para a justificação da questão decidida – apenas as razões jurídicas, necessárias e suficientes podem ser qualificadas como precedentes[35]."

Visto isso, resta notório que o precedente judicial e a jurisprudência possuem natureza distinta, haja vista que os requisitos necessários à configuração de ambos não são convergentes. Malgrado o exposto,

---

34 MACÊDO, Lucas Buril. **Precedentes judiciais e o direito processual civil**. Salvador: Juspodvm, 2015.

35 MITIDIERO, Daniel. **Precedentes**: Da persuasão à vinculação. São Paulo: Revista dos Tribunais, 2016. p. 104.

por muitas vezes, ouvimos os juristas se referirem à jurisprudência do Tribunal, quando em verdade se trata de um precedente.

Imperioso destacar que, no Brasil, a jurisprudência, tal como a definimos, possui mais peso e relevância do que o precedente judicial, cujas bases teóricas tem sido reiteradamente discutidas, no contexto atual, em face, como dito, da aproximação intensa entre as tradições de *civil law* e *common law*.

Feita a diferenciação basilar entre precedente judicial e jurisprudência, cumpre que se delimite o que se deve entender por súmulas.

À evidência não subsistem razões para compreender a súmula como um precedente ou mesmo como a jurisprudência de dado Tribunal[36], haja vista que o enunciado sumular não constitui uma decisão ou conjunto uniforme de decisões reiteradas. Em verdade, a súmula se consubstancia como um verbete, o qual condensa a tese ou princípio jurídico extraível do acervo jurisprudencial.

Dessarte, a súmula nada mais é do que um texto, que tem por *telos* generalizar e abstrativizar a conclusão assente do Tribunal sobre dada matéria, derivada de um plexo de decisões anteriores. A técnica de elaboração das súmulas, desta feita, em muito se assemelha àquela utilizada para a produção dos diplomas normativos, no bojo do processo legiferante. Sobre o tema, pronuncia-se Carlos Mota de Souza[37]:

> [...] as súmulas se distinguem da jurisprudência esparsa porque apresentam um processo especial de elaboração; por um critério de escolha dos Ministros, os assuntos são submetidos a discussões técnico-jurídicas e, ao final, aprovadas em plenário e publicadas.

Frente ao exposto, exsurge clarividente que as súmulas se constituíram em uma tentativa de condensar o entendimento consolidado do Tribunal acerca de dada matéria, facilitando, assim, a solução de casos que se subsumissem ao teor do enunciado descrito pelo Poder Judiciário. Nesse sentido, há uma tentativa, com a edição das súmulas, de facilitação do Trabalho das Cortes Nacionais, de modo a buscar uma maior racionalização do processo decisório.

Insta acrescer às considerações pretéritas que a introdução da técnica sumular, no âmbito do direito brasileiro, foi uma tentativa de me-

36 STRECK, Lênio Luiz; ABBOUD, Georges. **O que é isto – o precedente judicial e as súmulas vinculantes?** 2ª ed. Porto Alegre: Livraria do Advogado, 2014, p.77.

37 SOUZA, Carlos Mota de. **Direito judicial, jurisprudencial e sumular**. Revista de Processo. São Paulo: 80/208, out-dez, 1995.

lhor operacionalizar a jurisprudência do Pretório Excelso, haja vista que inexistia uma catalogação sistemática dos entendimentos consolidados da Corte. Assim, foi montada uma Comissão de Jurisprudência, capitaneada pelo Ministro Victor Nunes Leal, tendo como demais integrantes os Ministros Gonçalves de Oliveira e Pedro Chaves.

Em reforço ao aduzido, cumpre trazer a lume as considerações de Georges Abboud[38]:

> Podemos atribuir, sem sombra de dúvidas, essa nova sistemática aos esforços do então Ministro Victor Nunes Leal, que desde sempre demonstrou preocupação com o fato de que os julgados do STF não eram devidamente catalogados e organizados, tornando muito difícil a utilização da própria jurisprudência da corte como subsídio de fundamentação das decisões.

Destarte, logo em março de 1964, menos de um ano após a alteração regimental, foram editados 370 verbetes sumulares, que passaram a servir de via hábil à racionalização do trabalho da Corte Suprema, na medida em que, existindo súmula, não caberia qualquer discussão adicional quanto à matéria. Afastava-se, assim, um maior aprofundamento acerca das nuances a envolver o caso concreto, mormente o seu natural arcabouço fático.

Outrossim, imprescindível discutir se o surgimento das súmulas no Brasil buscou supedâneo no instituto dos assentos portugueses ou foram fruto de inspiração do common Law, no que tange, principalmente, ao *stare decisis*.

Diversamente das originárias súmulas brasileiras, os assentos presentes nas Cortes Portuguesas tinham força vinculativa tal qual a lei, de modo que eles não mais estavam adstritos ao caso ou casos concretos que lhe serviram de fundamento. Assim, por uma pretensa usurpação de competência do Legislativo, os assentos portugueses foram declarados inconstitucionais.

Dessa sorte, não se pode considerar que os assentos tenham sido o fundamento ou base para as súmulas no Brasil, pois não se tinha a idéia de estabelecer textos normativos, na esteira da competência do Poder Legislativo. Como dito em passagem pretérita, o objetivo maior das súmulas era o de viabilizar maior estabilidade à jurisprudência do Tribunal, promovendo um método de trabalho simplificado e ágil.

---

38 ABBOUD, Georges. et.al. Como trabalhar – e como não trabalhar – com súmulas no Brasil: um acerto de paradigmas. MENDES, Aluísio de Castro et.al (orgs.). **Direito Jurisprudencial**. São Paulo: Revista dos Tribunais, v. 2, 2014. p. 659.

Nas linhas diretivas de Aliomar Baleeiro[39], as súmulas se fundamentaram na tradição do *common law*:

> Essa fórmula do *stare decisis et non quieta movere* custou muito a ser aceita pelo nosso Supremo Tribunal Federal que, afinal, em 1963, atacou o problema decididamente com a *Súmula*, em que se compendiam os pontos de jurisprudência predominante.

Malgrado as considerações de Aliomar Baleeiro, certo é que ainda não se cogitavam dos potenciais efeitos vinculantes da súmula, como ocorria com os precedentes do *common law*, o que só veio a ocorrer com a modificação constitucional engendrara na Emenda Constitucional 45/04.

Noutra ponta, ainda que as súmulas tenham se estruturado com fundamento nas premissas do *common law*, certo é que elas passaram a ser aplicadas como se textos legislativos fossem, com um viés completamente geral e abstrato[40]. Isso se deveu aos delineamentos da cultura do Judiciário brasileiro, que não estava adaptado a um sistema de precedentes judiciais, nos quais se perfaz relevante, sem dúvida, perquirir dos liames fáticos a envolver o caso apreciado pelo Tribunal, nos moldes do que impõe o art. 926 do Código de Processo Civil.

Dito isso, não sobejam dúvidas que inexiste relação de sinonímia entre o precedente judicial e a súmula.

Ademais, faz-se imperioso distinguir o precedente judicial da ementa, tendo em conta que esta tem sido utilizada, de maneira errônea, para servir de esteio ao julgador do caso futuro, como se precedente fosse.

Em verdade, criou-se, no contexto jurídico nacional, a ideia de que trabalhar com precedentes é trabalhar com ementas. Fazendo um levantamento de alguns julgados exarados pelo Superior Tribunal de Justiça, é possível verificar que os Ministros, em suas considerações, quando intentam se referir a uma decisão paradigma pretérita, resumem-se a colacionar a ementa do acórdão. À guisa de exemplo, é possível citar as manifestações prolatadas nos seguintes processos: Mandado de Segurança Nº 21.598/DF, Agravo Regimental no Agravo em Recurso Especial Nº 600.215/RS, Recurso Especial Nº 1.520.257/SP, dentre outros.

A ementa não se configura como elemento substancial da decisão judicial tomada como precedente, haja vista que se constitui como mero resumo de julgamento, que se torna prático, na medida em que se ins-

39 BALEEIRO, Aliomar. **O Supremo Tribunal Federal, esse outro desconhecido**. Rio de Janeiro: Forense, 1968. p.100.

40 ZANETI JR, Hermes. **O valor vinculante dos precedentes.** Salvador: Juspodvm, 2015, pp. 329-330.

trumentaliza como via de catalogação de julgados anteriores. Assim, perfaz-se inviável aduzir que a ementa contém todos os meandros da fundamentação, os quais são imprescindíveis à correta extração da *ratio decidendi.* Mesmo que o Código de Processo Civil de 2015, em seu art. 943, explicite que todo acórdão conterá ementa, resta claro que o objetivo de tal previsão é possibilitar que a publicidade do pronunciamento da Corte, por ducto dos Diários Oficiais, seja efetiva com uma síntese daquilo que fora objeto de decisão. Dessa forma, consoante apregoa Marinoni[41]: "A ementa constitui um resumo da matéria tratada no acórdão."

Os argumentos acima expendidos são reforçados por teses encampadas pelo próprio Superior Tribunal de Justiça, nas ocasiões em que esta Corte Cidadã aduz que, havendo divergência entre a ementa e o corpo do acórdão, serão prevalentes os arrazoados tecidos na íntegra decisória. Além disso, tem-se as situações em que o STJ apascentou que a mera transcrição de ementas não serve à demonstração da divergência jurisprudencial, para fins de manejo do Recurso Especial, com fundamento no art. 105, III, "c", da Constituição Federal.

À evidência se vislumbra um nítido comportamento contraditório daquela Corte Superior, a qual, apesar de reforçar a insuficiência da ementa, para fins de cotejo analítico entre casos, vale-se dela nas fundamentações, com o escopo de demonstrar a similitude fática das demandas, de modo a atrair a mesma solução. Dessa forma, ainda que se conceda o tom de acessoriedade à ementa, esta é tratada como fonte primordial, na hipotética aplicação de precedentes judiciais.

Essa nefasta técnica de utilizar ementas por precedentes foi denominada de ementismo[42], ou seja, o resumo do caso passa a ser mais importante do que o caso em si. Para aclarar a teratologia posta, é como se concedêssemos mais relevo a uma síntese da obra de José Saramago do que à completude de seus escritos.

Tamanha impropriedade tem provocado anomalias, na tentativa de se trabalhar com precedentes no Brasil. De acordo com o que já fora pontuado alhures, o precedente judicial é composto da *ratio decidendi* e das circunstâncias fáticas que o cercam. Posto isso, ao compulsar uma ementa ou mero resumo, o julgador não conseguirá detalhar todas as nuances dos acontecimentos do caso tomado por precedente, nem, tampouco, abstrairá a razão universalizável, que servirá ao deslinde do feito.

---

41 MARINONI, Luiz Guilherme; ARENHART, Sérgio Cruz; MITIDIERO, Daniel. **Novo código de processo civil comentado**. São Paulo: Revista dos Tribunais, 2015. p.870-871.

42 NOBRE JR, Edilson Pereira. **Súmula vinculante**: o desafio de sua implementação. São Paulo: MP, 2008.

Muitas vezes, ao tomar por base somente a ementa, o Poder Judiciário resta por desconsiderar divergências entre o resumo e a fundamentação, de tal sorte que acaba encontrar uma solução totalmente canhestra.

Noutra quadra, é mister deixar claro que a ementa do acórdão lavrada, em regra, pelo relator do feito deve ser elaborada de forma a condensar os elementos estruturantes da decisão (até mesmo para facilitar o devido acesso ao pronunciamento do Tribunal), mas não se confunde, repita-se, com a *ratio decidendi* do julgado. Atento aos efeitos deletérios de se tomar ementa por precedente aduz Araken de Assis[43] que: "Uma ementa equivocadamente redigida tem influência perniciosa, talvez perene, gerando uma corrente de julgados difícil de ser quebrada."

Afinando-se no mesmo diapasão, bem se pronunciam Bruno Baía Magalhães e Sandoval Alves da Silva[44]:

> É inegável: em nosso país, a ementa assumiu o lugar de porta-voz do precedente. No entanto, conforme visto pelos exemplos, a leitura da ementa, desacompanhada dos votos, não é capaz de captar todas as nuances e circuntâncias generalizantes que envolvem a prática dos precedentes. Daí o questionamento, é possível sustentar, teoricamente, que a ementa seria o precedente ou resumiria inteiramente, de forma a desconsiderar as razões de decidir principais e acessórias advindas da interpretação construtiva do precedente?

Relevante, assim, é a distinção entre precedente judicial e ementa, a fim de que não continuem a se repetir equívocos de julgamentos. É no inteiro teor do acórdão, mormente nos debates sobre o caso em análise, que poderão ser pinçados os elementos fundamentais à escorreita compreensão do precedente judicial. Aguarda-se, nesse contexto, mais coerência do Poder Judiciário, a fim de que não subverta a lógica do sistema de precedentes, valendo-se de comparações perfunctórias entre os mais diversos casos.

2.2. Natureza jurídica do precedente judicial

2.2.1. A possibilidade de ocorrência dos chamados fatos jurídicos processuais

A Teoria do Fato Jurídico se propõe a trabalhar com o fenômeno do Direito em seus contornos gerais, desvinculando-se, por isso, de amar-

---

43 ASSIS, Araken de. Manual dos Recursos. 9ª ed. Revista dos Tribunais. São Paulo, 2017, p. 491.

44 MAGALHÃES, Bruno Baía; SILVA, Sandoval Alves da Silva. Quem vê ementa, não vê precedente: ementismo e precedentes judiciais no projeto do novo CPC. FREIRE, Alexandre et al (orgs.). **Novas tendências do processo civil**: estudos sobre o projeto do novo código de processo civil. Salvador: Juspodvm, 2014. p. 217.

ras estabelecidas por qualquer ramo da ciência jurídica, haja vista que o modelo teórico de Pontes de Miranda é amoldável aos diversos tipos de regras constantes do sistema.

Em assim sendo, verificam-se fatos jurídicos também no Processo, considerando que a legislação aplicável descreve, tal como as demais, os suportes fáticos que podem, por ducto da incidência, dar azo a fatos jurídicos de natureza processual. Segundo Marcos Bernardes de Mello[45]: "No Processo Civil, por exemplo, o ato processual pode ter a natureza de ato jurídico *stricto sensu,* negocial, misto, apenas de prestação de dever, ou de ato integrativo de negócios jurídicos de direito privado"

É sabido que Pontes de Miranda tratou de consolidar uma classificação oportuna dos fatos jurídicos, distinguindo-os segundo critérios atinentes, em regra, ao modo de composição do cerne do suporte fático da norma jurídica, ou seja, observa-se a conformidade ou desconformidade com o direito e a presença ou não do elemento volitivo. Nítido, desta feita, que o ato ilícito também se introniza no mundo jurídico, corporificando-se como fato jurídico.

Assim, de acordo com os desígnios da teoria Ponteana e das análises do professor Marcos Bernardes de Mello, pode-se conceber a seguinte divisão dos fatos jurídicos: i) lícitos, que se subdividem em fatos jurídicos *stricto sensu,* atos-fatos jurídicos, atos jurídicos *lato sensu* (abrangem os atos jurídicos *stricto sensu* e os negócios jurídicos) e ii) ilícitos.

De início, é forçoso delinear que os fatos jurídicos *stricto sensu* são aqueles que derivam da incidência da norma sobre um suporte fático estruturado por eventos da natureza, os quais independem da vontade humana, nos moldes do que ocorre com a morte ou com a avulsão.

Por sua vez, os atos-fatos jurídicos, inadmitidos em alguns países (França, Itália e Alemanha), são assim conceituados por Pontes de Miranda[46]: "Os atos-fatos são atos humanos, em que não houve vontade, ou dos quais se não leva em conta o conteúdo da vontade, aptos, ou não, a serem suportes fácticos de regras jurídicas." Dito isso, exsurge notório que a vontade não possui importância, sobrelevando-se o fato decorrente do ato humano. À guisa de exemplo, cita-se o pagamento como nítido ato-fato jurídico, uma vez que, ainda que decorrente de ato do homem, o elemento volitivo é despiciendo para a efetiva configuração de regulares efeitos.

Quanto ao ato jurídico *lato sensu*, resta claro que nesta espécie a vontade é essencial, de modo que no suporte fático está presente uma

---

45 MELLO, Marcos Bernardes. **Teoria do fato jurídico** – Plano da existência. 20ª Edição. São Paulo: Saraiva, 2014.

46 MIRANDA, Pontes de. **Tratado de Direito Privado**. 2ª Tiragem. São Paulo: Revista dos Tribunais, 2012, Tomo I, p. 158.

exteriorização consciente desta, no sentido de se obter um dado resultado tutelado pelo ordenamento jurídico ou não proibido e possível de se realizar. Nesta senda, o ato jurídico *stricto sensu* se diferencia do negócio jurídico, pois no primeiro não é possível a escolha da categoria jurídica, de modo que a própria lei atribui os necessários efeitos, quer desejem as partes ou não, já no segundo é dado aos particulares dispor sobre os efeitos jurídicos pretendidos, sendo resultante de uma nítida autonomia da vontade.

Naquilo que pertine aos atos ilícitos, vale, mais uma vez, trazer à baila as considerações de Pontes de Miranda[47]: "Atos ilícitos são os atos contrários a direito, quase sempre culposos, dos quais resulta, pela incidência da lei e *ex lege,* consequência desvantajosa para o autor."

Alinhavada a presente classificação, é possível inferir, tal como já vaticinado no presente trabalho, que ela é aplicável em toda a fenomenologia jurídica, não sendo restrita a alguns ramos, como querem fazer crer certos autores de relevo[48].

Doutro giro, mesmo diante da relevância da tese exposta por Pontes de Miranda, ainda são poucos os trabalhos que tendem a explicar o fenômeno processual, valendo-se da Teoria do Fato Jurídico, que é imprescindível à solução de inúmeros casos práticos.

A despeito da escassez sobredita, Fredie Didier Júnior e Pedro Henrique Pedrosa Nogueira teceram manifestações sobre o tema, em obra que busca delinear as bases da Teoria dos Fatos Jurídicos Processuais[49]. Nesse compêndio, os autores definem o que se pode entender por fatos jurídicos processuais *lato sensu:*

> A partir dessas considerações, os fatos jurídicos *lato sensu* processuais, podem ser definidos como os eventos, abrangendo manifestações de vontade, condutas e fenômenos da natureza, contemporâneos a um procedimento a que se refiram, descritos em normas jurídicas processuais.

A conceituação proposta segue a linha diretiva da classificação de Pontes de Miranda, que fora esmiuçada acima, resultando na necessidade de se avaliarem os institutos processuais, na sua referibilidade a

---

47 MIRANDA, Pontes de. **Tratado de Direito Privado**. 2ª Tiragem. São Paulo: Revista dos Tribunais, 2012, Tomo I, p.163.

48 KRELL, Andreas J. A relevância da teoria do fato jurídico no âmbito do moderno direito constitucional e administrativo. DIDIER JR, Fredie; EHRHARDT JR, Marcos (coord.). **Revisitando a teoria do fato jurídico**: homenagem a Marcos Bernardes de Mello. São Paulo: Saraiva, 2010.

49 JR, Fredie Didier; NOGUEIRA, Pedro Henrique Pedrosa. **Teoria dos Fatos Jurídicos Processuais**. 2ª Edição. Salvador: Juspodvm, 2013.

certo e dado procedimento, constatando se se tratam de: a) fatos jurídicos *stricto senso* processuais; b) atos-fatos jurídicos processuais; c) atos jurídicos *stricto sensu* processuais; e) negócios jurídicos processuais ou f) ilícitos processuais.

Assim, buscar-se-á, dentro de uma análise pormenorizada do precedente judicial, enquadrá-lo nas diretrizes gerais da teoria ponteana, com o escopo de explicar a sua essência, respondendo a questionamentos de ordem prática, tal como a sua possível vinculatividade.

2.2.2. A natureza jurídica do precedente judicial à luz da teoria do fato jurídico

Consideradas as inúmeras discussões a envolver o sentido que pode ser conferido à expressão precedente judicial, tem-se, como ponto de convergência, a ideia de que o precedente constitui pronunciamento jurisdicional hábil a servir de modelo, para eventuais decisões futuras[50]. Deste modo, se o precedente constitui ato decisório do magistrado, é iniludível que, no bojo da teoria do fato jurídico, ele se enquadre, tal qual prevê Pontes de Miranda e Marcos Bernardes de Mello, na categoria de ato jurídico *stricto sensu.*

Nessa senda, como bem aduz Pontes de Miranda, nos comentários tecidos acerca do ato jurídico *stricto sensu*[51]: "É *ex lege* que lhes decorrem a juridicidade e a eficácia: a lei os faz jurídicos e lhes atribui efeitos, quer os tenham querido, ou não, as pessoas que os praticaram". Assim, segundo dispõe Marcos Bernardes de Mello, existem três elementos fundamentais referentes aos atos jurídicos *stricto sensu,* quais sejam: a) um ato humano volitivo; b) consciência na exteriorização da vontade e c) a prática de um ato dirigido a um resultado tutelado ou não proibido pelo direito.

Exsurge clarividente, desta feita, que a decisão judicial é um ato de vontade devidamente exteriorizado, erigido de forma consciente e destinado à obtenção de uma consequencia prevista pelo Direito. Tanto é assim, que há possibilidade de manejo de ação rescisória, com base no art. 966, do Código de Processo Civil, quando a vontade é exarada de forma viciada, demonstrado que o elemento volitivo está fincado no cerne do suporte fático, de modo a constituir nítido ato jurídico *stricto sensu.*

---

50 De acordo com Maccormick e Summers (MACCORMICK, Neil; SUMMERS, Robert S.(orgs.). **Interpreting precedents**: a comparative study. Dartmouth: Ashgate, 1997): "Precedents are prior decisions that function as models for later decisions". (Tradução livre: Precedentes são decisões anteriores que funcionam como modelos para decisões posteriores).

51 MIRANDA, Pontes de. **Tratado de Direito Privado**. 2ª Tiragem. São Paulo: Revista dos Tribunais, 2012, Tomo I, p.158.

Ao encontro desse entendimento estão as considerações de Alfredo Rocco[52], que vislumbra, por exemplo, a sentença como um ato de vontade, na medida em que o magistrado, com espeque nos elementos constantes dos autos, aponta a solução processual adequada, atuando em favor da resolução do entrave.

Visto isso, não se perfaz possível conceber o precedente, aqui encarado como decisão judicial, como ato-fato jurídico, vez que, em relação a essa espécie, a vontade não é relevante, ignorando-se a sua centralidade, na composição do suporte fático.[53] Ademais, o ato-fato jurídico, concebido como tal, não ingressa no plano da validade, de tal modo que só é possível cogitar da sua existência e eficácia. Desse modo, é indene de dúvidas que toda decisão judicial poderá ser invalidada, haja vista se revestir da natureza de ato jurídico *stricto sensu*. Nessa linha de intelecção, manifesta-se Marcos Bernardes de Mello[54]:

> Do mesmo modo e pelos mesmos motivos, é impossível desprezar-se o resultado fáctico (=físico) que integra o suporte fático do ato-fato jurídico classificável como ato real. Embora decorrente de conduta humana, o fato resultante a ela sobreleva, além da circunstância de que, para o direito, essa conduta é sempre avolitiva (= a vontade, no ato-fato, é juridicamente irrelevante).

Nesse sentido, a relevância da decisão, para fins de julgamentos posteriores, constitui efeito decorrente desta. À evidência, tratam-se dos chamados efeitos secundários ou anexos, os quais não decorrem diretamente do pleito jurisdicional vertido pelas partes, na demanda. Reforçando o que se propõe, manifesta-se Ronaldo Cramer[55]: "Não são efeitos secundários apenas as consequencias dispostas em lei, como, por exemplo, a hipoteca judiciária, prevista no art. 466 do CPC, mas toda e qualquer decorrência lógica dos efeitos principais, isto é, da solução promovida pela sentença."

Posto isso, deslocar-se-ia o problema do precedente para o plano da eficácia e não da existência, de modo que a sua eventual prospecção em julgados futuros é derivativo das consequências advindas do pro-

---

52 ROCCO, Alfredo. **La sentezia civile**. Milano: Giuffré, 1962. p. 28-32.

53 Diferente é a posição de Fredie Didier Júnior, que concebe o precedente como ato-fato (DIDIER JR, Fredie. Curso de Direito Processo Civil. 8ª Edição. Salvador: Juspodivm, 2013).

54 MELLO, Marcos Bernardes de. **Teoria do Fato Jurídico** – Plano da Validade. 10ª Edição. São Paulo: Saraiva, 2010.

55 CRAMER, Ronaldo. **Ação rescisória por violação da norma jurídica**. Salvador: Juspodvm, 2012.

nunciamento jurisdicional. Nestes moldes, cabe considerar o que estabelece Lucas Buril de Macêdo[56]:

> Com todo respeito aos juristas baianos, entretanto, dizer que precedente é ato-fato é equivocado, além de que as duas afirmações realizadas quanto ao conceito de precedente são inconciliáveis: o ato-fato está no plano da existência, é um fato jurídico, enquanto o efeito anexo está no plano da eficácia, é atribuído à decisão.

Veja-se, neste ponto, que o eventual caráter persuasivo ou vinculante do precedente judicial estaria afeto ao âmbito da eficácia do provimento jurisdicional, ou seja, configurar-se-ia, como dito, em efeito anexo do *decisum.* Assim, o fato de uma decisão ser alçada à categoria de precedente se deve às conseqüências oriundas de sua concepção como ato jurídico *stricto sensu.*

Lado outro, na contramão do que propugnam respeitáveis autores, o precedente não poderia ser tido, ao mesmo tempo, como ato-fato jurídico e ato jurídico *stricto sensu,* haja vista que é impossível conceber, no plano da existência, que algo seja e não seja, *in simultaneus,* sob pena de violar preceito de ordem ontológica.

Tecidos e repisados tais argumentos, fica evidente que, à luz da teoria do fato jurídico, o precedente deverá ser caracterizado como ato jurídico *stricto sensu*, tendo em vista que se cuida de decisão judicial.

2.2.3. O precedente judicial sob o ponto de vista normativo

Hodiernamente, como se disse, não se pode desconsiderar a aproximação entre os sistemas de *Civil Law* e *Common Law,* pois há uma intercambialidade de institutos, com o escopo de proporcionar um maior burilamento do Direito, no plano do objeto. São inúmeros os exemplos que comprovam a situação posta, tal como a crescente produção legislativa que se tem verificado nos Estados Unidos e na Inglaterra, além do aprimoramento de uma cultura de respeito aos precedentes judiciais, dentro da perspectiva de sistemas jurídico-positivos como o do Brasil.

Volvendo-se para os novos rumos que tem tomado o *Civil Law,* é possível perceber que houve uma transmudação do papel do juiz, haja vista que é alijado, em grande parte, o posicionamento que compreende a função judicial como meramente declaratória, ou seja, restrita à simples pronúncia daquilo que já estava imbuído no plano dos enunciados prescritivos. Exemplo dessa concepção é que, em França, o juiz era con-

---

56 MACÊDO, Lucas Buril de. **Precedentes judiciais e o direito processual civil**. Salvador: Juspodvm, 2015.

siderado um mero "boca da lei", pois nada mais fazia do que externar comandos já contidos e claros nos textos da legislação positivada.

Nos moldes do acima prelecionado, manifesta-se Luiz Guilherme Marinoni[57], ao comentar a atuação do juiz, na perspectiva da Revolução Liberal Burguesa:

> Nesse sentido, o poder dos juízes ficaria limitado a afirmar o que já havia sido dito pelo legislativo, devendo o julgamento ser apenas um texto exato da lei. Por isso Montesquieu acabou concluindo que o poder de julgar era de qualquer modo, um poder nulo (en quelque façon, nulle). Assim, conferiu-se o poder de criar o direito apenas ao legislativo. A prestação judicial deveria se restringir à mera declaração da lei, deixando-se ao executivo a tarefa de executar as decisões judiciais.

Ocorre que se perfaz indiscutível o papel criativo do magistrado que, cada vez mais, vem construindo as soluções para os casos em análise, de modo a edificar a norma jurídica hábil a regular a situação posta a desate. Assim, o magistrado não é visto como um mero interlocutor entre os enunciados prescritivos e o jurisdicionado, mas sim como um verdadeiro arquiteto normativo, uma vez que, como estabelecido em linhas outras, somente é possível falar em norma, empós o regular processo de interpretação.

Doutro lado, com a constante inserção do sistema de precedentes, nas nações filiadas ao *Civil Law*, o papel construtor do magistrado se configura mais relevante, pois, além de consubstanciar a norma jurídica em caráter individual e concreto, exsurge viável a formação de uma norma geral, passível de ser aplicada em casos futuros, quando existente similitude entre as demandas.

Imprescindível transcrever, nesse ponto, as ponderações de Hans Kelsen,[58] ao tratar da natureza da manifestação judicial:

> Uma decisão judicial não tem, como por vezes se supõe, um simples caráter declaratório. O juiz não tem simplesmente de descobrir e declarar um direito já de antemão firme e acabado, cuja produção já foi concluída. A função do Tribunal não é simples 'descoberta' do Direito ou júris-'dição' ('declaração' do Direito) neste sentido declaratório. A descoberta do Direito consiste apenas na determinação da norma geral a aplicar ao caso concreto. E mesmo esta determinação não tem um caráter simplesmente declarativo, mas um caráter constitutivo.

---

57 MARINONI, Luiz Guilherme. **Precedentes Obrigatórios**. 2ª Edição. São Paulo: Revista dos Tribunais, 2011.

58 KELSEN, Hans. **Teoria Pura do Direito.** Tradução: João Baptista Machado. São Paulo: Martins Fontes, 2012. P. 264.

Em assim sendo, é impossível ignorar a função criativa do judiciário, que se coaduna com a escorreita perspectiva de norma jurídica, a qual não se resume aos textos inseridos no documento normativo, uma vez que sua construção é fruto da atividade aplicativa dos órgãos julgadores. A atuação dos juízes, portanto, é adscritiva de sentido.

Posto isso, é necessário afirmar que os precedentes se situam no plano do objeto, pois concretizam realidades normativas, inclusive, como sói acontecer atualmente, com imperiosa vinculação.

Lado outro, veja-se que o modelo normativo arquitetado sob a premissa da estrutura de antecedente e conseqüente também se aplica aos precedentes judiciais, pois, dada a premissa traçada no princípio jurídico extraível do caso, deve ser a implicação prevista na tese paradigma. Em uníssono com o que se aduz, cumpre trazer à colação arrazoado de Gabriel Ivo[59]:

> As normas jurídicas apresentam forma implicacional em que se enlaça certa conseqüência à realização condicional de determinado evento descrito no antecedente. A hipótese é a parte da norma descritora de uma situação de possível ocorrência no mundo. A conseqüência prescreve relação deôntica.

Dito isso, há que se considerar que a construção do precedente gera uma disposição normativa, que segue o paradigma referencial da estrutura implicacional, de modo a gerar uma hipótese modelo e uma necessária conseqüência derivada de sua incidência. A título exemplificativo, registra-se viável a concretização da fórmula: Dada a Hipótese → Deve ser a conseqüência.

Afasta-se do precedente, assim, uma dimensão tão somente apofântica, na qual a linguagem ganha foros meramente descritivos. É preciso apontar que o corpo do precedente judicial, detém, *per si*, uma linguagem prescritiva, envolta nos termos delimitativos dos modais deônticos.

Dadas essas considerações, no presente trabalho, utilizar-se-á a concepção do precedente judicial, sob o ponto de vista da teoria normativa, haja vista que ele contém uma razão geral universalizável (*ratio decidendi*), a qual pode ser utilizada à solução das demais hipóteses concretas.

---

59 IVO, Gabriel. **Norma Jurídica**: Produção e Controle. São Paulo: Noeses, 2006. p. XL.

3

ASPECTOS GERAIS DA TEORIA DOS PRECEDENTES

3.1. Análise da teoria dos precedentes nas tradições de *Civil Law* e *Common Law*

O *Civil Law* e o *Common Law* representam as duas grandes tradições jurídicas das principais nações que compõem o quadro político mundial. Registre-se, por oportuno, a preferência pelo termo "tradição" e não pela expressão "sistemas jurídicos", tendo em vista a maior abrangência do primeiro vocábulo, nos moldes do que dispõe John Henry Merryman[1]:

> A tradição legal forma parte da cultura, uma parte muito antiga, profundamente arraigada, firmemente sustentada. As relações existentes entre as idéias legais básicas e as atitudes sociais, econômicas e políticas igualmente profundas, são muito estreitas e complexas. O direito obtém sentido do resto da cultura, a que por sua vez lhe dá sentido, e é inseparável desta.

Nesse passo, a ideia de sistema jurídico, diversamente do que ocorre com o conceito de tradição, não vem acompanhada de todos os aspectos marcantemente culturais, os quais influenciam, sobremaneira, a adequada compreensão do direito na sociedade. Ao se trabalhar com a definição de sistemas jurídicos, passa-se a divisar, tão somente, o conjunto de regras aplicáveis a dado e certo âmbito espacial. Assim, os traços marcantes de uma tradição permitem interconectar variados sistemas jurídicos, ainda que as suas disposições normativas não sejam, em absoluto, correlatas.

Iniludível, portanto, que a matriz cultural, na qual está inserto determinado jurista, resta por irradiar efeitos na sua atuação prática, de modo a gerar reflexos diretos na aplicação do direito.

Desta forma, perceber-se-á que, de acordo com a tradição jurídica que se tome por referência, irá variar a forma como certos e determinados institutos são trabalhados, bem como o seu respectivo valor e influência, para a construção cognitiva do Direito.

Nessa linha de intelecção, podemos afirmar que os precedentes judiciais possuem feições diversas, a depender do contexto no qual se encontram regularmente inseridos, pois, acaso estejamos lidando com um país afeto, preponderantemente, ao *Civil Law*, a percepção da relevância

---

1 MERRYMAN, John Henry. **La tradición juridical romano-canônica**. Trad. Eduardo L. Suárez. 2ª ed. México: Fondo de Cultura Económica, 1989.

do precedente será distinta daquelas nações cuja matriz histórico-jurídica seja embasada no *Common Law.*

Torna-se necessário, frente a tal contexto, esmiuçar o papel do precedente judicial nessas duas grandes tradições do mundo jurídico. René David[2], em uníssono com o que se aduz, consigna a diferença do papel atribuído às decisões judiciais no *Civil Law* e no *Common Law:* "O lugar atribuído às decisões judiciárias entre as fontes do direito opõe os direitos de família romano-germânica à *common law* e igualmente diferencia os direitos da família romano-germânica dos direitos socialistas."

Estabelecidas essas premissas introdutórias, buscar-se-á distinguir as tradições de *Common Law* e *Civil Law,* tomando-se como baliza o papel que o precedente judicial exerce, no bojo desses contextos jurídicos-culturais,

Volvendo-se ao *Common Law,* de início, cabe registrar que essa tradição jurídica surge na Inglaterra e, a *posteriori*, expande-se para outros países, mormente aqueles de língua inglesa. O conjunto dos países ligados ao *Common Law* costuma ser nominado de *Commonwealth* e abrange cerca de trinta e seis nações[3]. A título exemplificativo, podem ser citados países como Estados Unidos, Canadá, Nova Zelândia, Austrália, dentre outros.

A tradição jurídica de *Common Law* pressupõe um direito tipicamente costumeiro, o qual é construído, no âmbito dos Tribunais, a partir da aplicação das regras verificadas no bojo da sociedade. Desse modo, privilegia-se todo o histórico de desenvolvimento social, o qual se deu de maneira paulatina e contínua, sem que houvesse bruscas interrupções ou mudança substancial de paradigma.

Costuma-se estabelecer como marco de consolidação do *Common Law* ou *Comune Ley* o período subseqüente à conquista normanda, no ano de 1066, época na qual foi possível trabalhar a ideia de costume comum a toda a Inglaterra, em detrimento da incidência de regras costumeiras locais adstritas ao regime feudal. Dessa maneira, surgem os Tribunais Reais de Justiça ou Tribunais de Westminster, os quais passam a aplicar o direito uníssono a toda a nação, sem que, a *priori,* restasse extirpada a competência dos Tribunais locais ou *Hundred Court.*

Com a evolução do direito comum e a maior confiança dos jurisdicionados nas Cortes Reais, os órgãos de julgamento local perdem espaço

2 DAVID, René. **Os Grandes Sistemas de Direito Contemporâneo**. Tradução de Hermínio A. Carvalho. São Paulo: Martins Fontes, 2014, p. 147.

3 DAVID, René. **Os Grandes Sistemas de Direito Contemporâneo**. Tradução de Hermínio A. Carvalho. São Paulo: Martins Fontes, 2014, p. 351.

e suas atribuições são absorvidas por aquelas estruturas judicantes vinculadas ao reino. Firma-se, nesse momento, o *Common Law.*

Posteriormente, o *Common Law* ainda terá que conviver, no período que vai de 1485 à 1832, com os chamados Tribunais de *equity* ou de Chancelaria, que surgem como resposta à ineficiência da forma de aplicação do direito costumeiro, nas Cortes Reais, de tal sorte que se propõem um novo modelo de jurisdição, com fulcro em valores de equidade e justiça. Dessa forma, acaso o cidadão almejasse uma solução de *equity* teria que recorrer às *Court of Chancery*, na qual o julgador não estaria vinculado a precedentes, mas sim a valores traduzidos como justo.

A despeito disso, os *Judicature Acts* extinguem, em 1873-1875, a distinção entre *equity* e *common law,* reforçando-se o direito comum, nos moldes do que se visualiza hodiernamente.

Nessa linha de intelecção, é possível divisar quatro fases distintas de evolução do direito inglês[4], quais sejam: a) período anglo-saxônico; b) período de formação do *Common Law*; c) embate entre *Common Law* e *equity* e d) período moderno.

De posse dessas considerações, é imperioso que sejam listadas algumas características essenciais da tradição jurídica de *Common Law*, as quais influenciam, decisivamente, na solidificação do sistema de precedentes judiciais.

Em princípio, insta salientar que, no *Common Law*, o direito costumeiro é delineado pelas manifestações dos Tribunais, portanto, as Cortes dos países do *Commonweath* exercem função primordial na definição das regras comuns, arrrematando não só a solução jurídica para o caso, mas também estabelecendo razões decisórias universalizáveis.

Em contraponto com o que se vislumbra, em regra, nos países de tradição romano-germânica, nem sempre o ponto de partida da resolução do caso está posto em alguma disposição legislativa, ou melhor, no *statute law.*

Dentro desse modelo, quando se está a tratar de casos análogos, as decisões pretéritas ganham destaque, pois surgem como referenciais de julgamento, a fim de que se possa manter a tradição daquilo que já fora apreciado, evitando-se posições díspares.

À evidência, o precedente é fonte do direito, especialmente os oriundos das Cortes de vértice, nas lindes do sistema jurisdicional hierarquizado, pressupondo-se a sua observância como obrigatória, em face da plena adoção da teoria do *stare decisis.*

4 DAVID, René. **Os Grandes Sistemas de Direito Contemporâneo**. Tradução de Hermínio A. Carvalho. São Paulo: Martins Fontes, 2014, p. 351.

Com efeito, o direito é construído a partir dos casos submetidos à apreciação das Cortes judiciais, de tal sorte que o juiz desempenha papel de notoriedade, utilizando-se, na maioria das vezes, da indução, visto que necessita compulsar o *case,* para encontrar a regra que lhe parece adequada e que poderá servir de fundamento a demandas similares futuras. Como conseqüência natural desse tipo de estrutura judicial, o processo ganha extrema relevância, tendo em vista que o direito surge em suas bases.

Note-se, doutro lado, que o ensino jurídico, nos países de *Common Law,* funda-se na análise de casos, haja vista que, como se disse, são neles que se verificam a construção do direito costumeiro. As Universidades não se prendem a teorias e discussões gerais, mas buscam abordar, principalmente, os *leading cases,* os quais servem de referência na atuação judiciária. Vê-se, assim, que o operador do direito, nesse ambiente cultural, não está adstrito a discussões abstratas que, porventura, estejam desvinculadas de circunstâncias práticas determinantes.

Não há como negar que os precedentes judiciais, no interior do *common law,* atuam como vias imprescindíveis à engrenagem de todo o sistema processual, além de se consolidarem como o meio através do qual o direito se revela para a sociedade.

Desta feita o sistema de precedentes judiciais surge, desenvolve-se e se consolida nos países afetos à tradição de *Common Law,* mormente na Inglaterra, que se caracteriza como o seu nascedouro.

O Poder Judiciário, sem dúvida, ganha proeminência nessa tradição jurídica, pois o seu papel criativo e proclamador dos direitos e garantias fundamentais é espinhal dorsal do próprio Estado Democrático de Direito, em se tratando do momento atual.

Pertinentes, nesse ponto, são observações tecidas por Sir Baron Parke J., cujas ponderações são transcritas por Cruz e Tucci[5]:

> O nosso sistema de *Common Law* consiste na aplicação, a novos episódios, de regras legais derivadas de princípios jurídicos e de precedentes judiciais; e, com o escopo de conservar uniformidade, consistência e certeza, devemos aplicar tais regras, desde que não se afigurem ilógicas e inconvenientes, a todos os casos que surgirem; e não dispomos da liberdade de rejeitá-las e de desprezar a analogia nos casos em que ainda não foram judicialmente aplicadas, ainda que entendamos que as referidas regras não sejam tão razoáveis e oportunas quanto desejaríamos que fossem. Parece-me de grande importância ter presente esse princípio de julgamento, não

5 TUCCI, José Rogério Cruz e. **Precedente judicial como fonte do direito**. São Paulo: Revista dos Tirbunais, 2004. p. 160.

meramente para a solução de um caso particular, mas para o interesse do direito como ciência.

As considerações acima grafadas que, inegavelmente, fundam-se nas lições de Blackstone, somente evidenciam a essencialidade do papel do precedente judicial, na tradição jurídica de *Common Law*, defluindo na construção das bases fundamentais desse instituto.

Em arremate, repise-se, de acordo com Juraci Mourão Filho[6] que: "Não se desconhecem leis nos países de cultura anglo-saxã, nem elas existem em menos quantidade do que nos demais países, apenas se lhes atribui função específica no sistema."

Diversamente da tradição de *Common Law*, o *Civil Law* irá se assentar em pressupostos diversos, de tal maneira que se perfaz necessário estabelecer o contraponto entre esses dois amplos grupos jurídico-culturais, a fim de destacar a importância do precedente judicial.

Historicamente, em dado momento, a tradição romano-germânica esteve, tal qual o *Common Law*, ligada à aplicação do direito costumeiro, para solucionar os conflitos de interesses entre os indivíduos. Esse período consuetudinário se protrai até o século XVIII, instante no qual a legislação se insufla e se consolida como principal fonte do direito.

É imperioso registrar que a segregação entre *Civil Law* e *Common Law* ocorre em meados do século XIII, haja vista que, ao revés do que ocorreu na Inglaterra, retoma-se, em países como França e Itália, o estudo do Direito Romano e a doutrina assume posição de relevo, no cenário jurídico.

As universidades se transformam em grandes pólos de discussão das construções romanísticas, destacando-se as compilações Justinianas. A partir daí, busca-se conferir maior cientificidade ao Direito, prezando-se pelo apuro formal, principalmente com a depuração dos conceitos, por vezes em detrimento de circunstâncias fáticas determinantes.

Imerso nesse conjunto de idéias e influenciado pelo contexto histórico, com destaque para a Revolução Francesa, no século XVIII, o *Civil Law* dá um passo em direção à busca de uma tão almejada racionalidade do direito, que se consolida com o dogma da suficiência legal. O Poder Legislativo e não o Judiciário, como ocorreu na Inglaterra, é tido como a função estatal responsável por criar o direito, afastando-se qualquer atividade dessa natureza do Poder julgador, haja vista a aplicação marcante do princípio da tripartição dos poderes.

6 LOPES FILHO, Juraci Mourão Lopes. **Os Precedentes Judiciais no Constitucionalismo Brasileiro Contemporâneo**. Salvador: JusPodivm, 2014.

Ademais, o Judiciário não era tido como um Poder estimado pela sociedade, à época do contexto revolucionário francês, tendo em vista que seus membros possuíam ligação direta com a antiga aristocracia.

Indene de dúvidas, portanto, que a lei se transmuda em fonte prioritária e, praticamente exclusiva do direito, ocasião em que se põe como solução a todos os eventuais problemas erigidos na sociedade. Em acréscimo, cumpre pontuar que essa sobrevalorização legal em conjunto com o cientificismo e o racionalismo defluiram no processo de codificação, na medida em que os códigos eram vistos como grandes obras do aperfeiçoamento intelectual do jurista, hábeis a revelar a completude do direito pertinente à sociedade.

Resta evidente que o juiz passa a exercer um papel secundário e de somenos importância, tendo em conta que lhe cabia apenas, em eventuais embates judiciais, declarar o direito já posto pelo Legislador. Falar em atividade criativa do Judiciário seria o mesmo que defender a ingerência no Poder Legislativo e colidir com a noção de suficiência da lei. É por isso que, nessa época, o juiz é considerado um mero boca da lei.

A escola da exegese, assim, encontra terreno fértil para propugnar a ideia de que a aplicação do direito se resume a um mero silogismo, por via do qual o operador verificará dedutivamente se dada situação se enquadra na premissa maior posta pela disposição normativa. Sintetizando o método do positivismo exegético, Karl Larenz[7] consigna que:

> Para saber que conseqüência jurídica vigora para uma situação de fato – cuja procedência me é sempre dada – tenho, portanto, que examinar se esta situação de fato é de se subordinar; como "caso", a uma determinada previsão legal. Se assim for, a conseqüência jurídica resulta de um silogismo que tem a seguinte forma: se P se realiza numa situação de fato, vigora para esta situação de fato a conseqüência jurídica C (premissa maior); esta determinada situação de fato S realiza P, quer dizer, é um "caso" de P (premissa menor); para S vigora C.

Extirpada qualquer possibilidade de criação do direito pelo juiz, a qual era vista como excrescência, o precedente judicial é desconsiderado como fonte do direito, falecendo qualquer relevância substancial às decisões-quadro pretéritas, já que elas se resumiriam, em tese, a declarar algo que já fora assentado pelo legislador. Assim, a cogência e vinculatividade, nos países de tradição romano-germânica, são da lei e não dos precedentes das Cortes, os quais somente eram utilizados como elementos de persuasão ou convencimento.

7 LARENZ, Karl. **Metodologia da Ciência do Direito**. Lisboa: Fundação Calouste Gulbenkian, 1997. p. 380.

Cumpre asseverar que a lei, na contramão do precedente judicial, era vista como a externalização da vontade popular, que não poderia ser conspurcada pelos Tribunais[8]. Do mesmo modo, via-se na lei um elemento de respaldo da segurança jurídica, pois o cidadão já conhecia previamente todas as possíveis conseqüências advindas de seus atos. O juiz, repise-se, apenas declarava aquilo que já fora posto pelo Poder Legislativo. O ambiente, segundo apontam os doutrinadores[9], era de extrema previsibilidade, já que era aceita a ideia de que todos os possíveis acontecimentos estavam coligidos nos diplomas legislativos.

Ademais, fica evidente que inexistia distinção entre texto e norma, ou seja, os enunciados já configuravam, em caráter pleno, a norma a ser aplicada ao caso. Com isso, havia um nítido reducionismo do fenômeno jurídico, de tal sorte que seria incongruente propor qualquer função criativa ao juiz. Somente com a superação do pensamento positivista e dos seus pretensos dogmas é que, no âmbito do próprio *Civil Law,* será transmudado o papel do magistrado, ocasião em que os precedentes passam a ter maior força e relevância.

À guisa de conclusão, sobre as diferentes percepções do papel dos precedentes, nas tradições de *Common Law* e *Civil Law,* faz-se imprescindível colacionar as impressões de Ginsburg, as quais foram incluídas na abordagem de Marcelo Alves dias de Souza[10]:

> Ao contrário do sistema do civil law, que prevalece, com variações, na maior parte dos países não integrantes da Comunidade Britânica, o sistema legal anglo-americano explicitamente reconhece a doutrina do precedente, conhecida como stare decisis. É política característica de um sistema legal filiado à família do common law que decisões judiciais passadas sejam formalmente e genericamente obrigatórias na solução das controvérsias atuais e verdadeiramente similares. Esse princípio básico, firmemente estabelecido, séculos atrás, nos tribunais reais da Inglaterra, foi naturalizado como americano pela 'recepção' do common law nos Estados Unidos.

Compulsado o *lócus* do precedente judicial, no desenvolvimento histórico-jurídico das principais tradições do direito, observar-se-á a posição do Brasil, enquanto nação inserta no *Common Law* ou *Civil Law.*

---

8 WAMBIER, Teresa Arruda Alvim. Precedentes e evolução do direito. WAMBIER, Teresa Arruda Alvim (coord.). **Direito jurisprudencial**. São Paulo: Revista dos Tribunais, v.1, 2012. p. 25.

9 NOGUEIRA, Gustavo Santana. **Precedentes vinculantes no direito comparado e brasileiro**. 2ª Edição. Salvador: Juspodivm, 2014. p. 42.

10 SOUZA, Marcelo Alves Dias de. **Do precedente judicial à súmula vinculante**. Curitiba: Juruá, 2013. p. 57.

3.2. Ainda sobre a influência da tradição de *Common Law*, no sistema jurídico brasileiro

O conteúdo científico elaborado por alguns processualistas[11] incute a equivocada idéia de que a aproximação entre os sistemas de *Common Law* e *Civil Law*, em nosso país, é algo pertencente à primeira quadra deste século, quando, na verdade, busca raízes históricas desde a Constituição Republicana de 1891. Malgrado o exposto, não se pode deixar de constatar que as discussões em torno da teoria dos precedentes judiciais se avolumaram, na última década, mormente em face das alterações empreendidas dentro do sistema positivo pátrio (Recursos Repetitivos; Repercussão Geral; Súmula Vinculante; Incidente de Resolução de Demandas Repetitivas).

Tal como aventado, a Carta de 1891, inspirada, nitidamente, pelos ideais revolucionários da França e dos Estados Unidos da América, cuidou de incorporar, dentro da nossa ordem jurídica, o controle difuso de constitucionalidade, em uníssono com o *judicial review* norte-americano, de tal sorte que o Poder Judiciário passou a ter destaque essencial, no contexto político deflagrado à época, haja vista a possibilidade de afastar atos legislativos que estivem em descompasso com os preceptivos constitucionais.

Assim, ao tempo em que concebemos as premissas basilares do *Civil Law*, como, por exemplo, a rígida separação dos Poderes, também nos aproximamos de um instituto marcadamente de *Common Law*, o qual confere papel de destaque ao juiz, possibilitando, neste azo, que haja uma revisão de atos constituídos pelo Poder Legislativo, contrabalanceando as ações deflagradas por cada função de Estado. Esse modelo, por óbvio, não encontrou respaldo, na França, onde o magistrado era visto como um ator de somenos importância, dada a sua ligação pretérita com a classe aristocrática, consubstanciado-se em mero boca da lei, ou seja, enunciador daquilo que já fora posto pelo Poder Legiferante.

Dito isso, já era patente a influência do *Common Law*, em meados do Século XIX, o que faz com que alguns autores até cheguem a apontar, apesar da prevalência do *Civil Law*, um hibridismo de tradições no Brasil.

---

11 CARNEIRO JÚNIOR, Amílcar Araújo. Parâmetro do *common law* para a elaboração de um novo sistema: necessidade de uma atitude de vanguarda. MENDES, Aluísio de Castro et.al (orgs). **Direito Jurisprudencial**. São Paulo: Revista dos Tribunais, v. 2, 2014. p. 39-142.

Nesse sentido, posiciona-se Lucas Macêdo, que aduz ser o nosso país mestiço até no sistema jurídico[12]. Lorena Miranda Santos Barreiros[13] reforça a tese ora posta:

> O enquadramento do Brasil na família romano-germânica, sobretudo na atualidade, é, todavia, objeto de questionamento por parte da doutrina. A adoção, no país, de institutos típicos de *common law* (o controle difuso de constitucionalidade, presente no ordenamento brasileiro desde a Constituição Republicana de 1891; a tutela de direitos supra-individuais; a cláusula geral do devido processo legal; a crescente eficácia atribuída aos precedentes judiciais) revela, quando menos, profunda mitigação das características típicas da tradição da *civil law*.
> Em verdade, o sistema jurídico brasileiro convive com um paradoxo metodológico: a necessidade de compatibilizar uma tradição constitucional extremamente influenciada pelo direito norte-americano (*common law*) e uma tradição infraconstitucional sustentada em influências oriundas da Europa Continental.

Hodiernamente, é possível afirmar que existe uma convergência entre as tradições de *Civil Law* e *Common Law*, tendo em conta que, por exemplo, países como os Estados Unidos da América, nos últimos tempos, tem tido uma produção legislativa ampla, inclusive com a produção de Códigos, na linha do que sempre se observou em países de tradição romano-germânica. Acerca da codificação, manifesta-se René David[14]:

> A codificação é a técnica que vai permitir a realização da ambição da escola do direito natural, expondo de modo metódico, longe do caos das compilações de Justiniano, o direito que convém à sociedade moderna e que deve, por conseqüência, ser aplicado aos tribunais.

Assente-se, porquanto oportuno, que, em solo americano, as leis constituem fontes primárias do Direito, possuindo fundamental importância na construção jurídica do país, na linha propugnada por Toni M. Fine[15]:

12 MACÊDO, Lucas Buril. **Precedentes judiciais e o direito processual civil**. Salvador: Juspodivm, 2015, p. 84.

13 BARREIROS, Lorena Miranda dos Santos. Estruturação de um sistema de precedentes no Brasil e concretização da igualdade: desafios no contexto de uma sociedade multicultural. DIDIER JR, Fredie. (coord.). **Precedentes**. Salvador: Juspodivm, 2015. p. 183-213.

14 DAVID, René. **Os Grandes Sistemas de Direito Contemporâneo**. Tradução de Hermínio A. Carvalho. São Paulo: Martins Fontes, 2014. p. 66.

15 FINE, Toni M. **Introdução ao Sistema Jurídico Anglo-Americano**. Tradução: Eduardo Saldanha. São Paulo: Martins Fontes, 2011. p. 50.

> As fontes de direito primárias refletem a estrutura do sistema jurídico norte-americano, como aquele que incorpora os princípios do federalismo e a separação dos poderes por meio de soberanias individualizadas. Ainda as fontes primárias incluem leis federais e estaduais, o que envolve as cartas de governo: a Constituição do país e a de cada estado; atos legais, leis positivadas, tanto no âmbito federal como no estadual; regulamentos e outros atos administrativos, nos níveis federal e estadual; e o *case Law,* ou direito dos juízes *(judge-made-law)*, também nos níveis federal e estadual.

Doutro giro, há um movimento amplo, mormente em sede latinoamericana, de introdução de institutos típicos do *Common Law*, no bojo dos sistemas de direito positivo, de países afetos à tradição romano-germânica. Discute-se, assim, em sede doutrinária, a incorporação de uma teoria dos precedentes judiciais, nos moldes do que se verifica, por exemplo, nos EUA e na Inglaterra[16]. A despeito disso, é preciso atentar para absorções acríticas de modalidades institucionais de outras nações, principalmente quando o aspecto cultural interfere, sobremaneira, na aplicabilidade daquilo que se busca intronizar.

Um dos pontos de relevo, alusivo à questão proposta, tangencia a postura dos juízes nas diferentes tradições, pois, como dito alhures, acostumado está o magistrado de *common Law* com a adoção de um papel criativo, no qual o Poder Judiciário encontra destaque no cenário estatal, inclusive com a possibilidade de pronunciamentos de caráter vinculante, à guisa do que se implementou com o *stare decisis.*

Noutro viés, é de certa forma recente a modificação da conjuntura do judiciário, em países como o Brasil, notadamente adstritos à tradição romano-germânica, de tal sorte que o protagonismo da função judicante é fruto, em grande parte, da disseminação do que se costuma chamar de paradigma pós-positivista.

Importante salientar que o modelo pós-positivista, o qual se encontra calcado em preceitos como a distinção entre texto e norma, a normatividade dos princípios, expansão e consagração dos direito fundamentais, resta por clamar da função jurisdicional uma atuação mais profícua, posto que o magistrado deverá buscar efetivar valores ímpares, que se encontram encartados no epicentro jurídico, qual seja a Constituição.

Nesse sentido, cumpre transcrever o posicionamento do Ministro Luis Roberto Barroso[17]:

---

16 TAGLE, Fernando Liendo. Precedentes, interpretación, cultura jurídica e independencia judicial en civil law. Hacia uma actualización de concepciones desde y para experiências latinoamericanas. MENDES, Aluísio de Castro et.al (orgs.) **Direito Jurisprudencial**. São Paulo: Revista dos Tribunais, v. 2, 2014. p. 509-609.

17 BARROSO, Luis Roberto. **Curso de Direito Constitucional: os conceitos fundamentais e a construção de um novo modelo.** 2ª Edição. São Paulo: Saraiva, 2010. p. 384.

> Uma das instigantes novidades do Brasil dos últimos anos foi a virtuosa ascensão institucional do Poder Judiciário. Recuperadas as liberdades democráticas e as garantias da magistratura, juízes e tribunais deixaram de ser um departamento técnico especializado e passaram a desempenhar um papel político, dividindo espaço com o Legislativo e o Executivo. Tal circunstancia acarretou uma modificação substantiva na relação da sociedade com as instituições judiciais, impondo reformar estruturais e suscitando questões complexas acerca da extensão de seus poderes.

Vislumbra-se, desse modo, que a cultura jurídica brasileira não esteve tradicionalmente voltada à estruturação de um papel criativo do juiz. Desse modo, ainda se perfaz necessário fincar as balizas diretivas dessa atuação, até mesmo para que seja possível lidar com os precedentes judiciais, adequando-os à realidade brasileira, sem a imposição de um modelo que olvida as peculiaridades ontológicas de cada ordenamento jurídico.

Outrossim, essa mudança de paradigma não pode significar uma carta em branco ao judiciário, sob pena de subverter a lógica da tripartição de poderes, provocando, por conseguinte, uma hipertrofia desta função estatal.

Frente às considerações expendidas, resta notório que, para a escorreita compreensão do tema em debate, é necessário ter em mente todo o processo de aproximação entre as tradições jurídicas (*Civil Law* e *Common Law*), divisando-se as influências recíprocas e a forma de intronização de certos institutos alheios, a priori, à cultura de cada nação. Em particular, a atenção será voltada à teoria dos precedentes judiciais e seu desenvolvimento no direito pátrio.

3.3. O papel do juiz, das partes e dos advogados, na construção do precedente judicial

Insculpidas as premissas referentes ao precedente judicial, nas tradições de *Civil Law, Common Law* e no ordenamento jurídico pátrio, faz-se imperioso delinear os sujeitos inerentes à construção da decisão paradigmática, que se consubstancia como fonte do direito, hábil a refletir na solução de casos futuros.

A princípio, registre-se que a teoria dos precedentes judiciais não pode estar desvinculada da teoria da decisão jurisdicional, haja vista que, como relatado algures, o precedente não deixa de ser um pronunciamento do Judiciário, o qual se diferencia das manifestações comuns pelos seus qualificativos. Assim, a formação do precedente judiciário é fruto da dialética processual, envolvendo todos os atores da demanda, que contribuíram para a deflagração da regra do caso e da norma universalizável extraída da decisão-quadro.

Veja-se, porquanto oportuno, que a construção do precedente judicial é fruto de um cuidadoso processo argumentativo, haja vista que não é o juiz ou a Corte que, de forma isolada e imune às hígidas influências, arremata o resultado do julgamento, de modo a traçar todo o seu conteúdo. Nesse sentido, cabe rememorar, inclusive, que os elementos da demanda são derivados da provocação das partes em suas petições, de tal sorte que o julgador se vincula aos limites do objeto do processo, com espeque no princípio da congruência.

Saliente-se, desta feita, que o vetor axiológico do contraditório, em seu viés cooperativo, clama pela construção da decisão judicial de forma conjunta, haja vista que todos devem contribuir para a prolação de um resultado justo, a fim de que se ultime a efetividade processual. Atualmente, portanto, fala-se em modelo comparticipativo do processo, o qual engloba todos os atores dirigidos à busca de um objetivo único, qual seja favorecer, como se disse, uma solução uníssona com todas as linhas diretivas do ordenamento jurídico. Em consonância com o exposto, vale destacar as redações dos artigos 6º e 983 (Incidente de Resolução de Demandas Repetitivas), do Código de Processo Civil de 2015[18]:

> Art. 6º Todos os sujeitos do processo devem cooperar entre si para que se obtenha, em tempo razoável, decisão de mérito justa e efetiva.
> Art. 983. O relator ouvirá as partes e os demais interessados, inclusive pessoas, órgãos e entidades com interesse na controvérsia, que, no prazo comum de 15 (quinze) dias, poderão requerer a juntada de documentos, bem como as diligências necessárias para a elucidação da questão de direito controvertida, e, em seguida, manifestar-se-á o Ministério Público, no mesmo prazo.

Em acréscimo, é imprescindível aventar que o Poder Judiciário, ao proferir o resultado do julgamento, deve se valer de uma adequada fundamentação, a qual esteja em consonância com todos os debates hauridos em todas as etapas processuais. Desta feita, Daniel Mitidiero[19] aduz que:

> Há, pois, um nexo inarredável entre inafastabilidade da jurisdição, direito fundamental ao contraditório e dever de fundamentar as decisões jurisdicionais, sem o qual não se pode reconhecer a existência de um processo justo.

18 BRASIL. Lei nº 13.105, de 16 de março de 2015. Código de Processo Civil. **Diário Oficial da República Federativa do Brasil**, Poder Executivo, Brasília, DF, 2015. Disponível em: http://www.planalto.gov.br/ccivil_03/_ato2015-2018/2015/lei/l13105.htm. Acesso em: 17 jul. 2018.

19 MITIDIERO, Daniel. **Colaboração no processo civil**: pressupostos sociais, lógicos e éticos. São Paulo: Revista dos Tribunais, 2009. p. 138-139.

Nesse passo, A fundamentação se consolida como via imperiosa à construção do precedente judicial, haja vista que a *ratio decidendi*, apesar de não se confundir com a motivação do julgamento, é extraída das razões determinantes do caso. Assim, as regras jurídicas universalizáveis dimanam das reflexões que o juiz do processo futuro realizará sobre as circunstâncias justificadoras da solução pretérita adotada[20].

É necessário pontuar, outrossim, que a fundamentação, no ordenamento jurídico nacional, nos termos do art. 93, IX, da Constituição Federal, serve como elemento de legitimação da atuação do Poder Jurisdicional, tanto perante às partes do feito como diante da sociedade[21]. Consubstancia, dessa forma, uma garantia do Estado Democrático de Direito, principalmente pelo fato de os membros do Judiciário não se submeterem a regular processo eletivo, hábil a exarar a vontade do povo. A inexistência de fundamentação ou mesmo a fundamentação deficiente implicam em arbitrariedades antidemocráticas, que minam a possibilidade de fiscalização dos atos produzidos pelo Poder Judiciário, em suas investidas de criação do Direito[22]. Valorosas, nesse ponto, são as lições de Carlos Alberto Alvaro de Oliveira[23]:

> O princípio compreende não só o enunciado das escolhas do juiz em relação à individuação das normas aplicáveis ao caso concreto e às correspondentes conseqüências jurídicas, como os nexos de implicação e coerência entre esses enunciados, com vistas a possibilitar o controle do pronunciamento judicial pelas partes e pela sociedade. Ainda aqui, o problema não deve ser visualizado por prisma exclusivamente técnico. Devendo ser exercitável pelos jurisdicionados *in genere*, tal controle constitui inestimável fator de coesão social e da solidez das instituições, apresentando-se, assim, como garantia política inerente ao próprio Estado de direito.

A dimensão da Garantia Fundamental à Motivação das Decisões Judiciais não guarda qualquer similitude com o ultrapassado Princípio do Livre Convencimento Motivado (art. 131, do CPC/73), notadamente subjetivista, até porque o Direito não pode depender da moralidade

20 MITIDIERO, Daniel. Fundamentação e precedente – dois discursos a partir da decisão judicial. MARINONI, Luiz Guilherme (org.). **A força dos precedentes**: estudos dos cursos de mestrado e doutorado em direito processual civil da UFPR. 2ª ed. Salvador: Juspodivm, 2012.

21 LUCCA, Rodrigo Ramina. **O dever de motivação das decisões judiciais**. Salvador: Juspodivm, 2015.

22 DINAMARCO, Cândido Rangel. **Instituições de direito processual civil**. 7ª ed. São Paulo: Malheiros, v. 1, 2013.

23 OLIVEIRA, Carlos Alberto Alvaro. **Do formalismo no processo civil**: proposta de um formalismo-valorativo. 4ª ed. São Paulo: Saraiva, 2010, p. 126.

privada, mas sim de uma moralidade política, construída intersubjetivamente. É preciso registrar, assim, que o CPC/15 não faz mais referência expressa ao Livre Convencimento Motivado, de tal modo que alguns autores têm defendido sua real extinção[24].

Neste aspecto, tem-se que a fundamentação da decisão judicial é hoje, como se disse, uma garantia fundamental do Estado Democrático de Direito, não podendo ser solapada por subjetivismos e decisionismos, tampouco o juiz é livre na sua motivação, estando ele atrelado ao direito, que, por óbvio, provém de uma tradição da comunidade política, não lhe sendo permitido desconsiderar a historicidade, tampouco a moralidade política no momento da decisão, que não pode ser vista como um ato de escolha, mas sim de responsabilidade política do magistrado[25].

Por isso, destaca-se a relevância do artigo 489, do Código de Processo Civil de 2015, cujos termos reforçam, em boa hora, a necessidade de uma fundamentação analítica, contribuindo, sobremaneira, para a adequada estruturação do sistema de precedentes judiciais:

> Art. 489. São elementos essenciais da sentença:
> I – o relatório, que conterá os nomes das partes, a identificação do caso, com a suma do pedido e da contestação, e o registro das principais ocorrências havidas no andamento do processo;
> II – os fundamentos, em que o juiz analisará as questões de fato e de direito;
> III – o dispositivo, em que o juiz resolverá as questões principais que as partes lhe submeterem.
> § 1º Não se considera fundamentada qualquer decisão judicial, seja ela interlocutória, sentença ou acórdão, que:
> I – se limitar à indicação, à reprodução ou à paráfrase de ato normativo, sem explicar sua relação com a causa ou a questão decidida;
> II – empregar conceitos jurídicos indeterminados, sem explicar o motivo concreto de sua incidência no caso;
> III – invocar motivos que se prestariam a justificar qualquer outra decisão;
> IV – não enfrentar todos os argumentos deduzidos no processo capazes de, em tese, infirmar a conclusão adotada pelo julgador;
> V – se limitar a invocar precedente ou enunciado de súmula, sem identificar seus fundamentos determinantes nem demonstrar que o caso sob julgamento se ajusta àqueles fundamentos;
> VI – deixar de seguir enunciado de súmula, jurisprudência ou precedente invocado pela parte, sem demonstrar a existência de distinção no caso em julgamento ou a superação do entendimento.

---

24 https://www.conjur.com.br/2017-jun-24/diario-classe-exorcizar-fantasmas-livre-convencimento-verdade-real. Acesso em: 17 de jul. de 2018.

25 DWORKIN, Ronald. **Levando os Direitos a Sério**. 2ª ed. São Paulo: Martins Fontes, 2007, p. 137.

> § 2º No caso de colisão entre normas, o juiz deve justificar o objeto e os critérios gerais da ponderação efetuada, enunciando as razões que autorizam a interferência na norma afastada e as premissas fáticas que fundamentam a conclusão.
> § 3º A decisão judicial deve ser interpretada a partir da conjugação de todos os seus elementos e em conformidade com o princípio da boa-fé.

Exsurge clarividente, portanto, que o papel dos juízes e das Cortes, quando da lavratura de seus pronunciamentos, é o de estabelecer parâmetros de coerência e completude, a fim de que se possa garantir uma decisão que reflita todas as eventuais discussões travadas no feito, apontando, ainda, as escorreitas razões que defluiram no resultado do julgamento. Somente dessa maneira, é que será possível ter uma decisão paradigma, a qual servirá de referência aos demais casos futuros, servindo de efetivo precedente judicial. Afinal, "a função dos juízes e, com mais razão, dos tribunais de vértice do sistema é promover a definição das normas jurídicas e a estabilidade da ordem normativa para reger as condutas sociais."[26]

De outra ponta, não se pode olvidar o quão importante é a atuação das partes, para a construção do precedente judicial.

Preambularmente, é necessário aduzir que o Poder Judiciário, em regra, só atua quando provocado, com base no princípio da inércia da jurisdição[27], de tal sorte que são os jurisdicionados que submetem o caso à apreciação do magistrado, deflagrando, com isso, o feito. Nessa linha de intelecção, o *case* do qual se originará o precedente somente existirá, na maioria das hipóteses, em decorrência da iniciativa da parte, permitindo-se, assim, a criação de referenciais decisórios.

Além disso, cumpre às partes coligir ao processo todos os elementos imprescindíveis à compreensão adequada da demanda, de modo que a incompletude dos pontos fundamentais pode defluir em pronunciamentos jurisdicionais desprovidos da capacidade de gerar razões jurídicas generalizáveis.

Consoante já vaticinado em linhas outras, os sujeitos processuais devem respeito ao princípio da cooperação, na medida em que seus contributos, para o desenrolar e arremate de um processo équo, hão de ser os mais efetivos possíveis. À evidência, um modelo tipicamente adversarial não viabiliza que os precedentes judiciais sejam constituídos em

---

26 PEREIRA, Paula Pessoa. **Legitimidade dos precedentes**: universalidade das decisões do STJ. São Paulo: Revista dos Tribunais, 2014. p. 52.

27 FUX, Luiz. **Teoria geral do processo civil**. Rio de Janeiro: Forense, 2014. p. 42.

bases sólidas. Reinhard Greger[28], assim, pronuncia-se sobre o conteúdo do princípio da cooperação:

> Ele expressa que o processo liga os envolvidos (juiz e partes) em um relacionamento, cujo sentido e fim são o de alcançar o propósito processual, isto é, a afirmação e a execução do direito privado e a restauração da paz jurídica perturbada. Essa tarefa necessidade de interação entre os envolvidos, como se expressa no conceito de comunidade de trabalho de Roserberg e Shwab.

Naquilo que pertine ao papel do advogado, na construção do precedente judicial, insta tecer algumas considerações de relevo. As inúmeras teses levadas à apreciação do Poder Judiciário são desenvolvidas pelos causídicos, quando da defesa dos interesses de seus clientes em juízo.

A argumentação tecida pelos advogados fomenta o debate em torno do objeto do processo, de tal modo que a decisão judicial, muitas vezes, é moldada pelos elementos trazidos a lume por estes insignes profissionais. Tal como já relatado, não há como desvincular o precedente de todo o processo argumentativo, haja vista que se perfaz impossível prolatar uma decisão qualitativamente aceitável, sem o ir e vir dialético de todos os atores processuais.

Nesse ponto, cumpre destacar o Enunciado Nº 2, do Fórum Permanente de Processualistas Civis[29], acerca das disposições do Código de Processo Civil de 2015: "(arts. 10 e 927, §1º) Para a formação do precedente, somente podem ser usados argumentos submetidos ao contraditório. (Grupo: Precedentes 2)".

Afinando-se no mesmo diapasão, Thomas de Rosa Bustamante[30] aduz: "Observa-se, portanto, que o próprio processo de formação do precedente judicial exige uma profunda atenção aos argumentos e razões disponíveis para justificar a decisão adotada."

Doutro lado, é de bom alvitre ressaltar que é através do recurso bem produzido pelo causídico que as discussões são alçadas às Cortes de uniformização, viabilizando, dessa forma, a produção de precedentes com maior autoridade persuasiva e vinculativa.

Uma vez mais, tendo por supedâneo o princípio da cooperação e o modelo comparticipativo do processo, insta registrar que o advogado

28 GREGER, Reinhard. Cooperação como princípio processual. Traduzido por Ronaldo Kochem. **Revista de processo**. São Paulo: Revista dos Tribunais, 2012, 206. p. 123-133.

29 Enunciado n. 2 do Fórum Permanente de Processualistas Civis.

30 BUSTAMANTE, Thomas de Rosa. A dificuldade de se criar uma cultura argumentativa do precedente judicial e o desafio do novo CPC. DIDIER JR, Fredie (coord.). **Precedentes**. Salvador: Juspodivm, 2015, p. 287.

também exerce papel fundamental na aplicação do precedente, pois, ao evocar determinado julgado como paradigma, ele deverá expor todas as razões que indicam a similaridade dos casos e a incidência da eventual *holding* da decisão judicial[31].

No direito inglês[32], por exemplo, cumpre ao advogado aventar todos os precedentes que tenham correlação com o caso em análise, ainda que não sejam favoráveis aos fundamentos por ele expedidos:

> Do lado dos advogados, há também regras deontológicas específicas que tornam o debate obrigatório do ponto de vista jurídico e moral. Vigora no Reino Unido uma importante regra segundo a qual os advogados devem "citar todas as autoridades [precedentes] relevantes, mesmo quando sejam contrários ao interesse dos seus clientes"; nesses casos, o debate fica restrito à aplicabilidade dos precedentes judiciais. (...)

Por fim, destaca-se a atuação do *amicus curiae*, no âmbito do estratégico e inafastável debate haurido, quando da formação do precedente judicial. De fato, o *amicus curiae* exerce importante papel de representante argumentativo social, contribuindo para a qualificação das discussões a envolver a decisão judicial a ser prolatada. Como exemplo da sua indispensável participação, pode-se apontar os termos do artigo 983, do Código de Processo Civil de 2015, na medida em que versa sobre a contribuição do *amicus curiae* na confecção da decisão proferida no Incidente de Resolução de Demandas Repetitivas, a qual, segundo o art. 927, do CPC/15, constitui precedente obrigatório/vinculante.

Frente ao esposado, há de se ressaltar a importância de todos aqueles que atuam no processo, para a construção e aplicação do precedente judicial, de modo a consolidar sistema imprescindível à estabilidade, isonomia, racionalidade e segurança jurídica.

3.4. A classificação dos precedentes judiciais

As classificações de certos e determinados institutos jurídicos geralmente variam, de acordo com o referencial teórico do autor. No entanto, a classificação se impõe como medida importante ao estabelecimento das diferenças entre as mais diversas espécies de um dado agrupamento jurídico. Desta feita, para a compreensão da problemática exposta neste

31 NUNES, Dierle; VIANA, Aurélio. Precedentes: a mutação no ônus argumentativo. Forense. Rio de Janeiro, 2018.

32 BUSTAMANTE, Thomas de Rosa. A dificuldade de se criar uma cultura argumentativa do precedente judicial e o desafio do novo CPC. DIDIER JR, Fredie (coord.). **Precedentes**. Salvador: Juspodivm, 2015, p. 287.

trabalho, é imprescindível ter em mente, por exemplo, como os precedentes podem ser vistos, em razão da sua autoridade.

Pela relevância, inicia-se a classificação dos precedentes segundo a necessidade de obervância obrigatória ou facultativa destes. A despeito das divergências capitaneadas pela doutrina[33], quanto ao aspecto aventado, entender-se-á que os precedentes podem ser classificados em precedentes obrigatórios ou precedentes persuasivos/de mero convencimento. A despeito disso, autores como Luiz Guilherme Marinoni[34], desprezam a ideia de precedentes persuasivos, compreendendo, por conseguinte, que todo e qualquer precedente judicial deverá ser considerado cogente, com o escopo de garantir a efetiva aplicação de valores fundamentais e em face de seu caráter normativo: "Só isso é suficiente para ver que os precedentes são, em razão apenas da sua substância, dotados de força obrigatória. Afinal, nessas condições os precedentes integram a ordem jurídica, naturalmente vinculantes."

De início, hão de ser abordados os precedentes judiciais vinculantes/obrigatórios, os quais estão ligados, habitualmente, aos países integrantes da tradição jurídica de *common law.*

Em uníssono com as considerações outrora tecidas, viu-se que a tradição do *common law* se estruturou com base na valorização das decisões judiciais, haja vista que são estas que tem o condão de arrematar o direito costumeiro desenvolvido no interior da sociedade. Assim, o respeito aos precedentes se impõe como uma necessidade de coerência e estabilidade do sistema, de modo que a sua inobservância implica em desvinculação das bases históricas alusivas a uma dada questão de direito já apreciada pelas Cortes. Por isso, os juízes das nações de *Commonwealth* tendem a seguir os precedentes judiciais, fulcrados em uma de justiça e isonomia[35], uma vez que não seria razoável conferir tratamentos díspares a casos imbuídos da mesma discussão de fundo (*tre-*

---

33 ATAÍDE JR, Jaldemiro Rodrigues de. **Precedentes vinculantes e irretroatividade do direito no sistema processual brasileiro**: os precedentes dos tribunais superiores e sua eficácia temporal. Curitiba: Juruá, 2012, p. 99.
ZANETI JR, Hermes. **O valor vinculante dos precedentes**. Salvador: Juspodivm, 2015.

34 MARINONI, Luiz Guilherme. Da corte que declara o "sentido exato da lei" para a corte que institui precedentes. MENDES, Aluísio de Castro et.al (orgs.). **Direito Jurisprudencial**. São Paulo: Revista dos Tribunais, v. 2, 2014. p. 731-765.

35 SANTOS, Evaristo Aragão. Por que os juízes (no *common law*) se sentem obrigados a seguir precedentes? MENDES, Aluísio de Castro et.al (orgs.). **Direito Jurisprudencial**. São Paulo: Revista dos Tribunais, v. 2, 2014. p. 497-508.

at like cases alike). Nessa ordem de idéias, Jaldemiro Rodrigues[36] assim se posiciona:

> Por conseguinte, a obrigação de se recorrer às regras que foram estabelecidas pelos juízes (*ratio decidendi*), bem como de se respeitar os precedentes judiciais (stare decisis), é o correlato lógico de um sistema de direito jurisprudencial (DAVID, 2002, p. 428).

Assim, vislumbra-se, no *Common Law*, um respeito aos precedentes derivado da própria cultura jurídica na qual estão imersos os magistrados, bem como da logicidade do funcionamento do sistema judicial. Iniludível, portanto, que não se perfaz viável esquecer todo o regramento constituído pelos modelos decisórios pretéritos, os quais são fontes sólidas do direito.

Outrossim, a noção de obrigatoriedade ou vinculação irrestrita dos precedentes judiciais deriva do conteúdo da máxima latina *stares decisis et non quieta movere*, ou seja, deve-se manter a decisão passada, sem que se moleste aquilo que já fora posto pelos Tribunais[37].

Ao contrário do que pode transparecer, a tradição de *common law* nem sempre esteve adstrita a uma regra de vinculação obrigatória dos precedentes judiciais. À guisa de exemplo, o *stare decisis* se impôs como inafastável, na Inglaterra, somente no século XIX, mais precisamente em 1898, quando em decisão emblemática, no caso London Trainways Company v. London County Council, a House of Lords decidiu que ela estaria vinculada aos seus pronunciamentos, bem como as Cortes e juízes inferiores deviam observância ao que fosse arrematado pelas Cortes superiores[38].

A despeito disso, a ideia de *stare decisis* já vinha se desenhando em casos como Beamisch v. Beamisch e Bradford v. Pickles. Com isso, estabelecem-se os pressupostos de que a vinculatividade dos precedentes (*binding precedents*) também está relacionada à estrutura hierárquica das Cortes judiciais, além de restarem apascentadas as noções de vinculação vertical e horizontal.

Doutro lado, o reforço da obrigatoriedade dos precedentes judiciais, nos idos do século XIX, é consectário, sem dúvida, de uma melhor catalo-

---

36 ATAÍDE JR, Jaldemiro Rodrigues de. **Precedentes vinculantes e irretroatividade do direito no sistema processual brasileiro**: os precedentes dos tribunais superiores e sua eficácia temporal. Curitiba: Juruá, 2012. p. 36.

37 ODAHARA, Bruno Periolo. Um rápido olhar sobre o *stare decisis*. **A força dos precedentes**: estudos dos cursos de mestrado e doutorado em direito processual civil da UFPR. 2ª ed. Salvador: Juspodivm, 2012. p. 83-106.

38 MARINONI, Luis Guilherme. **Precedentes obrigatórios**. 2º ed. São Paulo: Revista dos Tribunais, 2011.

gação das decisões pretéritas, tendo em conta que, anteriormente, o difícil acesso aos *cases* do passado prejudicava, sobremaneira, o estrito cumprimento do *stare decisis.* Apesar de, no século XIII, já existirem os anuários, também conhecidos como *Year Books*, somente em 1865 o *Incorporated Council* publica o The Law Reports[39]. Esse apanhado de decisões constitui uma ferramenta essencial, cujo escopo é estabelecer um repertório dos julgados mais relevantes. Nessa linha de pensamento, é imprescindível transcrever as considerações de Marcelo Alves Dias de Souza[40]:

> Um dos pressupostos para a eficiência de um sistema jurídico baseado em precedentes judiciais, como nos casos da Inglaterra (ou do Reino Unido, de forma mais abrangente) e do Estados Unidos, é a existência de um método de consulta acessível e seguro aos operadores do Direito. E "já que o sistema legal inglês depende profundamente da doutrina do precedente", conclui McLeod, "há uma necessidade óbvia de compilações acessíveis, precisas e confiáveis sobre o que os tribunais decidiram.

No sistema jurídico brasileiro, com a publicação do Código de Processo Civil de 2015, o legislador nacional também exarou preocupação com a necessidade de se ter um compilado de precedentes confiável, de tal modo que inseriu um dispositivo, art. 927, §5º, lavrado nos seguintes termos: "Os tribunais darão publicidade a seus precedentes, organizando-os por questão jurídica decidida e divulgando-os, preferencialmente, na rede mundial de computadores."[41] Fica claro, assim, que se compreendeu a importância dos *Law Reports,* para o adequado funcionamento do sistema de precedentes vinculantes/obrigatórios.

Ademais, faz-se imprescindível aduzir que a obrigatoriedade dos precedentes não implica em rigidez extrema e irrestrita, haja vista que existe a possibilidade e meios de superação ou modificação dos precedentes judiciais, a fim de adequá-los à realidade fática subjacente. Cuidar-se-á desse assunto em tópico específico do presente livro.

Mesmo considerando que a ideia de obrigatoriedade ou vinculatividade dos precedentes é oriunda da tradição jurídica de *Common Law,*

---

39 É possível acessar a lista de casos relevantes do direito inglês, no site: http://www.iclr.co.uk/

40 SOUZA, Marcelo Alves Dias de. Os law reports ingleses: história e panorama atual. MENDES, Aluísio de Castro et.al (orgs.). **Direito Jurisprudencial**. São Paulo: Revista dos Tribunais, v. 2, 2014. p. 909-926.

41 BRASIL. Lei nº 13.105, de 16 de março de 2015. Código de Processo Civil. **Diário Oficial da República Federativa do Brasil**, Poder Executivo, Brasília, DF, 2015. Disponível em: http://www.planalto.gov.br/ccivil_03/_ato2015-2018/2015/lei/l13105.htm. Acesso em: 30 set. 2015.

perfaz-se inegável que esta tem ganhado acolhida, cada vez mais, nos países de *Civil Law,* mormente em face da convergência desses grupos jurídicos-culturais.

Na América Latina, por exemplo, é crescente a aplicação da teoria dos precedentes vinculantes, a qual, diversas vezes, vem acompanhada, como um ranço do paradigma do Estado Legislativo, da necessidade de estabelecimento por lei dos precedentes que se consideram obrigatórios[42]. Assim, a vinculatividade, nesses países, não deflui da própria compreensão do sistema judicial, como sói acontecer nas nações algo-saxãs, mas de imposições do Legislador.

Traçado esse panorama geral, é mister conceituar o que se define por precedente obrigatório/vinculante. Deve-se entender o precedente obrigatório/vinculante, como a decisão judicial paradigmática, que servirá de fundamento para casos análogos futuros, sem a possibilidade de ser desconsiderada pelo órgão julgador que a ela estiver adstrito.

Dessarte, o juiz, quando da prolação de sua sentença, tomará por base *a ratio decidendi* da decisão-quadro, aplicando-o à hipótese em análise, de acordo com as circunstâncias fáticas correspondentes. Posto isso, o juiz só poderá se desvincular do precedente obrigatório/vinculante se conseguir, argumentativamente, apresentar a distinção do seu caso com o caso debatido no julgado modelo ou aventar a sua eventual superação (*overruling*). Sobre a compreensão de precedente vinculante, posiciona-se Frederick Shauer[43]:

> Neste sentido, um precedente vinculante é aquele que deve ser seguido ou distinguido. Este tipo de vinculação é mais comumente associado com o efeito de decisões de cortes superiores sobre cortes inferiores, mas também pode ocorrer no tratamento subseqüente de uma decisão anterior pela mesma corte.

Ademais, em uníssono com as considerações acima delineadas, manifesta-se Bryan A. Garner[44]: "While binding caselaw must be fol-

---

42 SUÁREZ, Christian Delgado. Os precedentes constitucionais no Peru. **A força dos precedentes**: estudos dos cursos de mestrado e doutorado em direito processual civil da UFPR. 2ª ed. Salvador: Juspodivm, 2012.
TAGLE, Fernando Liendo. Precedentes, interpretación, cultura jurídica e independencia judicial en civil law. Hacia uma actualización de concepciones desde y para experiências latinoamericanas. MENDES, Aluísio de Castro et.al (orgs.). **Direito Jurisprudencial**. São Paulo: Revista dos Tribunais, v. 2, 2014. p. 509-609.

43 SHAUER, Frederick. Precedente. DIDIER JR, Fredie. **Precedentes**. Salvador: Juspodivm, 2015. p. 50-86.

44 GARNER, Bryan A. *et al.* **The law of judicial precedent.** Thomson Reuters. USA, 2016, p. 164.

lowed, persuasive caselaw is 'not binding on a court but is nonetheless entitled to respect and careful consideration."

Os contornos da definição de precedente vinculante são fulcrais para a discussão da sua relevância e influxos, na efetivação do direito fundamental à razoável duração do processo, ponto este que constitui a problemática do presente trabalho.

Em relação ao precedente persuasivo, pode-se atestar que ele muito se vincula às tradições romano-germânicas, pois, nestes países, as decisões pretéritas, costumeiramente, servem apenas de reforço argumentativo, para que se chegue à solução do caso. À evidência, o juiz da demanda futura não estará adstrito às conclusões exaradas em julgado pretérito, de modo que poderá optar pela solução que lhe parecer mais adequada ao *case* submetido à sua apreciação.

Dessarte, a ampla liberdade decisória, por vezes, acaba por descambar em falta de uniformidade e tratamento anti-isonômico, uma vez que situações correlatas podem receber tratamentos diametralmente opostos, defluindo em nítida incongruência sistêmica. Cumpre ressaltar, porquanto oportuno, que também existem precedentes persuasivos, no âmbito do *common law,* mas estes possuem menor peso e destaque, tal como ocorre com as decisões proferidas pelas Cortes inferiores, as quais poderão servir ou não de elemento norteador dos julgados, por exemplo, da Suprema Corte Inglesa ou Americana.

De acordo com o que se expôs acima, resta evidente que os países de *Civil Law* não desconheceram, no decorrer de suas histórias jurídicas, o instituto dos precedentes. No entanto, conferiram a estes lugar diminuto, em face do dogma da suficiência legal e da impossibilidade de se atribuir ao Poder Judiciário uma função criativa, alijando-se a premissa de que os precedentes judiciais poderiam ser alçados à categoria de fontes primárias do direito.

É indene de dúvidas, assim, que os precedentes, em período anterior a todas as transformações engendradas pelo pós-positivismo, apenas se enquadravam como fonte secundária do direito, cujo papel na ordem jurídica era o de, tão somente, auxiliar nas construções de raciocínios jurídicos, desprovidos, portanto, do peso vinculatório e marcante das tradições de *Common Law.* Criou-se, dessa forma, uma cultura jurídica na qual o método dedutivo se impôs como marca indelével, partindo-se o julgador de uma premissa geral, respaldada na universalidade e generalização da lei, para uma particular, defluindo em uma atuação puramente silogística.

Tamanho desprendimento da necessidade de se manter a coerência julgadora, gerou impropriedades extremas, haja vista que a oscilação de teses, concernentes à aplicação do direito, colocou o jurisdicionado em xeque, ante à insegurança jurídica relativa às conseqüências práticas dos atos praticados.

Afinando-se no mesmo diapasão, são preclaras as considerações tecidas por Tércio Sampaio Ferraz JR[45]:

> O sistema romanístico, assim, em oposição ao anglo-saxônico, caracteriza-se, em primeiro lugar, pela não vinculação dos juízes inferiores aos tribunais superiores em termos de decisões; segundo, cada juiz não se vincula às decisões dos demais juízes de mesma hierarquia, podendo decidir casos semelhantes de modo diferente; terceiro, o juiz e o tribunal não se vinculam sequer às próprias decisões, podendo mudar de orientação mesmo diante de casos semelhantes; em suma, vige o princípio (regra estrutural do sistema) da independência da magistratura judicial: o juiz deve julgar segundo a lei e sua consciência.

Alinhavadas tais considerações, é possível aventar que o precedente persuasivo é aquele que, a despeito de não vincular os juízes dos casos futuros, serve como parâmetro de argumentação, a fim de justificar a solução adotada em dada questão jurídica, a qual tenha sido submetida ao crivo do Poder Judiciário[46].

No cenário brasileiro, durante um longo período, ressalvadas algumas situações pontuais, tal como ocorre no controle concentrado de constitucionalidade, os precedentes sempre foram considerados como uma via persuasiva. Assim, os magistrados, com fundamento no princípio do livre convencimento motivado, rotineiramente desatendiam conclusões já arrematadas pelas Cortes superiores, resultando em nítido conflito posicionamentos, hábil a gerar inefetividade processual, prolongamento da demanda, insegurança jurídica, violação à economicidade e à isonomia[47].

A despeito disso, esse caminho foi aos poucos reformulado com algumas reformas processuais, as quais culminaram na publicação do Código de Processo Civil de 2015, consoante se verificará em tópico específico deste trabalho[48].

---

45 FERRAZ JR, TERCIO SAMPAIO. **Introdução ao estudo do direito**: técnica, decisão, dominação. 8ª ed. São Paulo: Atlas, 2015. p.201.

46 SOUZA, Marcelo Alves Dias de. **Do precedente judicial à súmula vinculante**. Curitiba: Juruá, 2013. p. 57.
TARUFFO, Michele. **Dimensiones del precedente judicial**. Paginas sobre justicia civil. Madrid: Marcial Pons, 2009, n.33 p. 561-563.

47 GARCIA, André Luis Bitar. A ausência de um sistema de precedentes no NCPC: uma oportunidade perdida. DIDIER JR, Fredie *et al* (orgs). **O projeto do novo código de processo civil**: estudos em homenagem ao professor José de Albuquerque Rocha. Salvador: Juspodivm, 2011. p. 17-18.

48 MACÊDO, Lucas Buril. **Precedentes judiciais e o direito processual civil**. Salvador: Juspodivm, 2015.

Estabelecido o paralelo entre precedentes persuasivos e precedentes vinculantes, faz-se imperioso asseverar que será preciso analisar a inserção, evolução e aplicação da sistemática dos precedentes obrigatórios, no ordenamento jurídico pátrio, para que possamos trabalhar de maneira adequada com esse instituto.

3.5. A forma de aplicação e afastamento dos precedentes

Para compreender adequadamente um sistema no qual o precedente tem peso e relevância, faz-se necessário estabelecer parâmetros acerca da sua correta aplicabilidade, sob pena de tornar estéril um instituto destinado à consecução dos fins a que se propõe o Estado Democrático de Direito.

Insta salientar que, em razão da aproximação entre as tradições de *Common Law* e *Civil Law,* há uma crescente valorização dos precedentes judiciais nos países romano-germânicos, de tal sorte que tem sido freqüente o uso de elementos originalmente constituídos nas nações anglo-saxãs.

A despeito disso, muitos juízes e Tribunais, desconectados com a mudança de paradigma implementada, tem aplicado o precedente judicial da mesma maneira que os expressos textos legislativos, por ducto de uma pura e simples lógica-dedutiva.

Essa tendência nos revela que não houve uma mudança de cultura jurídica do Poder Judiciário, com a consolidação da teoria dos precedentes nos países de *Civil Law,* mantendo-se posturas e pensamentos próprios de um regime assentado sob os auspícios do dogma da suficiência legal. Prova disso é que as Cortes de nações afetas à tradição de *Common Law,* ao fazer aplicar um precedente judicial, muitas vezes desconsideram as circunstâncias fáticas relevantes do caso, as quais são imprescindíveis ao cotejo analítico da similaridade entre a demanda em análise e a decisão-quadro. Nessa esteira, aduz Thomas de Rosa Bustamante[49] que:

> Embora tenhamos uma prática de seguir precedentes, não há uma teorização sobre eles. Interpretamos esses precedentes de maneira acontextual, como se fossem regras gerais idênticas às normas promulgadas pelo legislador, procurando evitar justamente o processo necessário e imprescindível de comparar casos e suas circunstâncias particulares, bem como a incidência dos princípios fundamentais do direito sobre eles.

---

49 BUSTAMANTE, Thomas da Rosa. A dificuldade de se criar uma cultura argumentativa do precedente judicial e o desafio do novo CPC. DIDIER JR, Fredie (org.). **Precedentes**. Salvador: Juspodivm, 2015. p. 293.

Com efeito, nos moldes do que dispõe o doutrinador acima referenciado, não se pode afirmar que os juízes de *Civil Law* são totalmente alheios ao uso de precedentes judiciais, nos casos submetidos ao seu crivo, pois, da forma como já aventado em tópico outro, esses julgadores já trabalhavam com precedentes, porém, conferindo-lhes função unicamente persuasiva. Portanto, erigia-se incomum o uso do método indutivo para vislumbrar todas as nuances fáticas do caso concreto e assim extrair a eventual norma vinculadora.

Erige-se necessário, desta feita, para que um precedente seja aplicável, que exista uma construção discursiva da solução do caso, com todos os ônus argumentativos acerca de sua relevância no arremate da liça proposta. Na esteira do que salienta Robert Alexy[50], ao tratar dos precedentes judiciais:

> O uso de precedentes se mostra assim como procedimento de argumentação exigido por razões prático-gerais (princípio da universalidade/regra da carga de argumentação), sendo, nessa medida, racional. Seu uso pressupõe argumentos adicionais, especialmente, argumentos práticos do tipo geral.

Valendo-se das mesmas premissas, Frederick Shauer[51] assim arremata: "Apelar a um precedente é uma forma de argumentação, e uma forma de justificação, isto é frequentemente tão convincente quanto persuasivo." Nesse caminho argumentativo imperioso à aplicação do precedente judicial pelo operador do direito, torna-se necessário se valer de analogia[52] e contra-analogia, justificando-se o porquê de certos precedentes serem razões determinantes do caso, bem como os motivos que levam ao afastamento de certos julgados. Assim, deve-se apontar, motivadamente, quais os elementos necessários à indicação da similaridade do caso a se decidir com o caso paradigma, pois um eventual alargamento das balizas de comparação pode resultar em conclusões errôneas sobre a solução da demanda submetida ao crivo do Poder Judiciário. Forçoso pontuar, nesse contexto, que a definição da questão jurídica a ser decidida aliada às circunstâncias fáticas essenciais é marco precípuo de delimitação dos eventuais pontos de convergência. Doutro giro, faz-se imprescindível aduzir que a correlação equivocada dos *cases*

---

50 ALEXY, Robert. **Teoria da argumentação jurídica** – A teoria do discurso racional como teoria da fundamentação jurídica. 3ª ed. Rio de Janeiro: Forense, 2013.

51 SHAUER, Frederick. Precedente. DIDIER JR, Fredie. **Precedentes**. Salvador: Juspodivm, 2015. p. 50.

52 BUSTAMANTE, Thomas da Rosa. A dificuldade de se criar uma cultura argumentativa do precedente judicial e o desafio do novo CPC. DIDIER JR, Fredie (org.). **Precedentes**. Salvador: Juspodivm, 2015. p. 285.

poderá defluir em injustiças irreparáveis, vergastando o instituto dos precedentes judiciais.

Ademais, é fundamental grafar que a escorreita aplicação do precedente judicial é adstrita à extração da *ratio decidendi* ou *holding,* ou seja, é preciso fixar qual a norma geral oriunda do caso modelo, a qual servirá como parâmetro para o julgamento do caso futuro. Registre-se, por oportuno, que a *ratio decidendi* não se confunde com o precedente, uma vez que aquela se encontra inserida no interior deste. Tal como já estabelecido alhures, com respaldo nas considerações tecidas por Cruz e Tucci, o precedente judicial tem como partes elementares a *holding e* as circunstâncias fáticas que envolvem o caso.

Dada a essencialidade, é preciso estipular a definição do que se considera *obter dictum,* pois apenas tem autoridade vinculante a *ratio decidendi* do pronunciamento jurisdicional. Considera-se, portanto, *obiter dictum,* as manifestações constantes do julgado referencial, as quais não constituem razões determinantes, para que se chegue à conclusão definitiva do caso vertido à apreciação do juiz ou da Corte competente. Com efeito, *obiter dictum* é tudo aquilo que foi dito de passagem, sem adentrar, por certo, nos pontos nodais inasfastáveis à resolução da respectiva demanda. A diferenciação entre os conceitos de *ratio decidendi* e *obiter dictum* data do século XVII, nos moldes da manifestação do juiz Vaughan, em passagem recordada por Rupert Cross[53]:

> Si se observa que la opinión expresada por um tribunal no es necesaria para decidir el caso concreto, y que el mismo bien hubiera podido decidirse de la misma manera incluso expresando lo contrário, debe concluirse que dicha manifestación no constituye una opinión judicial, sino que es un mero *gratis dictum.*

Na hipótese de eventual confusão entre os conceitos, portanto, corre-se o risco de tomar como regra universalizável aquilo que apenas foi alvo de enfrentamento como questão secundária ou acidental, de modo que o *obter dictum* não consistirá em parâmetro de julgamento.

Ao contrário do que possa parecer, encontrar a norma geral inserta no precedente está longe de ser uma operação simples e pacífica. Na doutrina alienígena existem inúmeros métodos desenvolvidos pelos doutrinadores, tais como os de Goodhart, Wambaugh, Oliphant, Rupert

53 CROSS, Rupert; HARRIS, J.W. **El precedente en el derecho inglés**. Traducción de Mª Angélica Pulido. Madrid: Marcial Pons, 2012. p. 65.

Cross, Maccormick, dentre outros, os quais se esforçam para encontrar um meio eficiente para obtenção da *holding*[54].

Em preâmbulo, resta assentar que a *ratio decidenci* diverge, em conteúdo, da fundamentação exposta no julgado. Veja-se que a noção de texto e norma não se confundem, principalmente nos influxos do movimento neoconstitucional.[55] Inclinando-se no mesmo diapasão, ressoam os ensinamentos hauridos por Ricardo Guastini[56]:

> Pero, hablando com propiedad la interpretación jurídica tiene por objeto no <<normas>> sino textos o documentos normativos. En otros términos, se interpretan (no exactamente normas, sino más bien) *formulaciones* de normas, enunciados que expresan normas: disposiciones, como se suele decir. Así es que la norma constituye no el objeto, sino el resultado de la actividad interpretativa.

Nessa ordem de idéias, à evidência, seria um retrocesso aduzir que a norma geral do precedente se confunde com o texto contido na motivação do caso alçado à categoria de paradigma. Em vista do exposto, é indispensável que o juiz ou Tribunal do caso futuro compulse o teor do que fora aquilatado na fundamentação decisória, a fim de que, a partir do ato interpretativo, extraia a *ratio decidendi* ou norma geral do precedente judicial.

Vislumbra-se, desta feita, que a *holding* somente virá à tona, quando o juiz do caso futuro se debruçar sobre todos os aspectos lingüísticos confeccionados na fundamentação decisória do caso modelo. Assim, pode-se afirmar que, da maneira como transcorre com os textos legislativos, é possível que exista mais de uma *ratio decidendi* contida no precedente judicial, de tal sorte que todos os comandos deverão ser observados pelo julgador do caso atual.

Doutro lado, torna-se viável apontar a inexistência de eventual razão predominante do julgamento, mormente naquelas hipóteses em que o órgão colegiado, a despeito de adotar certo resultado, diverge quanto à tese precípua da conclusão adotada. Registre-se, com supedâneo nas considerações pretéritas, que da análise da motivação do precedente é possível que se chegue, quanto à *ratio decidendi,* a três situações distin-

---

54 MACÊDO, Lucas Buril. Contributo para a definição de *ratio decidendi* na teoria brasileira dos precedentes judiciais. Editora Juspodivm. DIDIER JR, Fredie. **Precedentes**. Editora Juspodivm. Salvador, 2015, p. 219.

55 ÁVILA, Humberto. **Teoria dos princípios**: da definição à aplicação dos princípios jurídicos. 15ª ed. São Paulo: Malheiros, 2014. p. 50.

56 GUASTINI, Riccardo. **Interpretar y argumentar**. Traducción de Silvina Álvarez Medina. Madrid: Centro de estúdios políticos y constitucionales, 2014. p. 26.

tas: a) poderá inexistir *ratio decidendi*; b) poderá ser extraída uma única *ratio decidendi* e c) poderão ser encontradas inúmeras *ratio decidendi*[57].

Outrossim, ressoa claro da própria noção de capítulos de sentença a possibilidade de existirem várias questões determinantes para o julgamento da causa, as quais são analisadas em pontos independentes da decisão judicial. Desse modo, o órgão julgador terá que expor as razões das quais dimanam suas conclusões, de tal sorte que daí poderão resultar mais de uma *ratio decidendi*[58]. Por exemplo, em dado capítulo de sentença o julgador poderá arrematar um entrave processual e em outro um ponto de direito material, de modo que ambas as considerações possuem relevo, para a globalidade do pronunciamento.

Não sobejam dúvidas, portanto, que a técnica de aplicação dos precedentes judiciais exige um amplo esforço hermenêutico do aplicador do direito, tendo em vista que se perfaz impossível se valer da norma geral do caso paradigma, sem que sejam utilizados os mais diversos métodos interpretativos. Excluem-se, nestes termos, juízos simplórios que tendem a vislumbrar o uso do precedente como uma mera adequação do fato à norma, por ducto, exclusivamente do uso da subsunção. Isso é comum no bojo do ordenamento jurídico pátrio, na medida em que a aplicação dos precedentes, de maneira equivocada, acaba por se transformar em uma apreciação superficial da parte dispositiva da sentença/acórdão ou mesmo das ementas, nos moldes do que já foi aventado no presente trabalho.

Doutro lado, quando se disse que a aplicação do precedente judicial está vinculada ao uso de contra-analogias, teve-se por intento reforçar a ideia de que a não conformação de um caso a uma decisão-quadro exige do julgador a correta distinção entre as demandas, de tal sorte que se utilizará da técnica denominada no direito inglês de *distinguishing*[59]. Este instituto pressupõe que, tomando-se por base as peculiaridades do caso sob apreciação, será possível afastar a conclusão adstrita à *ratio decidendi*, defluindo na inaplicabilidade do precedente.

Desta feita, hão de ser consideradas todas as circunstâncias fáticas que estão a envolver o *case* e a decisão referencial, para que, em um minucioso cotejo analítico, sejam traçadas as substanciosas diferenças entre as demandas, as quais implicam na necessidade de construção de um

57 LOPES FILHO, Juraci Mourão. **Os Precedentes Judiciais no Constitucionalismo Brasileiro Contemporâneo**. Salvador: Juspodivm, 2014. p. 174.

58 DINAMARCO, Cândido Rangel. **Capítulos de Sentença**. 6ª ed. São Paulo: Malheiros, 2014.

59 NOGUEIRA, Gustavo Santana. **Precedentes vinculantes no direito comparado e brasileiro**. 2ª ed. Salvador: Juspodivm, 2014. p.212.

novo caminho decisório. Marinoni[60] se manifesta sobre a matéria, nos termos que se seguem:

> Assim, é necessário, antes de mais nada, delimitar a *ratio decidendi*, considerando-se os fatos materiais do primeiro caso, ou seja, os fatos que foram tomados em consideração no raciocínio judicial como relevantes ao encontro da decisão. De modo que o *distinguishing* revela a demonstração entre as diferenças fáticas entre os casos ou a demonstração de que a *ratio* do precedente não se amolda ao caso sob julgamento, uma vez que os fatos de um e outro são diversos.

Os parâmetros de similaridade dos casos devem se embasar em critérios adequados, com o escopo de evitar que o julgador se distancie do precedente vinculante, sob a alegativa de que certos fatos irrelevantes são suficientes à aplicação de solução distinta daquela posta no precedente judicial. Posturas desse tipo geram o que se costuma chamar de distinção inconsistente. Consoante aduz Ravi Peixoto[61]: "Por meio dela há uma contração indevida do precedente, por meio de fatos e argumentos que não são capazes de justificar a diferenciação. Trata-se, na verdade, de uma infringência à técnica da distinção."

Com isso, exige-se um exame percuciente do caso pelo aplicador do direito, a fim de que este não cometa injustiças/incorreções, no momento da verificação da incidência do precedente judicial ao caso alvo de análise. Sabe-se que, para a utilização dos precedentes judiciais, não se exige igualdade de casos, porém é indispensável que sejam colhidos os pontos fundamentais de convergência, os quais indicam a necessidade de extensão das mesmas conseqüências jurídicas ao feito em julgamento.

Ainda no que pertine à aplicação e superação dos precedentes judiciais, cabe retratar a possibilidade de eventual revogação destes, quando não mais se adéquam à realidade fática subjacente, tornando-se superados, de tal sorte que as premissas advindas de sua rotineira incidência acabam por gerar resultados contrários aos ideais de justiça e efetividade do ordenamento jurídico. Costuma-se cognominar esse evento, nos países de *Commonwealth,* de *overruling*, técnica que permite certa flexibilização dos precedentes vinculantes, a fim de evitar um engessamento do direito e seu conseqüente distanciamento da evolução social. Afinal, o estabelecimento de regras imutáveis e impermeáveis aos influxos dos cambiantes eventos da sociedade caminharia na direção oposta à pró-

60 MARINONI, Luis Guilherme. **Precedentes obrigatórios**. 2º ed. São Paulo: Revista dos Tribunais, 2011. p. 327.

61 PEIXOTO, Ravi. **Superação do precedente e segurança jurídica**. Salvador: Juspodivm, 2015, p. 220.

pria essência do direito. Nessa linha de intelecção se pronuncia Marcelo Alves Dias de Souza[62]:

> Hoje, pode ser dito que a visão absoluta da doutrina do *binding precedent* não é aceita em qualquer um dos sistemas jurídicos filiados à tradição do *common law.* Nos Estados Unidos, esta situação aparece mais patente ainda que na Inglaterra. As cortes americanas, nas palavras de Reynolds, "acreditam que têm o poder de mudar seus pensamentos, banir casos desacreditados, desgastados pelo tempo, e tecer novas decisões na rede sem costura que é o Direito.

Além disso, pode ocorrer de o próprio precedente judicial se tornar incompatível com novos preceptivos legais estatuídos, de modo que é preciso afastá-lo ou reformulá-lo, para que não se vislumbre uma incongruência sistêmica. Por exemplo, não seria possível sustentar a manutenção de um dado precedente, que afronte, de maneira inescusável, disposição inserta na Constituição Federal.

Outrossim, é preciso aduzir que a eventual revogação do precedente judicial deve ser realizada pelo órgão competente para sua edição. Isso significa dizer que não seria cabível às Cortes inferiores, em regra, afastarem precedentes vinculantes assentados pelos Tribunais de vértice, sob pena de subverterem a ordem hierárquica estatuída, no bojo do Poder Judiciário[63]. Admitir tal hipótese seria o mesmo que subtrair a competência uniformizadora e de estabilização dos Tribunais Superiores.

No entanto, a doutrina norte-americana tem defendido a figura do *anticipatory overruling,* a qual admite que as Cortes inferiores, em vislumbrando a possível revogação de precedentes das Cortes superiores, deixem de aplicar as decisões-quadro obrigatórias. Essa medida se revela como excepcional, tendo em conta a máxima do *stare decisis* e somente pode ser aplicada quando o Tribunal superior sinalize a possível superação do precedente judicial, em face do seu desgaste. Nesse sentido, cumpre grafar que a Suprema Corte americana, nos seus julgados, ainda não concluiu pela admissibilidade plena da antecipação revogatória.[64]

Sem embargo do disposto, poder-se-ia cogitar da aplicação do *anticipatory overruling,* nas situações em que há mudança do parâmetro legislativo que deu ensejo à edição do precedente judicial, pois a apli-

---

62 SOUZA, Marcelo Alves Dias de. **Do precedente judicial à súmula vinculante**. Curitiba: Juruá, 2013, p. 57.

63 CROSS, Rupert; HARRIS, J.W. **El precedente en el derecho inglés**. Traducción de Mª Angélica Pulido. Madrid: Marcial Pons, 2012. p. 156.

64 MARINONI, Luis Guilherme. **Precedentes obrigatórios**. 2º ed. São Paulo: Revista dos Tribunais, 2011. p. 404-405.

cação do precedente poderia resultar em negativa de vigência ao nóvel dispositivo legal regularmente confeccionado pelo Poder Legislativo. Nesse sentido, em escritos outros, defendi a viabilidade do *anticipatory overruling* nesses casos[65]:

> Particularmente no que se refere à modificação do parâmetro legislativo a fundamentar o precedente judicial vinculante e a possibilidade de realização do anticipatory overruling, deve-se registrar que os órgãos jurisdicionais inferiores não podem se furtar à aplicação de novo enunciado normativo contrário à ratio decidendi do padrão decisório obrigatório. Nesse caso, não se está a violar a eficácia vinculante do precedente judicial, pois o órgão jurisdicional inferior apenas afasta a aplicação do precedente, em benefício da efetividade da disposição legislativa (Statute Law). Talvez essa seja a hipótese mais comum, no Brasil, de observância do anticipatory overruling.

Todas essas discussões acerca da aplicabilidade e superação dos precedentes vinculantes se sobressaem como imprescindíveis, no sistema jurídico brasileiro, em face da consolidação de uma teoria dos precedentes obrigatórios no Código de Processo Civil. Institutos como o *distinguishing* e *overrruling* foram expressamente previstos nos enunciados normativos do novo diploma legal, tal como se verifica nos artigos 927 e 489[66]. Com efeito, o aplicador do direito no Brasil deverá se adaptar à nova configuração do trabalho com precedentes judiciais, para que não incorra em equívocos deletérios aos jurisdicionados, exigindo-se farta e detalhada motivação, consoante propugna Marcelo Veiga Santos[67]: "Assim sendo, também os casos de *distinguishing* e de *overrruling* dependem de 'fundamentação adequada e específica, considerando os princípios da segurança jurídica, da proteção da confiança e da isonomia."

---

65 VALE, Luis Manoel Borges do; BARBOSA, Leonardo Máximo Barbosa . O cumprimento provisório da multa cominatória, no CPC/15, e a possibilidade de realização do anticipatory overruling pelos órgãos jurisdicionais. A oportunidade perdida pelo Tribunal de Justiça do Estado de Alagoas. **Revista Jus Navigandi**, ISSN 1518-4862, Teresina, ano 23, n. 5423, 7 maio 2018. Disponível em: <https://jus.com.br/artigos/65431>. Acesso em: 31 jul. 2018.

66 BRASIL. Lei nº 13.105, de 16 de março de 2015. Código de Processo Civil. **Diário Oficial da República Federativa do Brasil**, Poder Executivo, Brasília, DF, 2015. Disponível em: http://www.planalto.gov.br/ccivil_03/_ato2015-2018/2015/lei/l13105.htm. Acesso em: 30 set. 2015.

67 FRANCO, Marcelo Veiga. A teoria dos precedentes judiciais no novo código de processo civil. DIDIER JR, Fredie. **Precedentes**. Salvador: Juspodivm, 2015. p. 531.

Enfeixando tais considerações, faz-se mister pontuar que a mudança de cultura jurídica deverá vir acompanhada de intensos estudos e debates sobre a matéria, para que esta seja adequada à realidade brasileira, com o escopo de evitar incorporações acríticas e irrefletidas de institutos algumas vezes avessos aos nossos padrões. Assim, os esforços de todos os que lidam diuturnamente com o direito hão de ser jungido, para garantir a efetividade dos precedentes vinculantes[68].

3.6. Vantagens e desvantages da aplicação dos precedentes vinculantes

O olhar crítico sobre qualquer instituto jurídico é medida que se impõe, a fim de que possamos compreender as suas dimensões positivas e negativas, sopesando, dessarte, a adequabilidade de sua inserção, nos lindes de um sistema de direito. Por isso, é fundamental que os detalhamentos estruturais do precedente judicial sejam colocados à mesa, para aferir suas conseqüências aplicativas e decidir acerca da pertinência do seu uso na resolução dos casos submetidos à apreciação do Poder Judiciário.

Diante dessas linhas introdutórias, perceber-se-á que existem divergências quanto à própria aceitabilidade da implantação de um sistema de precedentes vinculantes, mormente nos países de tradição romano-germânica, haja vista que, como se disse, a permanência, ainda que mais branda, de alguns dogmas como o da suficiência legal fulmina a aplicação escorreita desse instituto. À evidência, posturas como esta só demonstram a falta de conhecimento verticalizado dos precedentes judiciais, os quais poderão servir como instrumentos de racionalização e efetivação da atividade jurisdicional[69].

Nessa ordem de idéias, cuidaremos de, nos tópicos subseqüentes, apontar os elementos favoráveis à teoria dos precedentes judiciais e, ato contínuo, expor as justificativas que se perfilham em seu desfavor.

3.6.1. Precedente vinculante e igualdade

A busca pela igualdade ou isonomia sempre foi e continua sendo um embate constante, no seio de uma sociedade plural. O objetivo maior da tentativa de se promover a equivalência entre os indivíduos é afastar

68 SANTOS, Evaristo Aragão. Por que os juízes (no *common law*) se sentem obrigados a seguir precedentes? MENDES, Aluísio de Castro et.al (orgs.). **Direito Jurisprudencial**. São Paulo, Revista dos Tribunais, v. 2, 2014. p. 497-508.

69 TARANTO, Caio Márcio Gutterres. **Precedente judicial: autoridade e aplicação na jurisdição constitucional**. Rio de Janeiro: Forense, 2010.

uma fonte inesgotável de privilégios deferidos a certas classes e segmentos, no transcurso da história da humanidade, bem como abrandar o discurso autoritário de um Estado, por vezes, opressor e antidemocrático.

Sabe-se, nessa linha de intelecção, que o vetor axiológico da igualdade, em um primeiro estágio de desenvolvimento, pressupunha, tão somente, um viés formal, de tal sorte que era necessário apenas que os cidadãos fossem equiparados na lei, sem que se cogitasse de uma atuação proativa do Poder Público. Nestes termos, diferenças substanciais continuavam a existir, alijando-se parcelas vultosas dos administrados, os quais, a despeito de figurarem como destinatários dos comandos normativos, sequer possuíam os elementos necessários à efetivação de suas garantias básicas. Assim, perfectibiliza-se a ideia de isonomia material, que se encontra calcada não apenas na promessa de que a criação/aplicação dos preceptivos legais tomará por base as desigualdades dos indivíduos, mas sim na real perseguição da almejada igualdade, por ducto de ações concretas e factíveis.

Dessa forma, a construção aristotélica que vaticinava que a igualdade era tratar desigualmente os desiguais se alia ao robustecimento das políticas concretizadoras dos direitos e garantias fundamentais[70]. Em reforço ao que se aduz, cumpre aclamar que a essência da isonomia, da forma como a enxergamos hodiernamente, amplia-se para além da seara do aplicador do direito, atingindo as raias do legislador, o qual não poderá criar diplomas malversadores do princípio em debate. Robert Alexy[71] elucida a questão propugnada:

> Para se chegar a uma vinculação substancial do legislador, é necessário interpretar a fórmula "o igual deve ser tratado igualmente; o desigual, desigualmente" não como uma exigência dirigida à forma lógica das normas, mas como uma exigência dirigida ao seu conteúdo, ou seja, não no sentido de um dever formal, mas de um dever material de igualdade.

Noutro giro, insta salientar que o princípio da igualdade foi haurido em consonância com uma regra universal de que as pessoas deverão ser alçadas ao mesmo patamar, pois todas elas são sujeitos de direito transformadores da realidade e destinatárias do arcabouço normativo referente a dado sistema jurídico. A equiparação entre os cidadãos será balizada, como dito, por eventuais diferenças existentes entre eles,

---

70 MELLO, Celso Antônio Bandeira de. **O conteúdo jurídico do princípio da igualdade**. 3ª ed. São Paulo: Malheiros, 2013.

71 ALEXY, Robert. **Teoria dos direitos fundamentais**. Tradução Virgílio Afonso da Silva. 2ª ed. São Paulo: Malheiro, 2011. p. 399.

a fim de que as suas situações ou contextos de vida materialmente se equivalham.

Frente às considerações acima tecidas, é necessário correlacionar o sistema de precedentes vinculantes com o princípio da isonomia, para averiguar se o instituto das decisões-quadro obrigatórias favorece a efetivação de valor fundante tão caro ao contexto social.

A regra de vinculatividade dos precedentes judiciais ontologicamente pressupõe um respeito à isonomia, mesmo que em sua acepção mais restrita, na medida em que denota a necessidade de se aplicar a casos análogos a mesma razão decisória.

Desse modo, jurisdicionados que estejam submetidos à questão jurídica de semelhante natureza deverão receber tratamento correlato, sob pena de se conspurcar princípio fundamental à ordem democrática. A igualdade também se revela, desta feita, no transcurso do processo jurisdicional, com o arremate da questão, por ducto da decisão do órgão julgador, o qual deverá tratar as partes de maneira parelha aos jurisdicionados do caso modelo, ou seja, tal como noticiam os países de *Common law:* "Our system of precedent seeks consistency to ensure that recurrent legal problems will be dealt with similarly – will be treated equally."[72].

Sobreleva informar, por oportuno, que a resolução de casos semelhantes de maneira díspare, resulta em total contradição do próprio sistema jurídico, submetendo-se o jurisdicionado, em algumas hipóteses, ao mero talante do magistrado ou da Corte.

Com efeito, a extensa variabilidade decisória sobre um mesmo caso retira a credibilidade daqueles que compõem o Poder Judiciário, além de gerar um sentimento de revolta nos indivíduos que se submetem à heterocomposição estatal. Afinal, mesmo para os que não possuem qualquer base jurídica plausível, ressoa injusto conferir soluções opostas a embates símiles. Nestes termos, o cidadão terá que contar com critérios aleatórios e casuísticos, para a resolução de sua demanda, pois, a depender da distribuição do feito, o resultado poderá ser cambiante e totalmente avesso ao esperado, uma vez que o magistrado, sob o manto do famigerado livre convencimento motivado, não estaria adstrito a qualquer posicionamento anterior sobre a mesma questão.

Tomando-se por base as considerações expendidas, fica claro que o fortalecimento dos precedentes vinculantes é medida louvável, a fim de que se evitem desajustes nas soluções dos casos vertidos ao Poder

72 GARNER, Bryan A. *et al.* **The law of judicial precedent.** Thomson Reuters. USA, 2016, p. 21.
MARINONI, Luiz Guilherme. **Precedentes obrigatórios.** 2º ed. São Paulo: Revista dos Tribunais, 2011.

Judiciário. Veja-se que permitir que os órgãos de piso desatendam, por completo, a equalização julgadora dos Tribunais superiores, bem como os seus próprios posicionamentos anteriores, é o mesmo que negar coerência ao sistema jurisdicional, dando azo a violações diuturnas da própria isonomia. A obrigatoriedade de respeito aos precedentes judiciais é derivação da necessidade democrática de conferir tratamento semelhante aos que se encontrem nivelados, uma vez que a possibilidade irrestrita de se decidirem casos análogos de modo distinto é fator de catalisação de injustiças e privilégios[73].

No Brasil, infelizmente, essa é uma realidade que assola, inclusive, o Supremo Tribunal Federal e o Superior Tribunal de Justiça, os quais deveriam prezar pela uniformidade e estabilidade de seus posicionamentos, com o fito de garantir o efetivo cumprimento de princípios jurídicos como o da igualdade. O que se vê, no entanto, é um plexo de decisões que se conflitam diariamente, de modo a gerar insegurança jurídica e imprevisibilidade. Em alguns casos, chega-se a se vislumbrar três posições distintas sobre a mesma matéria, demonstrando-se a completa falta de compreensão acerca do papel de uma Corte de vértice.

Valendo-se, uma vez mais, dos pronunciamentos de Luiz Guilherme Marinoni[74], insta transcrever excerto de suas considerações sobre a realidade decisória, em terras brasileiras, e seus efeitos deletérios:

> Considerando-se a atual realidade da prática judicial brasileira, percebe-se que se aceita com naturalidade a ideia de juízes e tribunais proferirem decisões diferentes em casos iguais. Não há surpresa sequer quando um mesmo órgão jurisdicional decide casos iguais de modo diverso num curto período de tempo. Aliás, sequer os juízes ficam constrangidos quando, em face da massa de trabalho que lhes é reservada, proferem decisões absolutamente contraditórias.

A consolidação de um sistema de precedentes vinculantes, no ordenamento jurídico pátrio, através do Código de Processo Civil, sem dúvida, contribuirá para o fim de práticas como as que se referiu acima, de tal sorte que o princípio da isonomia restará atendido em maior escala. O diploma processual em vigor, em seu art. 926[75], determinou que os

---

73 MARINONI, Luiz Guilherme. O precedente na dimensão da igualdade. MARINONI, Luiz Guilherme (org). **A força dos precedentes**: estudos dos cursos de mestrado e doutorado em direito processual civil da UFPR. 2ª ed. Salvador: Juspodivm, 2012.

74 MARINONI, Luiz Guilherme. **A ética dos precedentes**: justificativa do novo CPC. São Paulo: Revista dos Tribunais, 2014. p. 105.

75 BRASIL. Lei nº 13.105, de 16 de março de 2015. Código de Processo Civil. **Diário Oficial da República Federativa do Brasil**, Poder Executivo, Brasília, DF, 2015. Disponível em: http://www.planalto.gov.br/ccivil_03/_ato2015-2018/2015/lei/l13105.htm. Acesso em: 30 set. 2015.

Tribunais mantenham posicionamentos uniformes, estáveis, íntegros e coerentes, afastando atos costumeiros de reviravoltas constantes de entendimentos sobre as questões discutidas processualmente, além disso o CPC/15 ampliou o rol de decisões consideradas vinculantes, com vistas a garantir tratamento équo para todos os eventuais litigantes. Destacando a essencialidade da busca pela integridade e coerência, pronuncia-se Lênio Luiz Streck[76]:

> A integridade quer dizer: tratar a todos do mesmo modo e fazer da aplicação do direito um jogo "limpo" (*fairness* – que também quer dizer tratar todos os casos equanimemente). Exigir coerência e integridade quer dizer que o aplicador *não pode dar o drible da vaca hermenêutico* na causa ou no recurso, do tipo "seguindo minha consciência, decido de outro modo".

Repise-se, desse modo, que a prática da igualdade pelo magistrado não está adstrita ao seu comportamento na direção do processo, mas também no julgamento da causa[77].

Assim, não sobejam dúvidas de que o aperfeiçoamento da vinculatividade dos precedentes judiciais presta obséquio princípio da isonomia, tendo em conta que este valor constitucional se desvela também na tratativa uniforme que é dada pelo Poder Judiciário aos casos análogos, nos termos do que preleciona Daniel Mitidiero[78]: "A igualdade deve ser garantida diante do Direito – isto é, diante da sua expressão concreta, diante dos precedentes judiciais."

3.6.2. Segurança jurídica e precedentes vinculantes

A segurança jurídica é parâmetro de construção do próprio conceito de Direito, pois o regramento dos fatos sociais não pode estar exposto a incertezas e imprecisões, de modo a provocar nos indivíduos a sensação de que as conseqüências de seus atos são fluidas e transitórias. Desta feita, o Direito se erige como instrumento hábil a proporcionar confiabilidade e solidez, no trato das relações intersubjetivas[79].

---

76 STRECK, Lênio Luiz; ALVIM, Eduardo Arruda; LEITE, George Salomão. **Hermenêutica e jurisprudência no novo código de processo civil: coerência e integridade**. STRECK, Lênio Luiz. **O que é isto – a exigência de coerência e integridade no novo código de processo civil?** . Saraiva. São Paulo, 2016, p. 159.

77 DINAMARCO, Cândido Rangel. Instituições de direito processual civil. Volume I. 7ª edição. Editora Malheiros. São Paulo, 2013, p. 215.

78 MITIDIERO, Daniel. **Cortes superiores e cortes supremas**: do controle à interpretação, da jurisprudência ao precedente. 2ª ed. São Paulo: Revista dos Tribunais, 2014. p. 77.

79 ROCHA, Cármen Lúcia Antunes. **Constituição e segurança jurídica**: direito adquirido, ato jurídico perfeito e coisa julgada. 2ª ed. Belo Horizonte: Fórum, 2009.

Nessa linha de pensamento, o ordenamento jurídico, para se manter íntegro, depende de um grau mínimo de segurança, a fim de se impor como meio regulatório efetivo, adequado e aceitável, resguardando-se as legítimas expectativas. Segundo Humberto Ávila[80]: "A segurança jurídica pode fazer referência a um elemento da definição do Direito e, nessa função, ser uma condição estrutural de qualquer ordenamento jurídico. Nesse sentido, um ordenamento jurídico privado de certeza não poderá, por definição, ser considerado jurídico."

Doutro giro, é imperioso salientar que, no âmbito do constitucionalismo moderno, já se defendia a necessidade de resguardo inconteste da segurança jurídica, de acordo com o que se grafou na Declaração dos Direitos do Homem e do Cidadão, em 1789. Essa tendência foi seguida nas Cartas Constitucionais posteriores, traduzindo a relação de dependência entre segurança jurídica e Estado Democrático de Direito.

Ocorre que os países de *Civil Law* partiram da premissa equivocada de que a existência de textos legislativos prévios, dirigidos à regulamentação comportamental, seria suficiente à defesa da segurança jurídica. No entanto, com o agir criativo do Poder Judiciário, viu-se a necessidade de se conferir uniformidade aos posicionamentos dos órgãos julgadores.

Na esteira do aduzido, é preciso aventar que há uma imbricada relação entre precedentes vinculantes e segurança jurídica, em uníssono com o que se defendeu *supra,* na medida em que a ideia de seguir decisões outrora prolatadas, traduz previsibilidade e estabilidade. Com isso, presta-se obséquio à noção de segurança jurídica enquanto princípio constitucional, pois é dado ao Estado adotar medidas que ampliem o grau de calculabilidade das ações dos jurisdicionados, de modo a evitar surpresas danosas aos destinatários da norma.

Sobreleva-se importante grafar que, quando se conhece o posicionamento do órgão julgador, alusivo à aplicabilidade do Direito, é possível divisar os resultados oriundos de eventuais atos praticados, concretizando-se, assim, a proibição de que os indivíduos sejam surpreendidos por modificações abruptas de entendimento. Lucas Buril[81], em reforço aos argumentos expendidos, posiciona-se da seguinte maneira, a respeito do tema: "Impende concluir afirmando que o *stare decisis* reforça os valores essenciais do direito ligados à segurança jurídica, especialmente à estabilidade e previsibilidade para os cidadãos, tornando mais seguro o modo de aplicação das normas jurídicas".

80 ÁVILA, Humberto. **Segurança jurídica**: entre permanência, mudança e realização no direito tributário. 2ª ed. São Paulo: Malheiro, 2012. p. 112.

81 MACÊDO, Lucas Buril. **Precedentes judiciais e o direito processual civil**. Salvador: Juspodivm, 2015. p. 148.

Diante de tais considerações, é notório o contributo do estabelecimento de um sistema de precedentes vinculantes, para a concreção da segurança jurídica, haja vista que a obrigatoriedade de observância de decisões paradigmáticas pretéritas viabiliza a realização de valores como confiança, previsibilidade, estabilidade e cognoscibilidade[82]. Enfeixando o tópico, cumpre trazer à baila observação de Alexy[83], a qual se encontra lavrada nos seguintes termos: "Com a garantia da estabilidade, o uso do precedente traz também uma contribuição à segurança jurídica e à proteção da confiança na aplicação do Direito."

O Supremo Tribunal Federal, sob a égide do Código de Processo Civil de 2015, já retratou a correlação entre o sistema de precedentes obrigatórios e a segurança jurídica, consoante é possível divisar de ementa abaixo transcrita, cujo teor representa, adequadamente, os cortornos da *ratio decidendi* do julgado:

> INGRESSO NA CARREIRA DA MAGISTRATURA. ART. 93, I, CRFB. EC 45/2004. TRIÊNIO DE ATIVIDADE JURÍDICA PRIVATIVA DE BACHAREL EM DIREITO. REQUISITO DE EXPERIMENTAÇÃO PROFISSIONAL. MOMENTO DA COMPROVAÇÃO. INSCRIÇÃO DEFINITIVA. CONSTITUCIONALIDADE DA EXIGÊNCIA. ADI 3.460. REAFIRMAÇÃO DO PRECEDENTE PELA SUPREMA CORTE. PAPEL DA CORTE DE VÉRTICE. UNIDADE E ESTABILIDADE DO DIREITO. VINCULAÇÃO AOS SEUS PRECEDENTES. STARE DECISIS. PRINCÍPIOS DA SEGURANÇA JURÍDICA E DA ISONOMIA. AUSÊNCIA DOS REQUISITOS DE SUPERAÇÃO TOTAL (OVERRULING) DO PRECEDENTE. 1. A exigência de comprovação, no momento da inscrição definitiva (e não na posse), do triênio de atividade jurídica privativa de bacharel em Direito como condição de ingresso nas carreiras da magistratura e do ministério público (arts. 93, I e 129, §3º, CRFB – na redação da Emenda Constitucional n. 45/2004) foi declarada constitucional pelo STF na ADI 3.460.
> 2. Mantidas as premissas fáticas e normativas que nortearam aquele julgamento, reafirmam-se as conclusões (ratio decidendi) da Corte na referida ação declaratória. 3. **O papel de Corte de Vértice do Supremo Tribunal Federal impõe-lhe dar unidade ao direito e estabilidade aos seus precedentes.**
> 4. **Conclusão corroborada pelo Novo Código de Processo Civil, especialmente em seu artigo 926, que ratifica a adoção – por nosso sistema – da regra do stare decisis, que "densifica a segurança jurídica e promove a liberdade e a igualdade em uma ordem jurídica que se serve de uma perspectiva lógico-argumentativa da interpretação".** (MITIDIERO, Daniel. Precedentes: da persuasão à vinculação. São Paulo: Revista dos Tribunais, 2016).

82 ÁVILA, Humberto. **Segurança jurídica**: entre permanência, mudança e realização no direito tributário. 2ª ed. São Paulo: Malheiros, 2012.

83 ALEXY, Robert. **Teoria da argumentação jurídica** – A teoria do discurso racional como teoria da fundamentação jurídica. 3ª ed. Rio de Janeiro: Forense, 2013, p. 269.

> 5. **A vinculação vertical e horizontal decorrente do stare decisis relaciona-se umbilicalmente à segurança jurídica, que "impõe imediatamente a imprescindibilidade de o direito ser cognoscível, estável, confiável e efetivo, mediante a formação e o respeito aos precedentes como meio geral para obtenção da tutela dos direitos"**. (MITIDIERO, Daniel. Cortes superiores e cortes supremas: do controle à interpretação, da jurisprudência ao precedente. São Paulo: Revista do Tribunais, 2013).
> 6. Igualmente, a regra do stare decisis ou da vinculação aos precedentes judiciais "é uma decorrência do próprio princípio da igualdade: onde existirem as mesmas razões, devem ser proferidas as mesmas decisões, salvo se houver uma justificativa para a mudança de orientação, a ser devidamente objeto de mais severa fundamentação. Daí se dizer que os precedentes possuem uma força presumida ou subsidiária." (ÁVILA, Humberto. Segurança jurídica: entre permanência, mudança e realização no Direito Tributário. São Paulo: Malheiro, 2011).
> 7. Nessa perspectiva, a superação total de precedente da Suprema Corte depende de demonstração de circunstâncias (fáticas e jurídicas) que indiquem que a continuidade de sua aplicação implicam ou implicarão inconstitucionalidade.
> 8. A inocorrência desses fatores conduz, inexoravelmente, à manutenção do precedente já firmado.
> 9. Tese reafirmada: "é constitucional a regra que exige a comprovação do triênio de atividade jurídica privativa de bacharel em Direito no momento da inscrição definitiva". 10. Recurso extraordinário desprovido. (STF - RE 655265, Relator(a): Min. LUIZ FUX, Relator(a) p/ Acórdão: Min. EDSON FACHIN, Tribunal Pleno, julgado em 13/04/2016, ACÓRDÃO ELETRÔNICO REPERCUSSÃO GERAL - MÉRITO DJe-164 DIVULG 04-08-2016 PUBLIC 05-08-2016) (Grifos nossos)

Iniludível, portanto, que a busca pela segurança jurídica é medida que se impõe ao Estado Democrático de Direito, exigindo, não somente, o suporte legislativo de previsibilidade, mas também a garantia de que o Poder Judiciário não atuará subtraindo as legítimas expectativas dos jurisdicionados, de modo a macular a unidade da ordem jurídica.

3.6.3. Precedentes vinculantes e efetividade processual

A efetividade da tutela jurisdicional constitui a mola propulsora das reformas legislativas processuais, no direito brasileiro. Não mais é possível se prender a formalismos ou a dilações indevidas, em sacrifício da materialização de direitos e garantias fundamentais, tal como vaticina Carlos Alberto Alvaro de Oliveira[84]:

84 OLIVEIRA, Carlos Alberto Alvaro. **Do formalismo no processo civil**: proposta de um formalismo-valorativo. 4ª ed. São Paulo: Saraiva, 2010. p. 111.

> A efetividade está consagrada na Constituição Federal, art. 5º, XXXV, pois não é suficiente tão somente abrir a porta de entrada do Poder Judiciário, mas prestar jurisdição tanto quanto possível eficiente, efetiva e justa, mediante um processo sem dilações temporais ou formalismos excessivos, que conceda ao vencedor no plano jurídico e social tudo a que faça jus.

Dessarte, o processo deverá atender ao seu propósito que é o de viabilizar aos jurisdicionados a plena possibilidade de obter um pronunciamento compatível com as expectativas alinhavadas no ordenamento jurídico, ou seja, não basta proferir uma decisão, é imprescindível que esta seja tempestiva e condigna com os valores insertos nos direitos trazidos à discussão em juízo, fazendo-se erigir um resultado útil[85]. Aliás, o direito à tutela jurisdicional efetiva possui matiz fundamental, pois, como aduz Luiz Guilherme Marinoni[86]: "Tal direito não poderia deixar de ser pensado como fundamental, uma vez que o direito à prestação jurisdicional efetiva é decorrência da própria existência dos direitos e, assim, a contrapartida da proibição da autotutela."

À evidência, a perseguição por uma tutela jurisdicional efetiva tem balizado adaptações nas técnicas procedimentais e decisórias, de modo a viabilizar respostas jurisdicionais com maior apuro qualitativo. Afinal de contas, há que se ter em mente que o direito fundamental à tutela efetiva açambarca o direito à técnica processual adequada, o direito de participação por meio de procedimento adequado e o direito à resposta do juiz ou Tribunal[87]. Como exemplo, no ordenamento jurídico pátrio, pode-se citar o estabelecimento de uma fase de cumprimento de sentença, de modo a alijar, em alguns casos, a necessidade de se instaurar uma nova demanda, para a concreção do direito já reconhecido em juízo, além da consolidação do princípio da adaptação, elasticidade ou flexibilidade procedimental, o qual tem por escopo viabilizar os necessários ajustes no procedimento jurisdicional, de acordo com as peculiaridades do caso concreto (exemplo: o art. 139, VI, do CPC/15, o qual permite ao magistrado dilatar prazos processuais, bem como alterar a ordem de produção dos meios de prova, a fim de adequá-los às necessidades do conflito)

Tendo em vista o panorama acima alinhavado, tem-se que o estabelecimento de um sistema de precedentes vinculantes é medida salutar, para melhor dirigir os rumos do pronunciamento jurisdicional, resguar-

---

85 DINAMARCO, Cândido Rangel. **Nova era do processo civil**. 4ª ed. São Paulo: Malheiros, 2013. p. 299.

86 MARINONI, Luiz Guilherme. **Técnica processual e tutela dos direitos**. 3ª ed. São Paulo: Revista dos Tribunais, 2010. p. 143.

87 MARINONI, Luiz Guilherme. **Técnica processual e tutela dos direitos**. 3ª ed. São Paulo: Revista dos Tribunais, 2010. p. 143.

dando-se a efetividade pleiteada no processo, por ducto de respostas consentâneas com o direito pleiteado em juízo e adequadas aos pormenores fáticos trazidos à baila pelas partes. Além disso, considerando a existência de uma solução prévia, ter-se-ia, em tese, uma resposta mais célere, defluindo, ademais, em uma redução de custos do feito[88].

É inegável, portanto, o contributo dos precedentes vinculantes, para a observância escorreita do direito fundamental à tutela jurisdicional efetiva, haja vista que estes racionalizam a atividade do Poder Judiciário, proporcionando decisões em tempo hábil, e atentas a princípios basilares como a isonomia, a segurança jurídica e a economicidade.

3.6.4. Precedentes vinculantes e independência dos juízes

Um dos argumentos levantados em desfavor da sistemática dos precedentes vinculantes é o de que estas decisões obrigatórias tolheriam a independência julgadora dos juízos de piso, de tal forma que seria instituída uma espécie de "ditadura" dos Tribunais Superiores, naquilo que pertine aos entendimentos consolidados sobre as matérias outrora debatidas. Dessa forma, em hipótese, os juízes deixariam de possuir a liberdade de se pronunciar diversamente do que propõem as Cortes de Vértice, confluindo, assim, para uma eventual rigidez jurídica, a qual seria contrária aos cânones democráticos alusivos à necessidade de debates constantes de idéias, com o escopo de contribuir para a evolução do Direito.

Ocorre que o raciocínio defendido no parágrafo acima possui cunho simplista e não se destina a analisar o fenômeno do precedente judicial vinculante em sua totalidade. Preambularmente, cumpre ressaltar, tal como já aventado em linhas pretéritas, que o respeito às manifestações anteriores do Poder Judiciário tem por objetivo atender ao princípio da isonomia, da segurança jurídica, da economicidade, da efetividade da tutela jurisdicional e da razoável duração do processo, de tal modo que não se perfaz possível desprestigiar valores constitucionais de alta relevância, em favor de uma suposta falta de maleabilidade decisória, que gera, nitidamente, uma incongruência sistêmica, no âmbito do Poder Jurisdicional.

A função primordial dos órgãos julgadores, no bojo de seu papel heterocompositivo, é promover a solução dos casos postos à análise, conferindo-se ao jurisdicionado uma resposta que atenda aos mais basilares cânones constitucionais. Por isso, até mesmo por razões de jus-

88 MARINONI, Luiz Guilherme. **Precedentes Obrigatórios**. 2ª ed. São Paulo: Revista dos Tribunais, 2011, p. 54.

tiça[89], seria contraditório ao Judiciário exarar decisões conflitantes, em casos análogos, ocasionando, por conseguinte, ausência de uniformidade, estabilidade e integridade, de tal sorte que os cidadãos não se sentiriam seguros em dirigir suas demandas a um terceiro desconexo com a necessidade de uma racionalidade decisória prática. Isso não significaria, por óbvio, afastar a tarefa atribuída aos juízes de encontrar a melhor resposta ao caso concreto, uma vez que, apascentada a discussão sobre determinado ponto jurídico divergente, na sede própria, é mister que seja aplicada a razão de decidir alinhavada na demanda paradigma, de acordo com as peculiaridades fáticas inerentes ao feito em julgamento.

Nesse passo, o juiz, figura integrante do Poder Judiciário, estaria atento à coerência natural que deve ser haurida no interior desta função imperiosa ao Estado Democrático de Direito. Afinando-se no mesmo diapasão, posiciona-se Luiz Guilherme Marinoni[90]:

> Não há dúvida que a coerência da ordem jurídica ou a unidade na expressão das decisões é imprescindível ao Estado de Direito. De modo que a pretensão de dar ao juiz o poder de julgar o caso como bem entender, não obstante já ter o tribunal superior conferido os seus contornos, constitui uma pretensão que, além de logicamente destituída de fundamento, é anárquica, na medida em que alheia ao Estado de Direito.

Outrossim, a hierarquização própria do Judiciário se afina com um plexo de competências que é conferida aos órgãos integrantes de sua estrutura. Por certo, algumas Cortes têm a atribuição de uniformizar o direito, seja ele de cunho constitucional ou infraconstitucional, a fim de evitar uma multiplicidade decisória violadora de vetores axiológicos estabelecidos na Constituição.

Neste contexto, admitir que sejam prolatadas decisões opostas acerca de igual tema, no âmago de um mesmo Poder, é desconsiderar o papel de cada um de seus elementos estruturais. Veja-se, por exemplo, que, no Brasil, algumas vozes advogam contrariamente à sistemática dos precedentes vinculantes, mormente no que diz respeito às inovações empreendidas no Código de Processo Civil de 2015.

Malgrado os posicionamentos em contrário, insta salientar que, desde a introdução da técnica de controle concentrado de constitucionalidade é plenamente aceita a vinculatividade dos pronunciamentos advindos do Supremo Tribunal Federal, de tal sorte que não são fomen-

89 OLIVEIRA, Carlos Alberto Alvaro. **Do formalismo no processo civil**: proposta de um formalismo-valorativo. 4ª ed. São Paulo: Saraiva, 2010. p. 126.

90 MARINONI, Luiz Guilherme. **Precedentes Obrigatórios**. 2ª ed. São Paulo: Revista dos Tribunais, 2011. p. 207.

tadas maiores discussões sobre a possível diminuição da liberdade dos juízes e tribunais, tendo em vista a concomitante viabilidade de controle difuso de constitucionalidade. Assim, respeita-se o papel do STF enquanto Corte Constitucional, garantindo-se a autoridade dos seus pronunciamentos.

Da mesma maneira, dever-se-iam respeitar as manifestações exaradas das demais Cortes, que constituem, sobremaneira, paradigmas necessários a guiar as decisões confeccionadas pelos juízos inferiores, com vistas a garantir a estabilidade das relações jurídicas. À guisa de demonstração, é possível lembrar dos recursos repetitivos constantes do art. 1.036[91] (precedentes obrigatórios, nos termos do art. 927, III, do CPC/15), do Código de Processo Civil, os quais ratificam a função de Corte de precedentes que também é atribuída ao Superior Tribunal de Justiça[92].

Ademais, é imprescindível aclarar que a vinculação do juiz, quando da prolação do resultado do julgamento, é ampla, de modo a abranger os dispositivos legais e também os precedentes judiciais. Por isso, deve o magistrado, sem dúvida, levar em consideração as *ratio decidendi* dos precedentes obrigatórios, com a finalidade de melhor aplicar o direito ao caso concreto[93].

3.6.5. Precedentes vinculantes e engessamento do direito

Vaticinam alguns autores que a aplicação de uma teoria dos precedentes vinculantes teria o condão de provocar o engessamento ou rigidez do direito, de modo a impedir a sua evolução, em caminho oposto ao que trilha o contexto social complexo e extremamente cambiante. O ponto fulcral desta tese é que a vinculação dos juízes a decisões pretéritas daria azo à manutenção de entendimentos descompassados com a realidade, provocando, assim, injustiças e arbitrariedades.

De fato, acaso se cogitasse da imutabilidade plena de posicionamentos, sem dúvida, os precedentes vinculantes se tornariam fator de distanciamento entre o mundo jurídico e o mundo social. No entanto, como é de vasta sabença, o direito não pode ser erigido alheio às transmudações das mais variadas relações sociais, haja vista que ele busca

---

91 BRASIL. Lei de 13.105/15, de 16 de março de 2015. Código de Processo Civil. **Diário Oficial da República Federativa do Brasil**, Poder Executivo, Brasília, DF, 2015. Disponível em: http://www.planalto.gov.br/ccivIl_03/_Ato2015-2018/2015/Lei/L13105.htm. Acesso em: 30/09/2015.

92 MARINONI, Luiz Guilherme. **O STJ enquanto corte de precedentes**. São Paulo: Revista dos Tribunais, 2014.

93 MACÊDO, Lucas Buril. **Precedentes judiciais e o direito processual civil**. Salvador: Juspodivm, 2015. p. 241.

regulá-la, nos termos do que afirma Marcos Bernardes de Mello[94]: "Por isso, a sociedade humana, conquanto possa prescindir de quase todas as instituições de que se vale para manter-se, não no pode do direito."

Neste passo, foram estabelecidos inúmeros instrumentos, os quais possibilitam que o precedente judicial obrigatório seja reformulado e readaptado ao panorama fático subjacente. Já fizemos menção alhures à figura do *overruling,* ou seja, da viabilidade de se revogar uma decisão paradigma, nas situações em que esta não mais se presta à resolução da questão jurídica proposta. Ademais, restou consignada a defesa da doutrina estrangeira ao instituto do *antecipatory overruling,* que admite, em hipóteses excepcionais, a não aplicação do precedente pelas Cortes inferiores.

Doutro giro existem outros meios idôneos ao progresso do entendimento capitaneado no pronunciamento referencial, tal como é possível se vislumbrar na técnica da sinalização ou *signaling.* Através deste instrumento, apesar de não afastar o precedente vinculante o juiz ou Corte indica que aquela conclusão não é mais apta a gerar um julgamento consentâneo com o ordenamento jurídico. Com isso, abre-se a discussão em torno da necessidade de progresso do entendimento do Tribunal, de tal sorte que dá ensejo e serve como ponto de partida à sua revogação[95].

Em reforço às considerações propostas, no cenário jurídico brasileiro, é possível vislumbrar o emprego de técnicas como o *overruling,* em sede do Código de Processo Civil de 2015, nos moldes do que preleciona o art.927, §2º[96]. Há que se ressaltar, inclusive, que a modificação da legislação processual brasileira, neste ponto, é deveras louvável, na medida em que impõe a necessidade democrática do debate aberto na sociedade, quando estiver em jogo o possível afastamento de um precedente judicial. Desse modo, são conclamados a participar das discussões sobre a eventual mudança de entendimento todos os que possam colaborar para o aprimoramento da tese.

Noutro quadrante, o CPC/15, objetivando resguardar a segurança jurídica e a estabilidade das relações sociais, admite que os efeitos de uma alteração do precedente vinculante sejam prospectivos, asseguran-

---

94 MELLO, Marcos Bernardes de. **Teoria do fato jurídico**: plano da existência. 20ª ed. São Paulo: Saraiva, 2014.

95 MARINONI, Luiz Guilherme. **Precedentes Obrigatórios**. 2ª ed. São Paulo: Revista dos Tribunais, 2011.
MACÊDO, Lucas Buril. **Precedentes judiciais e o direito processual civil**. Salvador: Juspodivm, 2015, p. 409.

96 BRASIL. Lei nº 13.105, de 16 de março de 2015. Código de Processo Civil. **Diário Oficial da República Federativa do Brasil**, Poder Executivo, Brasília, DF, 2015. Disponível em: http://www.planalto.gov.br/ccivil_03/_ato2015-2018/2015/lei/l13105.htm. Acesso em: 30 set. 2015.

do-se, assim, a incolumidade de todos os atos praticados sob a égide do posicionamento revogado. Evita-se, portanto, que o jurisdicionado seja surpreendido pelo Poder Judiciário, de modo prejudicial e colidente com o resguardo da previsibilidade[97].

Consoante aquilatado linhas atrás, exsurge iniludível que inexiste relação de implicação direta entre precedentes vinculantes e engessamento do direito. É de todo claro que as diversas vias de superação ou afastamento das decisões paradigmas são demonstrações de que é possível adaptar os pronunciamentos do Judiciário aos mais variados fatos sociais. Porquanto oportuno, faz-se mister referenciar o caso dos Estados Unidos, país que freqüentemente tem demonstrado a evolução dos precedentes da Suprema Corte, como é possível divisar na análise da cláusula geral do devido processo legal ou *due processo of law*, que passou por reconstruções constantes, com o fito de propiciar aos litigantes maior gama de direitos no processo.

3.6.6. Precedentes vinculantes e princípio da separação dos poderes

Ainda subsistem alguns questionamentos acerca da possível violação dos precedentes vinculantes ao princípio da tripartição dos poderes, haja vista que, em tese, o Poder Judiciário restaria por invadir esfera de competência adstrita à atuação do Poder Legislativo, quando da prolação de decisões obrigatórias. Nesse passo, somente ao órgão legiferante cabe a tarefa de elaborar comandos gerais e abstratos, os quais são revestidos da necessária imperatividade. Essa ideia, a priori, está ligada à concepção inicial da rígida tripartição de poderes aventada por Montesquieu[98], na medida em que o autor vislumbrava como anti-libertária qualquer postura que viesse a defender eventual interpenetração de uma função estatal em outra:

> Não haverá também liberdade se o poder de julgar não estiver separado do poder legislativo e do poder executivo. Se estivesse ligado ao poder legislativo, o poder sobre a vida e a liberdade dos cidadãos seria arbitrário, pois o juiz seria legislador. Se estivesse ligado ao poder executivo, o juiz poderia ter a força de um opressor.

97 JÚNIOR, Jaldemiro Rodrigues de Ataíde. **Precedentes vinculantes e irretroatividade do direito no sistema processual brasileiro**: os precedentes dos tribunais superiores e sua eficácia temporal. Curitiba: Juruá, 2012.

98 MONTESQUIEU. **Do espírito das leis.** São Paulo: Difusão Européia do Livro, 1962, v.1. p.181.

Como se vislumbra da passagem acima, havia uma nítida inflexibilidade, com base no contexto histórico-político, no tocante às atribuições de cada Poder, pois, em hipótese, qualquer atuação que desbordasse dos estritos limites funcionais estabelecidos seria suficiente a solapar ou pôr em xeque a liberdade política imperiosa à proteção dos indivíduos e da segurança institucional.

Malgrado o exposto, a conjuntura vivenciada por John Locke e Montesquieu era de insurgência plena contra autoritarismo reinantes, de tal sorte que não mais se perfaz viável a manutenção de tal dogma, frente ao cenário jurídico-político no qual nos encontramos, pois o momento atual propõe a remodelagem dessa estrutura, com supedâneo no perfil social e democrático do Estado Moderno[99].

Desta feita, não mais é possível cogitar a existência de um Poder Judiciário meramente expectador e com incumbência restrita à mera declaração daquilo que fora posto pelo Legislativo[100]. As necessidades da população em compasso com os direitos e garantias fundamentais exigiram uma postura ativa e criativa dos órgãos jurisdicionais, a fim de efetivar o conjunto de benesses grafadas pelo legislador constituinte[101].

Exsurge clarividente, portanto, que não se pode negar ao Judiciário um importante papel político concretizador de preceitos essenciais ao corpo social, principalmente com o redesenho dos parâmetros normativos, sob a luz da separação gnosiológica entre texto e norma. Considerando, destarte, que a norma é fruto da atividade interpretativa do operador do direito, é inegável que o Judiciário também exara pronunciamentos norteadores das condutas dos indivíduos, de modo que o precedente judicial deve ser considerado como fonte do direito[102].

Em arremate, insta salientar que é de todo descabida a alegação de que a consolidação de um sistema de precedentes vinculantes acarreta afronta ao princípio da separação dos poderes, haja vista que este preceito não mais pode ser visto como um dogma irreparável, sob os auspícios do pós-positivismo.

---

99 MENDES, Gilmar Ferreira; COELHO, Inocêncio Mártires; BRANCO, Paulo Gustavo Gonet. **Curso de direito constitucional**. 2ª ed. São Paulo: Saraiva, 2008, pp. 96-97.

100 CAPPELLETTI, Mauro. **Juízes legisladores?** Tradução de Carlos Alberto Alvaro de Oliveira. Porto Alegre: Sergio Antônio Fabris, 1993.

101 BARROSO, Luís Roberto. **Curso de direito constitucional contemporâneo**: os conceitos fundamentais e a construção do novo modelo. 2ª ed. São Paulo: Saraiva, 2012. p. 383-384.

102 TUCCI, José Rogério Cruz e. **Precedente judicial como fonte do direito**. São Paulo: Revista dos Tribunais,2004. p. 25-26.

Cumpre deixar assente que o papel das funções estatais foi alvo de reformulação, visto que deve ser admitida uma maior fluidez das atribuições conferidas aos três poderes, para que se possa dar cumprimento, tal como aduzido algures, aos direitos e garantias fundamentais, na esteira das determinações impostas pelo Estado Democrático de Direito. Assim, a vinculatividade decisória é ponto nevrálgico, pois dá ensanchas ao aprimoramento de vetores axiológicos como os da isonomia e segurança jurídica.

Os países de *Commonwealth,* no bojo de suas históricas tradições jurídicas, experimentaram uma maior flexibilidade do princípio da repartição de poderes, por ducto da permeabilidade entre funções típicas e atípicas[103], sem que isso tivesse implicado em crise libertária ou democrática. Ao revés, essa postura favoreceu o desenvolvimento dos precedentes vinculantes, os quais se transformaram em instrumento de guarida do tratamento isonômico entre os cidadãos.

Desse modo, é possível afirmar que a doutrina dos precedentes vinculantes se conforma com a nova visão da separação de poderes, deixando-se de lado as antigas premissas alinhavadas por Montesquieu.

3.7. Os precedentes judiciais no Direito Brasileiro

Ao contrário do que possa parecer, a temática dos precedentes judiciais, no Brasil, não é algo recente. Desde os idos de 1500, com toda a influência portuguesa, já é possível observar a evolução deste instituto, de tal sorte que a sua consolidação, no Código de Processo Civil de 2015 representa a etapa ou estágio atual de sua efetiva aplicação[104].

Em princípio, durante toda a fase histórica do Brasil colônia e imperial, quando ainda vigoravam as Ordenações Portuguesas (Afonsinas, Manuelinas e Filipinas), era marcante o cumprimento e verificação da figura dos assentos da Casa de Suplicação, os quais serviam como orientação interpretativa para os juízes inferiores, a fim de que melhor aplicassem as disposições legais. Nestes termos, a despeito de não se tratar, como dito em tópico anterior, de precedentes característicos de uma cultura de *common law*, já se traduzia a ideia da necessidade de se prestar obséquio a decisões anteriores, as quais eram dotadas de força cogente, nos termos do que estabeleciam as Ordenações Manuelinas, em seu

103 MACÊDO, Lucas Buril. **Precedentes judiciais e o direito processual civil**. Salvador: Juspodivm, 2015.

104 TARANTO,Caio Márcio Gutterres. **Precedente judicial**: autoridade e aplicação na jurisdição constitucional. Rio de Janeiro: Forense, 2010, pp. 23-47.

Livro V, Título 58, §1º[105]. Veja-se que, nesse período, eram valorizados os pronunciamentos da corte de vértice, enquanto elementos de racionalidade decisória.

Afinando-se no mesmo diapasão, Marcelo Alves Dias de Souza[106] também identifica na figura dos assentos portugueses o marco inaugural de uma possível aplicação da teoria dos precedentes judiciais, no Brasil:

> Ex-colônia portuguesa, o Brasil, no Império, primeiro período de nossa independência, registrou a existência de instituto cujas características, apesar de suas peculiaridades próprias, tem algo em comum com a doutrina do *stare decisis*. Tratava-se, conforme anotam, entre outros, Sampaio, Rocha, Rosas, Streck, Costa e Souza, do instituto do assento, de origem lusitana e que se fez presente no alvorecer de nossa história.

Somente com a proclamação da República e o advento da Constituição de 1891 é que os assentos portugueses deixam de figurar como referenciais decisórios vinculantes, no Brasil. A Carta Republicana, por sua vez, provoca uma transmudação na atividade dos magistrados nacionais, tendo em vista que se passa a admitir o controle difuso de constitucionalidade, de tal sorte que seria permitido a qualquer juízo ou tribunal apreciar a compatibilidade dos diplomas legislativos com a Constituição, nos moldes do que se via no *judicial review* norte-americano[107]. Desta feita, o Poder Judiciário passa a ganhar destaque, ofuscando, de maneira parcelar, a centralidade do Poder Legislativo, com o escopo de tutelar os preceptivos constitucionais. Apesar de as decisões não se qualificarem como vinculantes[108], os pronunciamentos judiciais sobre matéria constitucional, mormente os oriundos da Suprema Corte, ganham destaque como reforços argumentativos, de tal sorte que os precedentes mantiveram-se vivos, na prática judicial brasileira. Cabe ressalvar que, em vista da ausência de um instrumento que conferisse eficácia vinculante às decisões de inconstitucionalidade, o sistema difuso no Brasil acaba por se ressentir de uma maior efetividade.

---

105 Disponível em: http://www1.ci.uc.pt/ihti/proj/manuelinas/l5p195.htm Acesso em: 14 de set.2015.

106 SOUZA, Marcelo Alves Dias de. **Do precedente judicial à súmula vinculante**. Curitiba: Juruá, 2013. p. 178-179.

107 BARROSO, Luis Roberto. **Temas de direito constitucional**. Rio de Janeiro: Renovar, Tomo I, 2009. p. 143.

108 VIDAL, Jânio Nunes. **Elementos da teoria constitucional contemporânea**: estudos sobre as constantes tensões entre política e jurisdição. Salvador: Juspodivm, 2009. p. 94.

No desenrolar da história constitucional brasileira[109], com o advento das Cartas de 1934 e 1937, bem como das reformas legislativas processadas até então, ainda não se vislumbram instrumentos idôneos de respeito aos precedentes judiciais, de modo que esse instituto não encontrou solo tão fértil de consolidação. Doutro lado, no despertar da Constituição de 1946, ainda não subsistiam esforços maiores de disseminação de uma cultura de decisões pretéritas obrigatórias e oponíveis aos órgãos jurisdicionais. Em verdade, o marco temporal do advento de uma sólida tese de vinculatividade decisória é a instituição de um sistema de controle de constitucionalidade concentrado, por ducto da Emenda Constitucional nº 16/65, a qual modificou os termos do art. 101, "k", da Carta Magna de 1946.

Assim, tal como já se vislumbrava na Áustria, passa-se a dotar de efeito vinculante o pronunciamento jurisdicional emitido pela Corte competente, cujo teor versasse sobre a declaração de inconstitucionalidade de certo preceito normativo. Nítida, portanto, a deflagração oportuna, em sede constitucional, de uma incipiente teoria do *stare decisis*, no contexto do ordenamento jurídico pátrio.

Nesse passo, encampou-se uma tendência paulatina de valorização de decisões com cunho vinculante. A Constituição de 1988 passa, desta feita, a reforçar meios de controle dos atos legislativos pelo Poder Judiciário, tal como se pode perceber com a publicação da Emenda Constitucional Nº 03/93 e a introdução da Ação Declaratória de Constitucionalidade[110]. Em seqüência, espraiam-se, no bojo do ordenamento nacional, outros meios que viabilizam a obrigatoriedade dos pronunciamentos judiciais, consoante se vislumbra na Emenda Constitucional Nº 45/04, a qual cria a chamada súmula vinculante. Na mesma linha de intelecção, institutos como a repercussão geral, o recurso especial repetitivo, a sumula impeditiva de recursos, o recurso especial repetitivo, dentre outros, são incluídos em nossa realidade prática judiciária, clamando-se por uma correta teorização acerca dos precedentes vinculantes no Brasil.

Ademais, o advento do Código de Processo Civil de 2015 propugna a consolidação de um sistema de precedentes vinculantes. Nestes termos, ampliam-se as decisões que se consideram de observância obrigatórias (exemplo: as manifestações proferidas em incidente de resolução de demandas repetitivas, incidente de assunção de competência, dentre

109 BONAVIDES, Paulo; ANDRADE, Paes. **História constitucional do Brasil**. Brasília: Paz e Terra Política, 1989.

110 FOGAÇA, Mateus Vargas; CAMBI, Eduardo. Sistema de precedentes judiciais obrigatórios no novo código de processo civil. DIDIER JR, Fredie (coord.). **Precedentes**. Salvador: Juspodivm, 2015. p. 338.

outras), admitindo-se, por conseguinte, a inserção de elementos característicos de uma jurisdição que prestigia as soluções paradigmas, as quais servirão de embasamento para que as Cortes ou juízes arrematem casos futuros.

Outrossim, é imperioso grafar que a estruturação dogmática dos precedentes obrigatórios vem acompanhada da preocupação de se emitirem decisões judiciais com maior grau qualitativo, sem olvidar as peculiaridades ínsitas ao caso concreto analisado, consoante se pode vislumbrar na exigência de uma detalhada fundamentação, nos termos do art. 489[111], da legislação processual em vigor.

É com base em todas as inovações ora postas no plexo normativo brasileiro, naquilo que pertine aos precedentes vinculantes, que se buscará analisar se este instituto contribui para a efetivação da razoável duração do processo.

111 BRASIL. Lei nº 13.105, de 16 de março de 2015. Código de Processo Civil. **Diário Oficial da República Federativa do Brasil**, Poder Executivo, Brasília, DF, 2015. Disponível em: http://www.planalto.gov.br/ccivil_03/_ato2015-2018/2015/lei/l13105.htm. Acesso em: 30 set. 2015.

4

DURAÇÃO RAZOÁVEL DO PROCESSO

4.1. Evolução histórica

O problema da razoabilidade temporal, no processo, está longe de figurar como uma preocupação do mundo contemporâneo, pois, desde o séc ulo XII, buscam-se instrumentos para favorecer o trâmite regular das demandas judiciais[1]. É certo que, quando das etapas de surgimento e consolidação desse direito de matiz fundamental, centralizava-se o debate mais sobre a celeridade em si do que sobre a ponderação entre o tempo, qualidade da prestação jurisdicional e consequente efetividade desta. Com o passar dos séculos e a busca por uma tutela efetiva, no Estado Democrático de Direito, há uma nítida evolução da relação entre tempo e processo, de tal sorte que o rápido desenrolar de uma demanda não é suficiente para garantir que a razoável duração do processo fora atendida em todo o seu conteúdo material. Juvêncio Vasconcelos Viana[2], na trilha do exposto, assim se posiciona:

> O tempo acaba sendo, concomitantemente, um "bem" e um "mal" para o processo: um "bem", por ser algo necessário a reconstituição dos fatos e indispensável ao cumprimento das garantias processuais das partes; um "mal", justamente face a indesejável demora que pode advir na entrega da prestação jurisdicional.

Desta feita, o Estado, hodiernamente, no exercício da prestação jurisdicional, deve estar atento à necessidade de conciliação de valores

---

1 Não se pode olvidar que, desde a antiguidade, há discussões, ainda que muito incipientes, acerca da razoável duração do processo, tal como se pode vislumbrar nas civilizações babilônicas, egípcias, gregas, dentre outras. Outrossim, deve-se lembrar do contributo romano, nos termos do que já se vislumbrava no Código de Justiniano.Malgrado o exposto, é com a Magna Carta que, em efetivo, desvela-se o direito à temporalidade adequada dos feitos. Nesse sentido vale conferir: LOPES, Dimas Ferreira. Celeridade do processo como garantia constitucional – estudo histórico-comparativo: constituição brasileira e espanhola. Fiuza, César (org.). Direito **Processual na História**. Belo Horizonte: Mandamentos, 2002, p.288 e JOBIM, Marco Félix. **O direito à duração razoável do processo**: responsabilidade civil do Estado em decorrência da intempestividade processual. 2ª ed.Porto Alegre: Livraria do Advogado, 2012. p. 72.

2 VIANA, Juvêncio Vasconcelos. **Do processo cautelar**. São Paulo: Dialética, 2014. p. 11.

como a celeridade, segurança e resguardo das garantias processuais das partes em litígio[3].

Outrossim, faz-se imprescindível traçar a linha de desenvolvimento histórico da razoável duração do processo, para que seja possível compreender a realidade em que hoje nos encontramos, naquilo que diz respeito à aplicabilidade desse importante instrumento garantidor de um feito justo e équo.

A doutrina e a jurisprudência internacional tem estabelecido como marco fático do reconhecimento de um direito ao processamento das demandas em tempo adequado a previsão no *Assize of Clarendon*, na Inglaterra, em 1166[4].

No entanto, é na Magna Carta, nos idos de 1215[5], que esse direito vem à tona de maneira contundente, de modo a garantir a uma classe restrita que o rei não postergaria o direito de se obter justiça, nos moldes do que prelecionava a cláusula 40 deste salutar documento jurídico. Era comum, à época, o monarca fazer uso de instrumentos protelatórios, com vistas a negar o direito assente de certos indivíduos.

Exsurge clarividente, neste ponto, que a proteção conferida pela Magna Carta se destinava apenas à nobreza, dentro do contexto da sociedade feudal à época, demonstrando-se, assim, o parco ambiente de incidência dessa relevante garantia do cidadão. A despeito disso, não se pode desprezar o elevado valor desse paradigma normativo, o qual constitui fonte de inúmeros direitos das nações contemporâneas[6].

Doutro giro, sobreleva informar que o teor do que estava contido na Magna Carta, no que diz respeito à duração dos processos, ainda não fazia menção ao julgamento em tempo razoável, mas sim à celeridade, ou melhor, ao *speedy trial.* A despeito disso, já era possível vislumbrar

---

3 BEDAQUE, José Roberto dos Santos. **Tutela cautelar e tutela antecipada**: tutelas sumárias e de urgência (tentativa de sistematização). 5ª ed. São Paulo: Malheiros, 2009. p. 120.

4 ARRUDA, Samuel Miranda. **O direito fundamental à razoável duração do processo**. Brasília: Brasília Jurídica, 2006. p. 29.
Ver o julgamento do caso Klopfer v. North Carolina, o qual se encontra disponível em: http://caselaw.findlaw.com/us-supreme-court/386/213.html. Acesso em: 16 set. 2015.

5 KOEHLER, Frederico Augusto Leopoldino. **A razoável duração do processo**. 2ª ed. Salvador: Juspodivm, 2013. p. 35.

6 JÚNIOR, Nelson Nery. **Princípios do processo na constituição federal**: processo civil, penal e administrativo. 9ª ed. São Paulo: Revista dos Tribunais, 2009. p. 78.

uma correlação entre celeridade e acesso à justiça, consoante propugna Samuel Miranda Arruda[7]:

> A análise do texto da Magna Charta permite concluir que a celeridade da atuação jurisdicional já era considerada essencial à efetividade do acesso à justiça, podendo ser encontradas pelo menos duas disposições diferentes que parecem relacionar-se a uma incipiente preocupação de garantia da celeridade dos feitos judiciais.

Ademais, é forçoso considerar que o direito ao *speed trial,* em uníssono com o que propunha a Magna Carta, não era considerada uma garantia autônoma e independente, vinculando-se, sobremaneira, à consagrada cláusula do *due process of law*, a qual também encontra previsão nesse emblemático diploma inglês, mas ainda inserida na perspectiva pouco evoluída da ideia do *law of the land* (art. 39). Dessarte, com o passar dos tempos, sentiu-se a necessidade de grafar expressamente, nas mais diversas legislações, o direito à razoável duração do processo, a fim de reforçar a existência desse direito como valor autonomizado e orientador das condutas dos cidadãos e do próprio Estado.

Empós a previsão disposta na Magna Carta, outros diplomas sobrevieram, com o escopo de colaborar para a consolidação desse relevante direito ora em discussão. Cumpre, neste azo, fazer referência ao *Habeas Corpus Act,* ainda no âmbito da Inglaterra, que cuidou detidamente da necessidade de se conferir um tratamento mais ágil às eventuais demandas envolvendo pessoas com privação de liberdade[8].

Nesse diapasão, é possível concluir que a perseguição por uma maior celeridade dos feitos encontrou terreno fértil no processo penal, tendo em conta que os acusados não poderiam ser submetidos a tramitações morosas, uma vez que estava em jogo o próprio direito de ir a vir. Julgamentos lentos em matéria penal, mais do que em outros ramos do direito, significam impor ao jurisdicionado um ônus desmedido, defluindo em nítida contrariedade ou violação à presunção de inocência[9].

Diante desse quadro, é que, historicamente, o direito à razoável duração do processo fora correlacionado com demandas criminais, ante

---

7 ARRUDA, Samuel Miranda. **O direito fundamental à razoável duração do processo**. Brasília: Brasília Jurídica, 2006. p 31.

8 ARRUDA, Samuel Miranda. **O direito fundamental à razoável duração do processo**. Brasília: Brasília Jurídica, 2006. p. 35.

9 ARRUDA, Samuel Miranda. **O direito fundamental à razoável duração do processo**. Brasília: Brasília Jurídica, 2006. p. 35.

à urgência da deliberação jurisdicional, encontrando, a princípio, tenro progresso na área civil[10].

Perlustrando os caminhos históricos-evolutivos da razoável duração do processo, ainda é preciso fazer remissão ao *Bill of Rigths*, documento que serviu de bandeira à limitação do poder dos monarcas e, consequentemente, fortalecimento do Parlamento inglês. Mesmo que tenha consagrado inúmeras garantias aos cidadãos, o *Bill of Rigths* não cuidou textualmente do direito ao decurso do processo em tempo devido, de modo que a matéria apenas restou tangenciada indiretamente, por ducto do reforço de proteções outras aos jurisdicionados[11]. À evidência, a preocupação com a morosidade do Judiciário estava escamoteada na deficiência de institutos fundamentais que precisavam de reconhecimento contundente, dentre os quais é possível citar a ampla defesa, nos moldes do que expõe a sua cláusula 7ª.

Prosseguindo com a trajetória de evolução da razoável duração do processo, é preciso recordar momento de suma importância na história, o qual foi preponderante para a sua configuração atual. Trata-se aqui das declarações de direitos das colônias americanas, que foram determinantes para a deflagração do processo constitucional dos Estados Unidos da América. Quanto ao tema, é forçoso salientar que a declaração da Virgínia contribuiu para que esse direito fosse implementado de maneira ampla, haja vista que buscou açambarcar todos os procedimentos criminais[12], não se restringindo, portanto, apenas ao *habeas corpus*, como ocorreu na Inglaterra, quando do advento do *habeas corpus act.*

Em acréscimo, faz-se mister pontuar que as Declarações de Delaware e de Maryland foram pioneiras em estender a garantia do *speed trial* aos processos de natureza cível, desvinculando-a, tão somente,

10 NICOLITT, André. **A duração razoável do processo**. 2ª ed. São Paulo: Revista dos Tribunais, 2014. p. 100.

11 ARRUDA, Samuel Miranda. **O direito fundamental à razoável duração do processo**. Brasília: Brasília Jurídica, 2006. p. 34.

12 Veja-se, o teor da cláusula VIII: "Que em todo processo criminal incluídos naqueles em que se pede a pena capital, o acusado tem direito de saber a causa e a natureza da acusação, ser acareado com seus acusadores e testemunhas, pedir provas em seu favor e a ser julgado, rapidamente, por um júri imparcial de doze homens de sua comunidade, sem o consentimento unânime dos quais, não se poderá considerá-lo culpado; tampouco pode-se obrigá-lo a testemunhar contra si próprio; e que ninguém seja privado de sua liberdade, salvo por mandado legal do país ou por julgamento de seus pares." Disponível em: http://www.direitoshumanos.usp.br/index.php/Documentos-anteriores-%C3%A0-cria%C3%A7%C3%A3o-da-Sociedade-das-Na%C3%A7%C3%B5es-at%C3%A9-1919/declaracao-de-direitos-do-bom-povo-de-virginia-1776.html. Acesso em 16 set. 2015.

dos feitos criminais, tal como ocorreu nos documentos jurídicos anteriores[13]. Apesar dessa louvável previsão, o texto da Constituição Americana se restringiu a correlacionar a razoável duração do processo com as demandas com conteúdo penal[14].

Na Europa, o desenvolvimento do direito fundamental à razoável duração do processo não foi tão profícuo. Na contramão dos diplomas ingleses e norte-americanos, a Declaração de Direitos do Homem e do Cidadão não continha dispositivo que fizesse alusão expressa à garantia em debate, de tal sorte que esta era apenas resguardada de forma mediata, através das previsões genéricas em matéria processual, tal como se verifica do seu art. 7º[15]:

> Ninguém pode ser acusado, preso ou detido senão nos casos determinados pela lei e de acordo com as formas por esta prescritas. Os que solicitam, expedem, executam ou mandam executar ordens arbitrárias devem ser punidos; mas qualquer cidadão convocado ou detido em virtude da lei deve obedecer imediatamente, caso contrário torna-se culpado de resistência.

Malgrado o exposto, esse direito foi ganhando espaço em tratados internacionais e constituições de diversos países. À guisa de exemplo é possível citar as seguintes previsões: Convenção Europeia para Salvaguarda dos Direitos do Homem e das Liberdades Fundamentais (1950), Pacto Internacional dos Direitos Civis e Políticos (1966), Convenção Americana de Direitos Humanos (1969), Carta africana de Direitos Humanos (1981), Constituição Espanhola (1978), Constituição Portuguesa (1976), Constituição Italiana (1999), Carta Canadense dos

---

13 ARRUDA, Samuel Miranda. **O direito fundamental à razoável duração do processo**. Brasília: Brasília Jurídica, 2006. p. 37.

14 Texto da Emenda VI: "Em todos os processos criminais, o acusado terá direito a um julgamento rápido e público, por um júri imparcial do Estado e distrito onde o crime houver sido cometido, distrito esse que será previamente estabelecido por lei, e de ser informado sobre a natureza e a causa da acusação; de ser acareado com as testemunhas de acusação; de fazer comparecer por meios legais testemunhas da defesa, e de ser defendido por um advogado." Disponível em: http://www.direitoshumanos.usp.br/index.php/Documentos-anteriores-%C3%A0-cria%C3%A7%C3%A3o-da-Sociedade-das-Na%C3%A7%C3%B5es-at%C3%A9-1919/constituicao-dos-estados-unidos-da-america-1787.html. Acesso em: 16 set. 2015.

15 Disponível em: http://www.direitoshumanos.usp.br/index.php/Documentos-anteriores-%C3%A0-cria%C3%A7%C3%A3o-da-Sociedade-das-Na%C3%A7%C3%B5es-at%C3%A9-1919/declaracao-de-direitos-do-homem-e-do-cidadao-1789.html. Acesso em: 16 set. 2015.

Direitos e Liberdades (1982), Carta dos Direitos Fundamentais da União Europeia (2000), dentre outros[16].

Nesse estágio, a ideia de razoável duração do processo não mais estava adstrita à mera e perfunctória celeridade, mas sim a uma análise conjuntural da rapidez, da efetividade e da defesa das garantias processuais mínimas, tal como já fora vaticinado linhas atrás.

4.1.1. Histórico da duração razoável do processo, no Direito Brasileiro

A temporalidade adequada, no ordenamento jurídico nacional, a desdúdiva, consolidou-se quando da edição da emenda constitucional nº 45/2004, que promoveu a inserção, no art. 5º, do inciso LXXVIII. O novel dispositivo fez referência expressa à razoável duração do processo, garantindo-se sua aplicabilidade nas demandas judiciais de qualquer natureza e nas administrativas, de tal modo que incidiu em sua mais salutar forma. Neste passo, elenca-se, de maneira clara e direta, esse direito no rol daqueles considerados fundamentais.

No entanto, a garantia ora compulsada deita raízes em diplomas normativos outros, os quais já assinalavam a sua futura e definitiva incorporação ao nosso sistema jurídico. Impende considerar, nessa linha de intelecção, que a Carta Constitucional de 1934 já se preocupava com a influência do fator tempo, na tramitação processos, nos moldes do que dispunha o seu art. 35[17]. Apesar de o dispositivo aludido se referir ao rápido desenrolar dos feitos nas repartições públicas, entendia-se que essa garantia também abarcava as demandas judiciais.

A Constituição de 1937 apenas tratou timidamente da celeridade processual, no art. 185[18], ao se preocupar com a transição do regime de

---

16 KOEHLER, Frederico Augusto Leopoldino. **A razoável duração do processo**. 2ª ed. Salvador: Juspodivm, 2013.

17 "A lei assegurará o rápido andamento dos processos nas repartições públicas, a comunicação aos interessados dos despachos proferidos, assim como das informações a que estes se refiram, e a expedição das certidões requeridas para a defesa de direitos individuais, ou para esclarecimento dos cidadãos acerca dos negócios públicos, ressalvados, quanto às últimas, os casos em que o interesse público imponha segredo, ou reserva." – (http://www.planalto.gov.br/ccivil_03/Constituicao/Constituicao34.htm – Acessado em 16 de setembro de 2015).

18 "O julgamento das causas em curso na extinta Justiça Federal e no atual Supremo Tribunal Federal será regulado por decreto especial que prescreverá, do modo mais conveniente ao rápido andamento dos processos, o regime transitório entre a antiga e a nova organização judiciária estabelecida nesta Constituição." Disponível em: http://www.planalto.gov.br/ccivil_03/Constituicao/Constituicao37.htm. Acesso em: 16 set. 2015.

organização judiciária, em face das modificações empreendidas pela Carta Polaca. Dessarte, essa previsão passa ao largo de fixar qualquer direito substancial ao jurisdicionado, mormente em face do regime totalitário imposto à época.

Mesmo sem a consignação irrepreensível da celeridade processual, na Constituição de 1937, o Código de Processo Civil de 1939 cuidou da matéria, conforme se vislumbra da redação do art. 112[19]: "O juiz dirigirá o processo por forma que assegure à causa andamento rápido sem prejuizo da defesa dos interessados." Vê-se, dessa forma, que a celeridade já vem atrelada a um cuidado mais apurado com o resguardo das garantias processuais, principalmente em relação ao contraditório e à ampla defesa. Posteriormente, o Código de Processo Penal de 1941, em seu art. 791[20], também fez referência ao rápido andamento dos feitos.

Por sua vez, a Constituição de 1946 resta por praticamente repetir a previsão consignada na Carta de 1934, haja vista que, em seu art. 141,§36, I, limitou-se a assegurar a rapidez do andamento dos processos nas repartições públicas. Doutro giro, a Constituição de 1967 e a Emenda Constitucional de 1969 não fizeram alusão nem mesmo à rapidez ou celeridade, uma vez que o regime ditatorial militar acabou por cercear inúmeros direitos e garantias fundamentais.

Em arremate, insta aduzir que, apesar de a razoável duração do processo só vir a constar do texto da Constituição cidadã em 2004, com o advento da Emenda Constitucional nº 45, ela já era figurava presente em nosso ordenamento, pois o Pacto de San José da Costa Rica, promulgado no plano interno por via do Decreto nº 678, de 09 de novembro de 1992, incluía este direito precípuo aos desígnios de um processo justo e democrático.

Seguindo a tendência de constitucionalização dos diversos ramos jurídicos é que o Código de Processo Civil de 2015[21], em compasso com a Carta de Outubro, previu o direito fundamental à razoável duração do

---

19 BRASIL. Decreto-Lei de 1.608, de 18 de setembro de 1939. **Diário Oficial da República Federativa do Brasil, Poder Executivo**, Brasília, DF, 1939. Código de Processo Civil. Disponível em: http://www.planalto.gov.br/ccivil_03/decreto-lei/1937-1946/Del1608.htm. Acesso em: 16 set.2015.

20 BRASIL. Decreto-Lei de 3.689, de 03 de outubro de 1941. **Diário Oficial da República Federativa do Brasil**, Poder Executivo, Brasília, DF, 1941. Código de Processo Penal. http://www.planalto.gov.br/ccivil_03/Decreto-Lei/Del3689Compilado.htm. Acesso em: 16 set. 2015.

21 BRASIL. Lei nº 13.105, de 16 de março de 2015. Código de Processo Civil. **Diário Oficial da República Federativa do Brasil**, Poder Executivo, Brasília, DF, 2015. Disponível em: http://www.planalto.gov.br/ccivil_03/_ato2015-2018/2015/lei/l13105.htm. Acesso em: 30 set. 2015.

processo nos artigos 4º, 6º, 139 e 685, demonstrando-se o quão necessário é este instrumento de efetividade processual.

4.2. Delimitação do conceito, extensão e aplicabilidade

O tempo é indefectível e implacável, de tal modo que exerce influencia direta sobre o plexo de direitos e relações jurídicas estabelecidas diuturnamente na sociedade, de modo a proporcionar a criação, modificação ou extinção destas. Dessarte, o decurso temporal é fator de clara interferência na esfera jurídica de todos os indivíduos, mormente quando se está diante de uma situação urgente, a qual exige uma pronta e eficaz resposta.

As discussões sobre a interferência do tempo no direito não são recentes, haja vista que a correta percepção da dimensão temporal é fruto dos mais acirrados debates da filosofia, desde a antiguidade clássica[22]. Desse modo, não há como dissociar a percepção do tempo de um certo relativismo, haja vista que, a depender da área do conhecimento na qual ele seja objeto de discussão e até mesmo do sujeito que o encare, irá variar o seu peso, relevância e influência sobre os mais diversos eventos gnosiológicos. Afinando-se neste diapasão, Pontes de Miranda já vaticinava a diferença da análise do tempo, nas realizações biológicas e sociais, assentando, por conseguinte, o princípio da relatividade como fator preponderante a reger essas peculiaridades. Assim se pronuncia o referido jurista: "Além do interesse geral, epistemo-biológico, do tempo, há o de servir às noções particulares e aos processos especiais de provimento e solução jurídica[23].

Sob a égide de uma sociedade globalizada e envolta em um dinamismo antes inimaginável, o tempo, ou melhor, o seu transcurso, acaba por se revelar como a principal preocupação dos indivíduos e das instituições. A morosidade, portanto, é vista como algo objetável, tendo em conta que a medida do tempo é a medida das produções, das invenções, das relações e também das destruições. Nada mais próprio do que ratificar as diuturnas assertivas de que o tempo é a moeda de maior valor, no bojo do contexto social hodierno. Afinal de contas, o tempo como um fluxo de instantes sucessivos se impõe como contínuo e sem reversibi-

22 JOBIM, Marco Félix. **O direito à duração razoável do processo**: responsabilidade civil do Estado em decorrência da intempestividade processual. 2ª ed. Porto Alegre: Livraria do Advogado, 2012. p. 21.

23 MIRANDA, Pontes de. **Sistemas de ciência positiva de direito**. Campinas: Bookseller, 2000. Tomo I, p. 95 e 204.

lidade, erigindo-se como ferramenta hábil a ditar os acontecimentos no espaço[24].

Frente ao exposto, cumpre aludir que hoje se vivencia a era da velocidade, na qual desperdiçar o tempo é abrir mão de possibilidades e oportunidades. Neste passo, os mecanismos de gestão efetiva do tempo se sobressaem não como uma opção para a sociedade, mas sim como uma necessidade inerente ao seu próprio contexto.

Envoltos nesse contexto é que devemos situar a intrínseca relação que se deve estabelecer entre o tempo e o processo.

Preambularmente, insta salientar que a noção de processo não pode ser desvinculada da ideia de procedimento, haja vista que uma das facetas processuais é o conjunto de atos concatenados, tendentes à realização de um fim[25]. Sob esse prisma, o tempo é elemento fundamental para dosar as sucessivas realizações ou acontecimentos do feito, a fim de que este possa atingir seu escopo precípuo, qual seja a realização de uma tutela jurisdicional efetiva. Dessarte os atos processuais não podem se protrair *ad eternum*, de modo que devem ser espaçados em períodos que sejam suficientes à sua adequada realização[26]. Por isso, existem prazos para que se realizem as etapas do processo, a fim de que se controlem eventuais dilações indevidas, que podem servir à ineficiência da demanda proposta.

Lado outro, cumpre pontuar que as garantias processuais das partes devem ser respeitadas, em consonância com o que preleciona a legislação de regência, de tal sorte que o lapso temporal para o efetivo exercício destas tem que ser suficiente ao atendimento de sua plena finalidade. À guisa de exemplo, o estabelecimento de prazos exíguos para o exercício do contraditório representa ofensa à conformação temporal escorreita de um processo, tal como já se vislumbrou, quando da aplicabilidade do Decreto-Lei Nº 7.661/45, o qual fixava prazo de 24 horas, para a apresentação de resposta do réu, no interior do processo falimentar.

Iniludível, portanto, que a dosagem precisa do tempo é a espinha dorsal de guarida dos direitos e garantias fundamentais das partes, haja

24 JAGUARIBE, Marcio. Tempo e história. DOCTORS, Marcio (org.). **Tempos dos tempos**. Rio de Janeiro: Jorge Zahar, 2003. p. 157.

25 MARINONI, Luiz Guilherme. **Novo curso de processo civil**. São Paulo,: Revista dos Tribunais, 2015, v. 1, p. 423.

26 BARROS, Flaviane de Magalhães; OLIVEIRA, Marcelo Andrade Cattoni de. A síndrome da pressa e o direito ao processo em tempo devido no projeto de código de processo civil. FREIRE, Alexandre *et al* (org.). **Novas tendências do processo civil**: estudos sobre o projeto do novo código de processo civil. Salvador: Juspodivm, v. 2, 2014.

vista que a mera celeridade ou rapidez, nem sempre se presta à realização destes.

Doutra banda, é de bom alvitre aduzir que o tempo no processo deve ser ajustado, para que se atenda o direito fundamental à tutela jurisdicional efetiva, ou seja, o transcorrer de uma demanda, no bojo de um certo lapso temporal, não pode ocasionar um pronunciamento estéril, o qual não venha a servir aos interesses concretos das partes, alusivos àquilo que fora demandado em juízo. Assim, de nada adiantaria julgar um feito em curto espaço de tempo, sacrificando a análise adequada do caso e, consequentemente, proferindo um resultado danoso.

Na mesma linha de intelecção, um pronunciamento tardio poderá não mais satisfazer a pretensão da parte, tendo em vista a possibilidade de ocorrência do perecimento do direito. Em reforço às considerações expendidas, tem-se o posicionamento de Carlos Alberto Alvaro de Oliveira[27]: "É claro que não basta apenas abrir a porta de entrada do Poder Judiciário, mas prestar jurisdição tanto quanto possível eficiente, efetiva e justa, mediante um processo sem dilações ou formalismos excessivos."

Exsurge clarividente, assim, a total interveniência do tempo no processo, de tal sorte que é preciso compreender, com minúcias, o conteúdo do direito fundamental à razoável duração das demandas.

Da forma como já relatado em tópico anterior, durante longo período, o desenvolvimento da razoabilidade temporal esteve atrelado, tão somente, à ideia de celeridade e rapidez. Desse modo, a preocupação dos estudiosos do processo era evitar que o feito se postergasse indevidamente, clamando-se por uma pronta solução do impasse levado a efeito pelos litigantes. Essa visão unidimensional, consubstanciada pela necessidade de conclusão apressada do processo, inúmeras vezes rendia azo às mais diversas violações das garantias processuais. Por isso, a espinha dorsal dos embates acerca da influência do tempo nas demandas sempre foi a busca da celeridade, haja vista que, tal como vaticinou Rui Portanova[28], em obra anterior à publicação da Emenda Constitucional Nº 45/04, o processo é demorado e não acompanha a pressa que os tempos atuais exigem, pois sua estrutura é deveras burocrática.

Revela-se necessário esclarecer que se defende aqui a importância de o trâmite processual ocorrer com a maior brevidade possível, tendo

27 OLIVEIRA, Carlos Alberto de. **Teoria e prática da tutela jurisdicional**. Rio de Janeiro: Forense, 2008. p. 126.

28 PORTANOVA, Rui. **Princípios do processo civil**. 5ª ed.Porto Alegre: Livraria do Advogado, 2003. p. 173.

em conta que se devem evitar danos marginais[29] do processo, os quais defluem de ineficiências no desenrolar dos feitos, provocando-se dilações prescindíveis, que atingem as partes, de modo a estender o estado de insegurança, naquilo que pertine à questão jurídica proposta. Sobreleva informar que o simples fato da propositura da demanda já ocasiona prejuízo para a parte, na medida em que ainda que o processo tramite com a maior celeridade possível, este necessita de um tempo de maturação, jamais se equiparando à resolução do litígio em vias extrajudiciais.

Ao tratar dos rumos incógnitos do processo civil no século XXI, Cândido Rangel Dinamarco[30] expõem sua percepção sobre o tempo:"De todos os nossos fantasmas, o que mais assombra é o tempo – o tempo-inimigo, que corrói direitos e contra o qual o juiz deve travar uma guerra sem tréguas, mas que até agora não aprendemos a combater. E quantos outros males nos cercam!"

Malgrado o exposto, a rapidez deve ser ponderada em conjunto com a defesa dos direitos e garantias processuais de atuação dos cidadãos, uma vez que, sob os auspícios de um Estado Democrático de Direito, no interior do qual a Constituição figura como centro irradiador de comandos inafastáveis, é retrógrado admitir a figura de um processo autoritário e opressor. Dessa forma, a celeridade, enquanto um dos desdobramentos da razoável duração do processo, jamais poderá ser vista como um valor dissociado das demais proteções conferidas aos seus destinatários.

Importa aditar, nesse tocante, que alguns autores[31] trabalham com a ideia de morosidade necessária, ou seja, compreendem que há um tempo ideal do processo, através do qual serão equalizadas as necessidades de rapidez e defesa inconteste dos direitos das partes da demanda, aproximando-se, assim da ideia de razoável duração do processo.

Reveladas essas facetas do vínculo entre tempo e processo, torna-se imprescindível, da maneira como exposto linhas atrás, correlacioná-lo com o direito fundamental à efetividade da tutela jurisdicional, cujas balizas centrais tem orientado as modificações engendradas, no âmbito do processo civil moderno. A efetividade da tutela jurisdicional é pressuposto contundente da razoável duração do processo, uma vez que o acesso à justiça deve vir acompanhado de um prestação judicial que se perfilhe com a satisfatividade adequada do direito perseguido em juízo.

29 FINZI, Enrico. Questioni controverse in tema di esecuzione provvisoria. **Rivista di Diritto Processuale Civile**, Padova: Cedam, 3, parte I, 1926. p. 50 ss.

30 DINAMARCO, Cândido Rangel. **Nova era do processo civil**. 4ª ed. São Paulo: Malheiros, 2013. p. 299.

31 SANTOS, B.S; PEDROSO, J.; MARQUES, M.M.L. **Os tribunais nas sociedades contemporâneas**. Porto: Edições Afrontamento, 1996. p. 390.

Somente assim é garantido ao jurisdicionado se dirigir a uma ordem jurídica justa, na qual o reconhecimento de um direito não significa encenação odiosa desprovida de concreta realização[32]. Nesse sentido, Kazuo Watanabe[33] elucida que: "Uma das vertentes mais significativas das preocupações dos processualistas contemporâneos é a da efetividade do processo como instrumento da tutela de direitos."

Doutro lado, pode-se afirmar que o respeito à razoabilidade temporal está imbricado diretamente com a economia processual, na medida em que os atos do processo devem ser vertidos às suas finalidades, de modo a provocar o máximo de aproveitamento destes, sem que ocorram repetições desnecessárias ou decretações de nulidades em hipóteses em que inexiste qualquer prejuízo[34]. Com isso, ressoa lógica a interconexão entre esses princípios tão caros ao bom desenvolvimento do processo.

Frente ao exposto, discorda-se das considerações alinhavadas por Samuel Arruda Miranda[35], o qual apenas vislumbra duas dimensões essenciais do conteúdo do direito fundamental à razoável duração do processo, quais sejam aquelas alusivas à celeridade/rapidez e ao resguardo da garantia de participação das partes nas demandas: "Daí resulta que não basta ao prazo ser exíguo ou expedito; é necessário que seja curto, mas que possibilite o pleno exercício da ampla defesa, com todos os meios que lhe são inerentes."

Em verdade, a razoabilidade temporal dos feitos possui estrutura poliédrica, haja vista que está atrelada à redução do tempo cronológico do processo, ao resguardo das garantias de interveniência das partes, à efetividade da tutela jurisdicional e à economicidade processual. Portanto, apenas se cogitará da observância completa do princípio da razoável duração do processo, nas hipóteses em que forem vislumbrados todos esses componentes nucleares, quando do julgamento de determinado caso submetido à apreciação dos órgãos integrantes do Poder Judiciário. Com efeito, não se terá atendido o princípio constitucional em tela, nas situações em que a demanda transcorrer com rapidez e em observância às garantias de participação dos litigantes, mas o resultado do

---

32 DIDIER JR, Fredie. **Curso de direito processual civil**: Introdução ao direito processual civil, parte geral e processo de conhecimento. 17ª ed. Salvador: Juspodivm, v. 1, 2015. p. 113.

33 WATANABE, Kazuo. **Cognição no processo civil**. 4ª ed. São Paulo: Saraiva, 2012. p. 19.

34 MARINONI, Luiz Guilherme; ARENHART, Sérgio Cruz; MITIDIERO, Daniel. **Novo código de processo civil comentado**. São Paulo: Revista dos Tribunais, 2015. p. 97.

35 ARRUDA, Samuel Miranda. **O direito fundamental à razoável duração do processo**.Brasília: Brasília Jurídica, 2006. p. 209.

processo se caracterizar como inefetivo, frustrando, por conseguinte, as expectativas das partes[36].

Levando-se em consideração tudo o que fora argumentado linhas atrás, é possível conceituar o direito fundamental à razoável duração do processo como aquele que se destina a garantir que os feitos transcorram com a maior brevidade possível, desde que se resguarde a dialeticidade processual, com a defesa da participação de todos os atores da demanda, bem como que se possibilite o deferimento de uma tutela jurisdicional efetiva, a qual se alinhe com a pretensão deduzida em juízo, e o maior aproveitamento dos atos processuais.

Noutra quadra, é forçoso vaticinar que a extensão do direito à razoável duração do processo, na modernidade, é a mais ampla possível. De acordo com o que fora relatado algures, perfaz-se inadequado correlacioná-lo, exclusivamente, com as demandas de natureza penal, pois em todo e qualquer ramo do Direito seus efeitos hão de se irradiar. Nesse sentido, é que a Carta Constitucional brasileira cuidou de consignar que todos os processos, sejam eles judiciais ou administrativos, serão regidos pela temporalidade adequada, de tal sorte que não se pode restringir ou negar essa prerrogativa às partes.

À evidência, no que diz respeito aos influxos do tempo no processo, o Brasil adotou um modelo completamente assecuratório, nos termos do que dispõe o art. 5º, LXXVIII. Sem dúvida, isso ocorreu por conta das críticas demasiadas à nossa sistemática processual morosa e descomprometida com a busca da efetivação do justo e do équo[37].

Outrossim, quanto aos delineamentos da razoável duração dos feitos, no processo civil pátrio, pode-se aduzir que a sua constitucionalização não foi suficiente para findar a conjuntura de lentidão das demandas. Essa afirmação pode ser demonstrada empiricamente, na medida em que, de acordo com o Conselho Nacional de Justiça, a relação entre as taxas de congestionamento do judiciário e a produtividade dos magistrados, na Justiça Estadual, resulta, na ampla maioria dos casos, em poucos processos baixados, quando do comparativo com novas demandas propostas[38].

Apesar disso, com as transformações procedimentais implementadas pelos diplomas infraconstitucionais, buscou-se racionalizar a ativi-

36 MARINONI, Luiz Guilherme. **Técnica processual e tutela dos direitos**. 3ª ed. São Paulo: Revista dos Tribunais, 2010. p. 143.

37 JÚNIOR, Nelson Nery. **Princípios do processo na constituição federal**: processo civil, penal e administrativo. 9ª ed. São Paulo: Revista dos Tribunais, 2009. p. 319.

38 **Justiça em números 2015**: ano-base 2014/Conselho Nacional de Justiça – Brasília: CNJ, 2015, p.106.

dade jurisdicional, de forma a atenuar o efeito deletério do transcurso do tempo, no desenrolar do processo. Até mesmo porque o direito fundamental à razoável duração do processo é oponível ao legislador, o qual deverá implementar medidas tendentes à uma gestão eficiente da duração das etapas processuais, em uníssono com o que propõe o professor Luiz Guilherme Marinoni[39]:

> Seu conteúdo mínimo está em determinar: i) ao legislador, a adoção de técnicas processuais que viabilizem a prestação da tutela jurisdicional dos direitos em prazo razoável (por exemplo, previsão de julgamento antecipado parcial do mérito, art. 356, e a previsão de aproveitamento sempre que possível das formas processuais, arts. 188,276,277 e 282, §1º, CPC), a edição de legislação que reprima o comportamento inadequado das partes em juízo (litigância de má-fé e *contempt of court*, arts. 77 e 79 a 81, CPC) e regulamente minimamente a responsabilidade civil do Estado por duração razoável do processo;

Nesse sentido, algumas técnicas processuais foram introduzidas, tais como o julgamento antecipadíssimo da lide, a súmula impeditiva de recursos, a sistemática dos recursos repetitivos, dentre outros, com a finalidade de proporcionar aos jurisdicionados pronunciamentos em compasso com a razoável duração do processo. Ocorre que as mudanças legislativas devem vir acompanhadas de uma necessária alteração de postura e raciocínio jurídico, de tal sorte que, em alguns casos, ainda que o instrumento seja o mais consentâneo possível com os desígnios constitucionais, pouco se aproveitará dele se os seus aplicadores continuarem a perlustrar caminhos retrógrados e contraproducentes. É essa a reflexão que também deve vir à tona com a maturação do Código de Processo Civil de 2015.

Complementando o raciocínio, insta salientar que, atualmente, vive-se uma cultura de extrema judicialização, a qual se reflete no número de processos aportados ao Poder Judiciário, já que os órgãos jurisdicionais brasileiros, em dados recentes do Conselho Nacional de Justiça[40], possuem cerca de 70,8 milhões de casos pendentes, 28, 9 milhões de casos novos e apenas 28,5 milhões de processos baixados. Isso significa, segundo o CNJ, que para zerar o seu estoque de processos o Poder Judiciário precisaria paralisar suas atividades por mais de 2 anos.

39 MARINONI, Luiz Guilherme; ARENHART, Sérgio Cruz; MITIDIERO, Daniel. **Novo código de processo civil comentado**. São Paulo: Revista dos Tribunais, 2015. p. 97.

40 **Justiça em números 2015**: ano-base 2014/Conselho Nacional de Justiça – Brasília: CNJ, 2015.

Resta evidente, portanto, que ainda é preciso avançar muito, no âmbito do processo civil nacional, para que possamos dar a solidez necessária à razoabilidade temporal das demandas, pois, ainda que se possa louvar as reformulações legislativas, perfaz-se imprescindível intensificar o estudo deste direito fundamental, uma vez que são tenras as produções científicas nacionais sobre a matéria, e promover a sua correta aplicabilidade prática.

Concluindo a abordagem sobre a extensão da razoável duração do processo, devem-se fazer alguns comentários acerca de sua ingerência, nas bases estruturantes do direito administrativo, quando da instauração de suas etapas processuais.

A lei 9.784/99, a qual versa sobre o processo administrativo no âmbito federal, já elenca, expressamente, dentre os seus princípios essenciais, a razoabilidade, de tal sorte que não há como alijá-la do fator tempo, haja vista que a condução dos feitos administrativos há que se pautar em condutas não afetas a dilações indevidas. Ainda que não se fale textualmente em razoável duração do processo administrativo, todos os canônes desse diploma legislativo, tal como o contraditório, a ampla defesa, a eficiência e segurança jurídica, convergem para a sua incidência, em concreto, no fluxo dos atos procedimentais.

Dessa forma, a edição da Emenda Constitucional Nº 45/2004, ao fazer incidir a razoável duração do processo nas demandas administrativas, emergiu como um reforço categórico, para que o Estado não se desvencilhe da proteção e concretização dos direitos e garantias fundamentais, em seus modelos de julgamento.

Veja-se, porquanto oportuno, que não mais se admitem ações e omissões da administração pública, no decurso do processo administrativo, com vistas a frustrar as pretensões e expectativas dos cidadãos, como ainda sói acontecer em alguns casos. Opõe-se, assim, ao Estado, enquanto condutor do processo administrativo, o deferimento de uma tutela tempestiva, efetiva e atenta à necessidade de respeito à lídima interveniência das partes. Tudo isso se alinha com a transmudação do paradigma administrativo de respeito à legalidade estrita, para a observância da juridicidade, que estabelece que o Poder Público deverá prestar obséquio não só a lei em sentido estrito, mas a todo ordenamento jurídico, englobando-se aí os princípios explícitos e implícitos[41]. Curva-se o direito administrativo da modernidade aos desígnios da preceitos constitucionais. Afinando-se nesse diapasão, Odete

41 BINEBOJM, Gustavo. **Uma teoria do direito administrativo**: direitos fundamentais, democracia e constitucionalização. 3ª ed. Rio de Janeiro: Renovar, 2014.

Medauar[42] propõe algumas formas de concretizar a razoável duração do processo, na esfera administrativa:

> Alguns mecanismos para concretizar o princípio podem ser aventados: exigência de cumprimento de prazos fixados, para particulares e agentes públicos, com previsão de consequências pelo desrespeito; fixação de efeitos da inércia ou silêncio; perda, para a Administração, da possibilidade de atuar, após decurso do prazo para decidir.

Vem em boa hora, desse modo, a ampla implementação da razoabilidade temporal, nos processos administrativos, haja vista que, reiteradamente, o Poder Público descumpre prazos, queda-se silente, ignora garantias de atuação dos jurisdicionados em suas defesas, atuando em contrariedade à essência dos direitos fundamentais, os quais são, diuturnamente, negados e levados à discussão judicial. Marçal Justen Filho[43] testifica essa prática nefasta da Administração Pública:

> Nesse ponto, é relevante destacar a reprovação jurídica a praxes administrativas viciadas. É comum que a Administração imprima ritmos diversos aos processos administrativos, conforme verifique que o resultado poderá beneficiar ou não o particular. Assim, um processo administrativo punitivo, envolvendo um desafeto, é conduzido com extrema rapidez e decidido em poucas semanas. Já os pleitos do particular, que possam redundar em reconhecimento de algum direito contra a Administração, arrastam-se por anos, sem qualquer perspectiva de solução.

Em arremate, clama-se que a Administração Pública observe o teor do conteúdo mínimo da razoável duração do processo, a fim de evitar atuações ruinosas em processos administrativos que somente detém a aparência de legitimidade, mas que servem, exclusivamente, ao resguardo do interesse da pessoa jurídica de direito público. Forceja considerar, nos moldes prelecionados, que cabe ao Poder Público, nos feitos administrativos, como premissa basilar, atender aos interesses da coletividade, para que haja a concretização do ordenamento jurídico, aproximando-se, ao máximo, o mundo do dever ser daquilo que efetivamente ocorre no plano fático[44].

---

42 MEDAUAR, Odete. **Direito administrativo moderno**. 18ª ed. São Paulo: Revista dos Tribunais, 2014. p. 194.

43 JUSTEN FILHO, Marçal. **Curso de direito administrativo**. 10ª ed. São Paulo: Revista dos Tribunais, 2012. p. 349.

44 CARVALHO, Raquel Melo Urbano. **Curso de direito administrativo**: parte geral, intervenção do estado e estrutura da administração. Salvador: Juspodivm, 2008. p. 182.

O princípio da razoável duração do processo não deixa de ser consectário lógico, na seara administrativa, do direito fundamental à boa administração[45], o qual pressupõe uma atuação profícua do Poder Público, exercida de maneira eficiente, eficaz e sempre atenta às clamores da população, em uníssono com as balizas valorativas do ordenamento jurídico. Descabe falar em boa administração, quando os processos administrativos extrapolam as raias da razoabilidade temporal.

4.3. Critérios para a verificação do vergaste à razoável duração do processo

Compulsado o conteúdo mínimo da razoável duração do processo, além dos meandros relativos à sua extensão e aplicabilidade, cumpre que sejam estabelecidos os parâmetros necessários à indicação do vergaste a este direito fundamental de indiscutível relevância para todas as demandas. No Brasil, ainda subsistem dificuldades na delimitação de balizas indicadoras do não cumprimento deste direito fundamental[46].

É imperioso deixar claro que a razoável duração do processo se consubstancia como conceito jurídico indeterminado, na medida em que contém expressão aberta, ou seja, o pressuposto deste princípio constitucional é desprovido de precisão terminológica. Assim, quando de sua aplicação, hão que ser estabelecidos os critérios para a sua adequada observância, com o escopo de imputar as consequencias advindas da sua violação.

Nesse sentido, são diversos os elementos adotados, em sede mundial, para aferição da incolumidade da razoabilidade temporal dos feitos. Com fundamento em uma visão extremamente restritiva, já se tentou identificar a razoável duração do processo com a simples fixação de prazos céleres, de tal sorte que, nesses casos, entendia-se maculado esse direito fundamental com a verificação superficial da inobservância dos lapsos temporais fixados, para fins de realização dos atos processuais. Essa linha de pensamento, sem dúvida, encontra-se em descompasso com a complexidade conteudística deste direito fundamental, consoante lição exarada por André Nicolitt[47]: "É seguro que estamos tratando

---

45 FREITAS, Juarez. **Direito fundamental à boa administração**. 3ª ed. São Paulo: Malheiros, 2014. p. 20-21.

46 KOEHLER, Frederico Augusto Leopoldino. **A razoável duração do processo**. 2ª ed. Salvador: Juspodivm, 2013. p. 88.

47 NICOLITT, André. **A duração razoável do processo**. 2ª ed. São Paulo: Revista dos Tribunais, 2014. p. 46.

de um conceito vago e indeterminado que não se confunde com o mero descumprimento de prazos processuais."

O Supremo Tribunal Federal reforça os argumentos acima propostos, pois compreende que o não cumprimento da razoável duração não dependerá, exclusivamente, das violações aos prazos processuais elencados na legislação de regência, mas sim da escorreita análise das circunstâncias do caso, valendo-se, inclusive, do critério atinente à complexidade da demanda. Pode-se citar como exemplos os acórdãos proferidos nos seguintes processos: a) HC 127621 / CE; b) HC 126756 / SP; c) HC 127457 / BA; d) HC 125221 / SP; e) HC 127188 AgR / SP e f) HC 126070 / ES.

O Superior Tribunal de Justiça também tem se valido das mesmas premissas, tal como se verifica nas decisões que se seguem: a) HC 316779 / SP; b) HC 324183 / PR e c) HC 318795 / RJ.

Diante das dificuldades de se esmiuçar os pressupostos fundamentais da razoável duração do processo, é que o Tribunal Europeu de Direitos Humanos passou a estabelecer alguns critérios indispensáveis à verificação de seu perfeito atendimento, os quais tem sido utilizados por diversos países, incluindo o Brasil, nos moldes dos pronunciamentos do STF e STJ acima colacionados[48].

A Corte Suprema de Justicia de La Nación, na Argentina, quando do julgamento do caso Mezzadra Jorge Oscar c/ En M° Justicia Y DDHH s/ Daños y Perjuicios[49], assentou a utilização das balizas européias, para fins de verificação do descumprimento da razoável duração do processo, nos seguintes termos:

> Que, en ese orden de ideas, el Tribunal Europeo para los Derechos del Hombre, al establecer el alcance del concepto de "plazo razonable" contenido en el artículo 6.1 del Convenio Europeo para la Protección de los Derechos Humanos y de las Libertades Fundamentales (norma que es similar al artículo 8°, inc. 1, de la Convención Americana sobre Derechos Humanos), señaló primeramente para los procesos penales (asuntos "Neumeister" y "Ringeisen") y, posteriormente, para los procedimientos ante las jurisdicciones administrativas (caso "König"), que el carácter razonable de la duración de un procedimiento debe apreciarse según las circunstancias de cada caso y teniendo en cuenta fundamentalmente "...la complejidad del asunto, el comportamiento del recurrente y la forma en

48 KOEHLER, Frederico Augusto Leopoldino. **A razoável duração do processo**. 2ª ed. Salvador: Juspodivm, 2013. p. 90..

49 ARGENTINA. Corte Suprema de Justicia de La Nación. M. 1181. XLIV. ROR. MEZZADRA JORGE OSCAR c/ EN M° JUSTICIA Y DDHH s/DAÑOS Y PERJUICIOS. 08/11/2011. Disponível em: http://servicios.csjn.gov.ar/confal/ConsultaCompletaFallos.do?-method=verDocumentos&id=10639. Acesso em: 17 set.2015.

que el asunto haya sido llevado por las autoridades administrativas y judiciales..." (C.E.D.H., Affaire König, sentencia del 23 de abril de 1977, serie A, núm. 27, pág. 34; el mismo tribunal europeo ha reiterado el criterio en los precedentes "Guzzardi", "Buchholz", "Foti y otros", "Corigliano" —citados todos por el Tribunal Constitucional español en su sentencia n° 36 del 14 de marzo de 1984—; "Ferrari c/ Italie" del 28 de julio de 1999 —reg. en "Revue trimestrielle des droits de l' homme", año 2000, p. 531—; y "Brochu c/ France", del 12 de junio de 2001 —"Dalloz", 2002, p. 688—).

Nota-se, dessa forma, que os precedentes da Corte Européia de Direitos Humanos, estabeleceram os seguintes critérios para aferição, no caso concreto, do desrespeito ao direito fundamental à razoável duração do processo: a) complexidade da demanda; b) conduta das autoridades envolvidas no feito; c) conduta das partes e d) o interesse em jogo no litígio. Dessarte, faz-se necessário avaliar cada um deles, a fim de deliberar sobre a sua pertinência, mormente no contexto do ordenamento jurídico pátrio.

No que diz respeito à complexidade da causa, cumpre aventar que esse elemento é primordial, para que se estabeleça um parâmetro razoável de duração das demandas, uma vez que, a depender da espécie de processo, serão variáveis o número de atos praticados, os tipos destes, as intervenções de terceiros no transcurso da lide, além de outras peculiaridades.

Registre-se, outrossim, que a complexidade do processo poderá advir do alinhamento fático da causa, das questões jurídicas envolvidas e do encadeamento procedimental estabelecido no diploma legislativo[50]. À evidência, por exemplo, não se entenderá como violada a temporalidade razoável do processo, na hipótese em que a dilação do feito se deu em função da necessidade de realização de uma prova pericial complexa, a qual demandou a emissão de dois laudos, além das manifestações das partes, por ducto de seus assistentes técnicos.

Valendo-se do mesmo raciocínio, é natural que processos falimentares e de inventários sejam mais demorados, em regra, haja vista que geralmente surgem, no seu interior, alguns incidentes processuais, que postergam a resolução do ponto central da demanda. Diversa, portanto, é a situação de um processo que discute uma simplória indenização por dano moral, em razão da apresentação antecipada de cheque pós-datado ou do envio sem solicitação de cartão de crédito.

Noutro quadra, como se disse, vislumbra-se que a complexidade procedimental de certa demanda poderá dar ensejo à dilação do tempo

50 NICOLITT, André. **A duração razoável do processo**. 2ª ed. São Paulo: Revista dos Tribunais, 2014. p. 75.

de duração do processo. Em certas situações o próprio legislador cria uma sequenciamento de atos que impede uma pronta solução da lide. A título exemplificativo é possível elencar as repetidas intervenções do Ministério Público, no processo falimentar, quando vigente o Decreto-Lei 7.661/45[51].

Digna de aplausos, neste tocante, é transmudação empreendida pelo Código de Processo Civil de 2015, o qual tem por finalidade otimizar o procedimento, de modo a adequá-lo à razoável duração do processo e à efetividade da tutela jurisdicional[52]. A nova legislação processual admite que tanto o juiz quanto as partes, nos casos em que seja viabilizada a autocomposição, ajustem o procedimento, para adaptá-lo às especificidades do caso, de modo a alijar impropriedades que caminhem em sentido oposto à consolidação do direito material em juízo.

Enfeixando tais considerações, é indispensável trazer a lume as considerações de Carlos Alberto Alvaro de Oliveira[53], acerca da fenomenologia do procedimento, correlacionando-o com o fator temporal:

> E isso porque o desenvolvimento do fenômeno procedimental no tempo resolve-se numa sucessão de determinações temporais, a permitir harmônica disposição dos atos e fatos no âmbito do procedimento, regulando dessa forma o seu proceder rítmico, elemento de fundamental importância para a organização do procedimento.

Exsurge clarividente, assim, que a adequabilidade procedimental se interpõe como fator precípuo à consolidação da razoável duração do processo, pois o estabelecimento de procedimentos complexos, desconectados com os critérios objetivos, subjetivos e teleológicos da demanda, implica em dilações espúrias e perniciosa aos direitos e garantias fundamentais dispostas na Constituição Federal[54].

Outrossim, naquilo que pertine às autoridades envolvidas no feito e sua interveniência na razoável duração do processo, insta salientar

---

51 CAMPINHO, Sérgio. **Falência e recuperação de empresa**: o novo regime da insolvência empresarial. 7ª ed. Rio de Janeiro: Renovar, 2015. p. 51.

52 DIDIER JR, Fredie. **Curso de direito processual civil**: introdução ao direito processual civil, parte geral e processo de conhecimento. 17ª ed. Salvador: Juspodivm, 2015, v. 1, p. 114.

53 OLIVEIRA, Carlos Alberto Alvaro. **Do formalismo no processo civil**: proposta de um formalismo-valorativo. 4ª ed. São Paulo: Saraiva, 2010. p. 126.

54 CABRAL, Antônio do Passo. A duração razoável do processo e a gestão do tempo no projeto do novo código de processo civil. . FREIRE, Alexandre *et al* (org.). **Novas tendências do processo civil**: estudos sobre o projeto do novo código de processo civil. Salvador: Juspodivm, v. 2, 2014.

que essa relação implicacional é direta e indeclinável. Originariamente, deve-se tratar da figura do magistrado e membros julgadores das Cortes, os quais são responsáveis por conduzir o feito, em estrita observância aos desígnios cogentes do ordenamento jurídico, prestando-se obséquio a valores como a isonomia, a legalidade, o devido processo legal, a duração razoável do processo, a ampla defesa, o contraditório, a boa-fé, a razoabilidade e a proporcionalidade.

Dito isso, há que se exigir dos órgãos judiciais que atentem para a prolação de soluções céleres e efetivas, resguardando-se os direitos de interveniência das partes. Nesse passo, o juiz deverá evitar a prática de atos processuais desnecessários, bem como instruir as partes ao efetivo cumprimento da razoabilidade temporal, a fim de conter ações procrastinatórias, costumeiramente com o escopo de prejudicar aqueles que integram o pólo adverso. Como exemplo de postura do magistrado contributiva para a proteção do direito fundamental em destaque, faz-se mister apontar a não determinação de provas eventualmente inviáveis ou ineficazes, sob pena de elastecer o trâmite da demanda[55]. Afinal de contas, o CPC/15, em seu art. 139[56], II, preleciona que o juiz deverá conduzir o feito, de modo a velar pela razoável duração do processo. Ao comentar o dispositivo em testilha, Luiz Guilherme Marinoni[57] aduz que o juiz tem o dever de buscar a solução que concretize em grau máximo os direitos fundamentais, evitando-se posturas que os desprivilegiem. José Rogério Cruz e Tucci[58], nesse passo, pronuncia-se da seguinte maneira:

> O juiz, pois, como principal protagonista do processo, tem o poder-dever de assegurar a trajetória regular do processo, já que é investido de amplas prerrogativas para, de um lado, organizar a sequencia de atos, e, de outro, reprimir o comportamento abusivo dos litigantes.

Com efeito, ao magistrado é deferida a tarefa de compor os interesses das partes em juízo, de tal sorte que não pode se furtar ao mister de

---

55 BEDAQUE, José Roberto dos Santos. **Poderes instrutórios do juiz**. 7ª ed. São Paulo: Revista dos Tribunais, 2013. p. 169.

56 BRASIL. Lei nº 13.105, de 16 de março de 2015. Código de Processo Civil. **Diário Oficial da República Federativa do Brasil**, Poder Executivo, Brasília, DF, 2015. Disponível em: http://www.planalto.gov.br/ccivil_03/_ato2015-2018/2015/lei/l13105.htm. Acesso em: 30 set. 2015.

57 MARINONI, Luiz Guilherme; ARENHART, Sérgio Cruz; MITIDIERO, Daniel. **Novo código de processo civil comentado**. São Paulo: Revista dos Tribunais, 2015. p. 213.

58 TUCCI, José Rogério Cruz. **Tempo e processo**. São Paulo: Revista dos Tribunais, 1997. p. 35.

conduzir o processo em harmonia com balizas diretivas do ordenamento jurídico, pois, desta sorte, a heterocomposição imposta pelo Estado se tornaria nefasta aos olhos daquele que vislumbra, no Poder Judiciário, a fonte escorreita de resolução das suas querelas.

Veja-se, porquanto oportuno, que a ineficiência e o descrédito judicial dão azo a tentativas de retorno à ampliação da autotutela, cuja consequencia direta é a possibilidade de a força se sobressair, em detrimento do justo[59]. Por tal razão, os órgãos jurisdicionais tem o dever constitucional de garantir o acesso pleno à justiça, com a adequada observância à razoabilidade temporal das demandas, sob pena de expurgar o seu respaldo funcional previsto na Carta Magna[60].

A preocupação ora exposta, alusiva à necessidade de proteção à razoável duração do processo, estende-se aos auxiliares do juízo, tais como o escrivão, o chefe de secretaria, o oficial de justiça, o perito, o distribuidor, dentre outros. O comportamento desses sujeitos também é elemento que deve ser averiguado, para que se possa dispor que houve protração indevida do tempo do processo.

Infelizmente, no sistema processual brasileiro, ainda é possível verificar, em alguns casos, atuações dos profissionais acima listados que resultam em prolongamento da demanda e, consequentemente, inefetividade da tutela jurisdicional. Suponhamos, por exemplo, que um oficial de justiça retarde o cumprimento de um mandado, cujo teor continha determinação de penhora de um bem infungível. Na hipótese aventada, a proteção jurisdicional não será mais útil, caso o executado venha a se desfazer do objeto. Destarte, é fundamental que todos os intervenientes no processo atuem de forma uníssona, com o devido respeito ao direitos e garantias fundamentais, a fim de que se atenda os legítimos interesses dos jurisdicionados. Consoante pronunciamento de Samuel Miranda Arruda[61]: "Por serem destinatários diretos da norma que assegura o direito fundamental das partes, o comportamento das autoridades públicas é parâmetro dos mais considerados no teste da razoabilidade."

---

59 DINAMARCO, Cândido Rangel. **Fundamentos do processo civil moderno**. São Paulo: Revista dos Tribunais, 1986. p. 77.
BERMUDES, Sérgio. **Introdução ao Processo Civil**. 5ª ed. Rio de Janeiro: Forense, 2010. p. 21.
CARNEIRO, Athos Gusmão. **Jurisdição e competência**. 17ª ed. São Paulo: Saraiva, 2010. p. 4-6.

60 JÚNIOR, Nelson Nery. **Princípios do processo na constituição federal**: processo civil, penal e administrativo. 9ª ed. São Paulo: Revista dos Tribunais, 2009. p. 170-179.

61 ARRUDA, Samuel Miranda. **O direito fundamental à razoável duração do processo**. Brasília: Brasília Jurídica, 2006. p.309.

Doutro lado, no que diz respeito à atuação do Ministério Público, da Advocacia Pública, da Defensoria Pública e dos Advogados, há que se pontuar que esses indispensáveis atores do processo deverão dirigir suas manifestações no feito, em uníssono com o princípio da razoabilidade temporal das demandas. Desse modo, esses sujeitos hão de cumprir os prazos processuais fixados e colaborar para a consolidação da efetividade da tutela jurisdicional, evitando-se, por conseguinte, abusos de direitos processuais e vergaste a deveres mínimos de lealdade e colaboração, nos moldes do que vaticina o art. 6º[62], do Código Processual brasileiro.

Assim, intenta-se alijar condutas hoje frequentes, tal como a recorribilidade desprovida de qualquer fundamento, perfectibilizada, tão somente, com o intuito de prolongar o tempo de efetivação do direito da parte vencedora. Esse tipo de postura, em regra, costuma ser atribuído à Fazenda Pública, a qual, em certas hipóteses, leva o feito às últimas circunstâncias, valendo-se dos meios de atuação processual, enquanto instrumentos de postergação de direitos cristalinos.

A despeito disso, pode-se afirmar que, hodiernamente, há uma mudança de postura da Advocacia de Estado, a qual tem buscado se perfilhar com os desígnos do Estado Democrático de Direito, mormente com os valores estatuídos com a constitucionalização do processo.

O terceiro critério utilizado para aferição do vergaste à razoável duração do processo está relacionado à necessidade de conscientização das partes, em suas atuações no feito.

Sabe-se que, regra geral, são os jurisdicionados que suscitam o pronunciamento do Poder Judiciário e, portanto, deflagram o processo, a fim de obterem a tutela jurisdicional pretendida. Desse modo, o princípio dispositivo se erige como ponte fundamental entre o cidadão e os órgãos jurisdicionais. No entanto, a despeito de o processo se desenvolver por impulso oficial, empós o ato inaugural do feito, cumpre às partes a prática de diversos atos processuais, os quais são imprescindíveis à adequada configuração da marcha processual. Assim, o comportamento dos eventuais litigantes, no trato da demanda, deve estar em conformidade com os direitos e deveres processuais, destacando-se aí a razoabilidade temporal, que pressupõe, tal como já aventado alhures, a celeridade, a lídima defesa, a efetividade e a economicidade.

---

62 BRASIL. Lei nº 13.105, de 16 de março de 2015. Código de Processo Civil. **Diário Oficial da República Federativa do Brasil**, Poder Executivo, Brasília, DF, 2015. Disponível em: http://www.planalto.gov.br/ccivil_03/_ato2015-2018/2015/lei/l13105.htm. Acesso em: 30 set. 2015.

Desse modo, se determinado indivíduo se vale do processo, para dar ensejo a dilações indevidas, muitas vezes vocacionadas ao impedimento da concretização do direito da parte contrária, sem dúvida, estará malferindo o preceito fundamental ora em debate. Cumpre rememorar, nesse ponto, que, se a parte prejudicada com o prolongamento do feito deu ensejo a este, não há que se ter por desrespeitado o seu direito essencial à razoável duração do processo, hábil a gerar, por exemplo, uma pretensão indenizatória, pois, com espeque na máxima de que a ninguém é dado se valer da própria torpeza, perfaz-se inviável a alegação de prejuízo pela prática de ato próprio deletério. Posto isso, no caso concreto, para que se compreenda violada a razoabilidade temporal das demandas, é imprescindível que seja verificado o comportamento da parte frente aos seus deveres processuais[63].

Noutra banda, é imperioso destacar a relevância de um modelo comparticipativo[64], na busca pela efetivação da razoável duração do processo. Considerando que todos os sujeitos processuais devem contribuir para que a tutela jurisdicional seja prestada de forma efetiva, tem-se que seus atos hão de ser praticados de maneira a otimizar e colaborar com essa finalidade. Afinal de contas, o interesse de uma resolução adequada do conflito é de todos os que atuam no trâmite da demanda.

Afinando-se nesse diapasão, encontra-se o teor do art. 7, n.1, do Código de Processo Civil Português[65], o qual, ao tratar sobre o princípio da cooperação, estabelece as seguintes diretrizes: "Na condução e intervenção no processo, devem os magistrados, os mandatários judiciais e as próprias partes cooperar entre si, concorrendo para se obter, com brevidade e eficácia, a justa composição do litígio."

O Código de Processo Civil brasileiro também segue a mesma tendência, nos termos do que estabelece seu art. 6º[66]: "Todos os sujeitos do processo devem cooperar entre si para que se obtenha, em tempo razoável, decisão de mérito justa e efetiva." Ressoa claro, de acordo com

63 TUCCI, José Rogério Cruz. **Tempo e processo**. São Paulo: Revista dos Tribunais, 1997. p. 68.

64 MITIDIERO, Daniel. **Colaboração no processo civil**: pressupostos sociais, lógicos e éticos. São Paulo: Revista dos Tribunais, 2009. p. 102.

65 PORTUGAL. Lei nº 41, de 26 de junho de 2013. Diário da República 121, Primeira Série, páginas 3518 a 3665. Disponível em: http://www.pgdlisboa.pt/leis/lei_mostra_articulado.php?nid=1959&tabela=leis. Acesso em: 18 set. 2015.

66 BRASIL. Lei nº 13.105, de 16 de março de 2015. Código de Processo Civil. **Diário Oficial da República Federativa do Brasil**, Poder Executivo, Brasília, DF, 2015. Disponível em: http://www.planalto.gov.br/ccivil_03/_ato2015-2018/2015/lei/l13105.htm. Acesso em: 30 set. 2015.

os enunciados normativos expostos, que o vínculo cooperacional entre os participantes do processo tem como uma de suas finalidades proporcionar a obtenção de uma decisão de mérito tempestiva, afastando-se, dessa forma, dilações injustificadas. Fica reforçada, assim, frente às novas configurações dos modelos processuais, a indispensabilidade de um perfil de conduta das partes em compasso com a necessidade de o Estado-juiz fornecer respostas céleres e efetivas.

Enfeixando tais considerações, faz-se mister tratar do quarto e último requisito utilizado como parâmetro, para a verificação do descumprimento do direito fundamental à razoável duração do processo, qual seja o interesse em jogo no litígio. Nem todas as demandas possuem discussões a envolver matéria de substancial relevo, de tal modo que a eventual demora do processo não causa, por si só, prejuízo de grande monta às partes envolvidas[67].

Assim, um processo de natureza penal, no qual se discute a liberdade de ir e vir do indivíduo, possui extrema necessidade de tramitação célere, em contraposição a uma demanda de matiz cível, em que se pretende a obtenção de indenização reparatória, com fundamento no envio sem solicitação de cartão de crédito. Deixa-se assente, porquanto oportuno, que, em ambos os casos, o jurisdicionado pode exigir a razoabilidade temporal da demanda, de tal modo que a simples alteração do tipo processual não é suficiente para pôr termo a este direito fundamental.

Ocorre que, a depender da questão posta, o prolongamento indevido do feito poderá dar ensejo a graus diversos de perniciosidade. Concorda-se, assim, com as conclusões de Samuel Miranda Arruda[68] e Frederico Augusto Leopoldino Koehler[69], os quais entendem que o critério posto deve ser utilizado quando da mensuração do valor a ser pago a título de indenização reparatória, mas não como elemento de verificação do malferimento à razoável duração do processo. Dessarte, em regra, a dilação espúria de uma demanda cível poderá dar ensejo a uma pretensão de ressarcimento, que se encontrará em patamar inferior à ocorrida em um processo penal, no qual o réu esteja preso provisoriamente. Nesse diapasão, posiciona-se André Nicolitt[70]:

67 TUCCI, José Rogério Cruz. **Tempo e processo**. São Paulo: Revista dos Tribunais, 1997. p. 79.

68 ARRUDA, Samuel Miranda. **O direito fundamental à razoável duração do processo**. Brasília: Brasília Jurídica, 2006. p. 311-313.

69 KOEHLER, Frederico Augusto Leopoldino. **A razoável duração do processo**. 2ª ed. Salvador: Juspodivm, 2013. p. 112-113.

70 NICOLITT, André. **A duração razoável do processo**. 2ª ed. São Paulo: Revista dos Tribunais, 2014. p. 99.

> Com efeito, percebemos que os valores envolvidos no processo penal são de relevância ímpar, a saber: a liberdade e a dignidade. A carga de estigma inerente ao processo penal, por si só, faz com que sua simples instauração cause uma agressão direta ao *status dignitatis* do acusado. Com efeito, o valor dignidade humana faz parte do objeto do processo penal e a sua simples existência causa prejuízo, com maior razão sua excessiva duração.

Ademais, o critério aventado também deve ser levado em consideração, nas hipóteses em que as partes possuem certas peculiaridades, as quais demandam uma pronta resolução do litígio. O Estatuto do Idoso, no Brasil, estipula, em seu art. 71[71], que as pessoas com idade igual ou superior a 60 (sessenta) anos, tendo em vista a sua senilidade, terão prioridade de tramitação das suas demandas. Assim, na eventual fixação do valor reparatório, em função do excesso de prazo no transcorrer do feito, deve-se levar em conta essa situação especial da parte, assim como também ocorre com aqueles acometidos de graves doenças. Situações como extrema miserabilidade de um indivíduo, em uma demanda laboral, por exemplo, também hão de ser consideradas pelo magistrado, haja vista que a privação das verbas trabalhistas deflui em nítido vergaste à dignidade da pessoa humana, impossibilitando a própria manutenção do indivíduo e de sua família.

Como exposto, o interesse em jogo na demanda, também possui um prisma subjetivo, na medida em que as peculiaridades ínsitas aos sujeitos envolvidos no litígio interfere, sobremaneira, na aferição dos níveis de violação à razoável duração do processo.

Ressoa claro, portanto, com base na fundamentação exposta, que se deve adotar a doutrina do não prazo, ou seja, não há como se fixar, a *priori,* o tempo de duração do processo, pois, como visto, alguns elementos devem servir de parâmetro para a identificação da intempestividade processual.

Assim, rechaçam-se posicionamentos como o de Fernando da Fonseca Gajardoni[72], o qual vaticina que o tempo ideal de duração do processo é aquele resultante da somatória dos prazo estabelecidos, para fins de realização dos atos processuais indispensáveis ao escorreito andamento do feito.

Cumpre registrar que não se está a desprezar o estabelecimento de prazos processuais, os quais servem à correta ordenação do encadeamento de ações da demanda. Busca-se, em efetivo, firmar que o mero

---

71 BRASIL. Lei nº 10.741, de 01 de outubro de 2003. **Diário Oficial da República Federativa do Brasil**, Poder Executivo, Brasília, DF, 2013. Disponível em: http://www.planalto.gov.br/ccivil_03/leis/2003/L10.741.htm. Acesso em: 18 set.2015.

72 GAJARDONI, Fernando da Fonseca. **Técnicas de aceleração do processo**. São Paulo: Lemos & Cruz, 2003. p. 59-60.

descumprimento dos prazos em referência não traduzem violação à razoável duração do processo, haja vista que se faz essencial analisar as circunstâncias que estão a envolver o caso em apreciação pelos órgãos jurisdicionais[73].

Minudenciados esses elementos balizadores acerca da violação à razoável duração do processo, os quais, sem dúvida, devem ser lavados em conta para a apreciação desse direito fundamental, no âmbito do ordenamento jurídico pátrio, tal como já o fazem o Superior Tribunal de Justiça e o Supremo Tribunal Federal, insta traçar alguns pontos sobre a consequente responsabilização estatal, em decorrência da inobservância desse preceito de extrema relevância para o desenvolver de um processo materialmente devido.

É indene de dúvidas que, uma vez malferido determinado direito, poderá surgir para o seu titular uma pretensão, a qual ensejará a responsabilização de certo e determinado sujeito. Dessa forma, preenchidos os pressupostos para a configuração da responsabilidade civil, quais sejam a ação ou omissão, nexo causal, culpa (dispensável na responsabilização objetiva) e o dano, será conferida ao titular do bem jurídico violado o uso dos instrumentos necessários à busca de uma solução reparatória[74].

4.4. Da responsabilidade do estado por violação à razoável duração do processo

Não se questiona, no contexto jurídico atual, a possibilidade de responsabilização do Estado, em decorrência do vergaste a direitos e garantias fundamentais[75]. Ao revés, tem-se buscado, cada vez mais, impor ao Poder Público as consequencias do descumprimento daquilo que é seu mister defender.

Com efeito, da intempestividade processual podem advir prejuízos para as partes, tanto autor como réu, de tal sorte que estes se perfilham como legitimados a pleitear, em desfavor do Estado, uma eventual indenização, a fim de amenizar os danos sofridos.

---

73 NICOLITT, André. **A duração razoável do processo**. 2ª ed. São Paulo: Revista dos Tribunais, 2014. p. 40-44.

74 AMARAL, Francisco. **Direito civil**: introdução. 8ª ed. Rio de Janeiro: Renovar, 2014. p. 602.

75 SARLET, Ingo Wolfgang. **A eficácia dos direitos fundamentais: uma teoria geral dos direitos fundamentais na perspectiva constitucional**. 10ª ed.Porto Alegre: Livraria do Advogado, 2010. p. 366.

Nelson Nery Júnior[76] aponta que: "A parte no processo judicial ou administrativo, tem direito de ser indenizada pelos danos patrimoniais que sofreu, decorrentes da duração exagerada do processo, antítese da garantia constitucional da duração razoável do processo."

Saliente-se, em acréscimo, que o Poder Público será responsabilizado, independente da ocorrência de culpa ou dolo, pois, nesse caso, há clara hipótese de responsabilidade objetiva[77], nos moldes, inclusive, do que preleciona o art. 37, §6º, da Constituição Federal.

Os legisladores italianos, por ducto da Legge Pinto (art. 2º)[78], a qual regulamentou a pretensão indenizatória do cidadão italiano, com base no descumprimento da razoável duração do processo, apontaram, na mesma direção dos entendimentos hoje capitaneados no Brasil, que a responsabilidade do Estado, na hipótese ora aventada, seria objetiva, ou seja, para a sua verificação seria despiciendo perquirir a existência de conduta culposa ou dolosa, por parte dos agentes presentantes do Estado.

Outrossim, quanto ao tema exposto, defendem algumas vozes doutrinárias que a falta de aparelhamento do Estado seria suficiente para ilidir sua responsabilidade oriunda da violação à razoável duração do processo. Desse modo, a ineficiência estatal para responder às demandas propostas, no tempo hábil, em função da ausência de servidores e de aparelhamento material dos órgãos jurisdicionais, configuraria fator de afastamento do dever indenizatório.

Mesmo que se reconheça a existência de um déficit operacional do Estado-juiz, tendo-se em conta o aumento do número de processos vertidos ao Poder Judiciário, não é possível negar a efetivação de um direito fundamental imprescindível ao jurisdicionado, o qual serve de instrumento à concretização do direito material pleiteado na demanda. Veja-se que a admissão de um argumento dessa natureza esvaziaria todo o conteúdo da razoável duração do processo, tornando-a mera simbologia constitucional. Em consonância com o exposto, posiciona-se Frederico Augusto Leopoldino Koehler[79]:

76 NERY JR, Nelson Nery. **Princípios do processo na constituição federal**: processo civil, penal e administrativo. 9ª ed. São Paulo: Revista dos Tribunais, 2009. p. 320.

77 HOFFMAN, Paulo.Razoável duração do processo. Quartier Latin. São Paulo, 2006, p. 219.

78 Disponível em: http://www.normattiva.it/atto/caricaDettaglioAtto?atto.dataPubblicazioneGazzetta=2001-04-03&atto.codiceRedazionale=001G0147. Acesso em: 27 set.2015.

79 KOEHLER, Frederico Augusto Leopoldino. **A razoável duração do processo.** 2ª ed. Salvador: Juspodivm, 2013. p. 311-313

> O número excessivo de processos existentes nos órgãos jurisdicionais, a sobrecarga de trabalho, o demorado estado de vacância dos cargos de juízes por remoção ou aposentadoria, nenhum desses fatores justifica a dilação processual indevida, pois incumbe ao Estado prover adequadamente a estrutura física, técnica e de recursos humanos de seus órgãos. jurisdicionais.

A despeito disso, no Brasil, ainda são reduzidas as demandas judiciais que tem por objetivo pleitear indenização em face do Estado, com espeque no direito fundamental à razoável duração do processo. No entanto, esse é um meio idôneo, efetivo e necessário para alertar o Poder Público de que é preciso prestar obséquio a esse relevante direito fundamental dos jurisdicionados[80].

4.5. A razoável duração do processo enquanto direito fundamental

O direito à razoável duração do processo não poderia deixar de ser visto como autônomo e fundamental, na medida em que ele se desvela como premissa estruturante do Estado Democrático de Direito, pois a ideia de acesso à justiça vem imbuída da necessidade de os feitos transcorrerem de modo tempestivo, sem que o decurso do tempo possa corroer as pretensões das partes que se socorrem do Poder Judiciário.

Dessa forma, a razoabilidade temporal das demandas se encontra inserida tanto no aspecto formal como material da fundamentalidade dos direitos[81]. Sob o prisma formal, pode-se entender que a essencialidade da razoável duração do processo deriva de sua previsão no sistema constitucional positivo, mais especificamente no art. 5º, LXXVIII, o qual alça esse direito ao patamar de norma vértice, destacando-se, assim, a sua imprescindibilidade para a consecução dos valores supremos do Estado.

Lado outro, cumpre apontar que dessa qualificação conferida pelo ordenamento jurídico surgem algumas implicações diretas, tais como a sua aplicabilidade imediata e a proteção quanto às eventuais alterações constitucionais empreendidas pelo legislador constituinte derivado, vez que os direitos fundamentais são resguardados como cláusulas pétreas.

---

80 JOBIM, Marco Félix. **O direito à duração razoável do processo**: responsabilidade civil do Estado em decorrência da intempestividade processual. 2ª ed. Porto Alegre: Livraria do Advogado, 2012. p. 198-204.

81 SARLET, Ingo Wolfgang. **A eficácia dos direitos fundamentais: uma teoria geral dos direitos fundamentais na perspectiva constitucional.** 10ª ed. Porto Alegre: Livraria do Advogado, 2010. p. 74-78.
MARINONI, Luiz Guilherme. **Novo curso de processo civil**. São Paulo: Revista dos Tribunais, 2015, v. 1, p. 76-77.

Naquilo que pertine à nuance material, preambularmente, cumpre trazer à colação pronunciamento de Ingo Wolgang Sarlet[82]: "A fundamentalidade material, por sua vez, decorre da circunstância de serem os direitos fundamentais elementos constitutivos da Constituição material, contendo decisões fundamentais sobre a estrutura básica do Estado e da sociedade." Com efeito, tal como aduz o professor Paulo Bonavides[83], a Constituição material pressupõe todos os elementos inerentes à composição e regular funcionamento da ordem política.

Destarte, a razoabilidade temporal dos processos é consectário lógico de um Estado que se diz Democrático e de Direito, na medida em que a adequada engrenagem da função jurisdicional só se perfectibiliza, quando o processo se desenvolve em tempo hábil a gerar uma resposta efetiva ao cidadão. Aliás, o princípio do Estado de Direito tem como conteúdo indispensável a tutela do sistema de direitos fundamentais[84], de tal sorte que, em diversas hipóteses, essa proteção é conferida no trâmite do processo, o qual deve estar alinhado com os vetores axiológicos constitucionais inerentes a toda e qualquer demanda jurisdicional. Samuel Miranda Arruda[85] elucida a correlação proposta: "Assim, podemos afirmar que no princípio do Estado de direito está contida uma conotação temporal da atuação do Estado, mormente da atuação jurisdicional, a qual vai depois projetar-se também em outras cláusulas que deste princípio derivam."

Iniludível, assim, que o direito fundamental à razoável duração do processo encontra conformação tanto do ponto de vista da fundamentalidade formal, quanto da material, consubstanciando-se como elemento-chave do transcurso das demandas.

Ademais, considerando-se as dimensões objetiva e subjetiva dos direitos fundamentais, há que se analisar como elas se encaixam, no conteúdo da razoável duração do processo.

Cumpre aduzir que a faceta subjetiva dos direitos fundamentais, ordinariamente retratada, quando se está a discutir o presente tema, refere-se à perspectiva que traduz a possibilidade de se exigir uma conduta negativa ou positiva de outrem, com espeque nos interesses juri-

82 SARLET, Ingo Wolfgang. **A eficácia dos direitos fundamentais: uma teoria geral dos direitos fundamentais na perspectiva constitucional.** 10ª ed. Porto Alegre: Livraria do Advogado, 2010. p. 75.

83 BONAVIDES, Paulo. **Curso de direito constitucional**. 27ª ed. São Paulo: Malheiros, 2012. p. 84-85.

84 CANOTILHO, J.J Gomes. **Direito constitucional e teoria da constituição**. 4ª ed. Coimbra: Almedina, 2000.p. 248-249.

85 ARRUDA, Samuel Miranda. **O direito fundamental à razoável duração do processo**. Brasília: Brasília Jurídica, 2006. p. 61.

dicamente tutelados, obrigando, por conseguinte, seus destinatários. Assegura-se, assim, dentro dessa ideia, o resguardo de posições jurídicas individuais, em detrimento de comportamentos avessos ao cumprimento desses direitos. Consoante dispõe Gilmar Ferreira Mendes[86], o perfil subjetivo dos direitos fundamentais enseja uma pretensão para que certo comportamento seja adotado ou concede ao indivíduo o poder volitivo referente à produção de certos efeitos sobre as relações jurídicas.

Nesse contexto, a razoabilidade temporal do processo defere ao seu titular a viabilidade de se exigir, por exemplo, que o Estado se abstenha da prática de condutas que ensejem dilações indevidas, durante o trâmite da demanda apreciada pelo Poder Judiciário. Impossível olvidar, na linha do exposto, que esse direito surge, originariamente, como uma proteção do indivíduo contra o Poder Público, em uníssono com o que se vislumbrou na Carta Magna, de modo que é possível alocá-lo, a princípio, no rol da primeira dimensão dos direitos de matiz fundamental[87].

Malgrado o exposto, com a evolução do direito ao decurso do processo em tempo razoável, passaram-se a exigir prestações positivas do Estado[88], a fim de que este aparelhasse a máquina judiciária, com o fito de efetivar os desígnios postos pelo legislador constitucional. Com isso, hodiernamente, não se pode negar uma vertente ativa deste direito, concretizando-se, desta feita, a formulação das Cartas Constitucionais de que os feitos devem transcorrer em lapso temporal hábil a abarcar a efetividade da tutela jurisdicional e todas as garantias de defesa dos participantes do processo[89].

Registre-se, doutro lado, que não só ao Estado é oponível o aludido direito, mas a todos os que atuam no processo, uma vez que devem contribuir para a rápida e efetiva solução da demanda[90]. Veja-se, nesse sentido, que os legisladores também se curvam ao direito fundamental em tela, já que lhes é exigido que produzam enunciados normativos conducentes à otimização do tempo no processo.

---

86 MENDES, Gilmar Ferreira; COELHO, Inocêncio Mártires; BRANCO, Paulo Gustavo Gonet. **Curso de direito constitucional**. 2ª ed. São Paulo: Saraiva, 2008. p. 265.

87 SARLET, Ingo Wolfgang. **A eficácia dos direitos fundamentais: uma teoria geral dos direitos fundamentais na perspectiva constitucional**. 10ª ed. Porto Alegre: Livraria do Advogado, 2010. p. 46-47.

88 ALEXY, Robert. **Teoria dos Direitos Fundamentais**. Tradução Virgílio Afonso da Silva. 2ª ed. São Paulo: Malheiros, 2011. p. 201-203.

89 CANOTILHO, J.J Gomes. **Direito constitucional e teoria da constituição**. 4ª ed. Coimbra: Almedina, 2000. p. 486-487.

90 JOBIM, Marco Félix. **O direito à duração razoável do processo**: responsabilidade civil do Estado em decorrência da intempestividade processual. 2ª ed. Porto Alegre: Livraria do Advogado, 2012. p. 90.

Frente ao exposto, exsurge indubitável que o viés subjetivo do direito fundamental à razoável duração do processo reveste o seu titular da possibilidade de exigir condutas em harmonia com o conteúdo mínimo deste, ressoando espúria qualquer ação que se poste em sentido contrário.

Naquilo que diz respeito à faceta objetiva dos direitos fundamentais, insta salientar que esta, durante certo tempo, não figurou como ponto de destaque da análise dessas espécies de direitos, mas, no presente, revela-se como a principal dimensão destes. O caráter objetivo denota a ideia de que os direitos fundamentais não se põem como simples direitos subjetivos postos à disposição do cidadão. Ao revés, traduzem-se como princípios basilares na ordem jurídica, servindo de vetor de direcionamento de condutas e elemento de coalizão das demais previsões normativas. Afinando-se no mesmo diapasão, posiciona-se o Ministro Gilmar Mendes[91]:

> Os direitos fundamentais, assim, transcendem a perspectiva da garantia de posições individuais, para alcançar a estatura de normas que filtram os valores básicos da sociedade política, expandindo-os para todo o direito positivo. Formam, pois, a base do ordenamento jurídico de um Estado democrático.

Imerso nessa perspectiva, faz-se mister salientar que o direito fundamental à razoável duração do processo se espraia por todos os campos da operatividade jurídica, servindo como diretriz necessária a estabelecer que o tempo deve ser utilizado como uma aliado incondicional à efetividade da tutela jurisdicional, possibilitando, assim, a concretização de diversos valores caros à sociedade.

Sob esse ponto de vista, a razoabilidade temporal das demandas se erige como fator transcendente ao indivíduo, com o escopo de se estabelecer como tecido comunitário inafastável, o qual poderá servir, inclusive, ao sopesamento de outros direitos e garantias fundamentais. Nessa linha de raciocínio, pronuncia-se Ingo Wolfgang Sarlet[92]: "Por tais razões, parece correto afirmar que todos os direitos fundamentais (na sua perspectiva objetiva) são sempre, também, direitos transindividuais."

Situado adequadamente o direito fundamental à razoável duração do processo, tem-se por necessário correlacionar os precedentes vinculantes com a suposta contribuição para a efetividade desse direito, na medida em que tem sido frenquente a afirmação de que os precedentes obrigatórios são fator de promoção da razoabilidade temporal das demandas.

---

91 MENDES, Gilmar Ferreira; COELHO, Inocêncio Mártires; BRANCO, Paulo Gustavo Gonet. **Curso de direito constitucional**. 2ª ed. São Paulo: Saraiva, 2008. p. 266.

92 SARLET, Ingo Wolfgang. **A eficácia dos direitos fundamentais: uma teoria geral dos direitos fundamentais na perspectiva constitucional.** 10ª ed. Porto Alegre: Livraria do Advogado, 2010. p. 146.

5

PRECEDENTES VINCULANTES, NO DIREITO BRASILEIRO, E DIREITO FUNDAMENTAL À RAZOÁVEL DURAÇÃO DO PROCESSO

5.1. Relação entre os precedentes vinculantes e maior efetividade dos direitos fundamentais

Os direitos e garantias fundamentais nem sempre são efetivados espontaneamente, tal como se pressupõe em um Estado Democrático de Direito. Ao Poder Público caberia a incumbência de atender, de modo amplo, os interesses dos cidadãos, prestando-se obséquio aos valores constitucionais intrínsecos à ordem jurídica estabelecida.

No entanto, a realidade subjacente contraria o mundo do dever ser, pois, no contexto atual, é por conduto do processo que os indivíduos conseguem fazer valer os comandos normativos insertos nos enunciados de maior hierarquia. Portanto, é através do Judiciário, função estatal que tem se destacado em um cenário de inobservância das normas constitucionais, que os titulares dos direitos fundamentais buscam concretizar as promessas encartadas pelo legislador constituinte originário e derivado. Exemplificativamente, pode-se fazer alusão aos litígios diuturnos acerca do direito à saúde e a odiosa inação prestacional do Estado.

Vale também destacar as cognominadas decisões estruturais, cujo conteúdo também objetiva guarnecer direitos fundamentais: "A decisão estrutural (*structural injuction*) é, pois, aquela que busca implantar uma reforma estrutural (*structural reform*) em um ente, organização ou instituição, com o objetivo de concretizar um direito fundamental, realizar uma determinada política pública ou resolver litígios complexos."[1]

Nesse sentido, é que o professor Cândido Rangel Dinamarco[2] vislumbrou no processo um instrumento a serviço da efetivação dos objetivos eleitos pelo Estado, de tal sorte que os juízes ou Tribunais não podem se furtar à incumbência que lhes foi imposta de bem aplicar o Direito.

---

1 DIDIER JR, Fredie; ZANETI JR, Hermes; OLIVEIRA, Rafael Alexandria de. **Notas sobre as decisões estruturantes**. ARENHART, Sérgio Cruz; JOBIM, Marco Félix (orgs.). **Processos estruturais**. Juspodivm. Salvador, 2017, p. 355.

2 DINAMARCO, Cândido Rangel. **A instrumentalidade do processo**. 13ª ed. São Paulo: Malheiros, 2008. p. 178.

Cumpre ao Poder Judiciário, desta feita, tutelar o ordenamento jurídico, de modo que o acesso aos órgãos judicantes se revele como um caminho inafastável de defesa dos direitos fundamentais, consoante preconiza J.J Gomes Canotilho[3].

A jurisdição, portanto, redesenha-se com fundamento nas premissas elementares do constitucionalismo contemporâneo, mormente no que se remete ao seu papel de conferir plena efetividade aos direitos apontados como essenciais pelo Estado e aos princípios constitucionais de justiça[4]. Perlustrando a mesma ordem de ideias, posiciona-se Samuel Miranda Arruda[5]:

> Em realidade, de nada adiantaria a previsão e existência do mais completo catálogo de direitos, se não houvesse a possibilidade de lhes dar efetividade. Para tanto, é determinante a via judicial de proteção dos direitos fundamentais, sendo o recurso aos tribunais o "meio de defesa por excelência" desses direitos.

Outrossim, como implicação indissociável, para que esses direitos sejam efetivados na via jurisdicional, faz-se necessário que se respeitem os direitos e garantias fundamentais de cunho processual. Afinal de contas, se o instrumento é inidôneo à defesa dos valores que se buscam guarnecer, ter-se-á opção inútil e totalmente descartável, a qual se desconecta das balizas constitucionais.

Assim, a noção constitucional do processo clama que nele estejam inseridos valores como a legalidade, a segurança jurídica, a isonomia, a efetividade, a ampla defesa, o contraditório, a proporcionalidade, a razoabilidade, a dignidade da pessoa humana, tal como se vislumbra da redação do art. 1º, do Código de Processo Civil de 2015[6]: "O processo civil será ordenado, disciplinado e interpretado conforme os valores e as normas fundamentais estabelecidos na Constituição da República Federativa do Brasil, observando-se as disposições deste Código."

---

3 CANOTILHO, J.J Gomes. **Direito constitucional e teoria da constituição**. 4ª ed. Coimbra: Almedina, 2000. p. 479-480.

4 MARINONI, Luiz Guilherme. **Novo curso de processo civil**. São Paulo: Revista dos Tribunais, 2015, v. 1, p. 104.

5 ARRUDA, Samuel Miranda. **O direito fundamental à razoável duração do processo**. Brasília: Brasília Jurídica, 2006. p.58.

6 BRASIL. Lei nº 13.105, de 16 de março de 2015. Código de Processo Civil. **Diário Oficial da República Federativa do Brasil**, Poder Executivo, Brasília, DF, 2015. Disponível em: http://www.planalto.gov.br/ccivil_03/_ato2015-2018/2015/lei/l13105.htm. Acesso em: 01 out. 2015.

O processo, assim, deve ser vocacionado à produção de decisões legítimas e justas, conformadas aos direitos fundamentais.

Nesse diapasão, não se pode perder de vista que o processo deve propiciar a participação ampla de todos os sujeitos envolvidos, na medida em que a solução a ser encontrada pelo Judiciário é fruto do esforço de diversos protagonistas, inseridos em um ir e vir dialético inafastável.

Faz-se necessário, nesse ponto, rememorar as considerações de Peter Haberle ao tratar do *status activus processualis.* Sobre o tema, o citado autor consignou que os direitos fundamentais, tal como propunha Jellinek[7], possuem uma dimensão ativa, na qual o cidadão tem a possibilidade de participar democraticamente dos processos construtivos do Estado, incluindo-se aí, a desdúvida, a atuação jurisdicional.

Assim, a jurisdição deve se consubstanciar como uma via aberta ao debate constante com os cidadãos, sob pena de conspurcar um dos pilares dos direitos fundamentais. Quanto ao ponto em debate, pronuncia-se Mônica Clarissa Hennig Leal[8]:

> É nessa perspectiva que a noção de status activus processualis, de participação na vida pública, constitui-se no status fundamental da ordem democrática, fazendo com que os cidadãos sejam incorporados ao sistema político-jurídico não apenas como destinatários de direitos, mas também, e principalmente, como sujeitos ativos desse processo.

Destarte, o processo se perfectibiliza como um ambiente no qual a temática dos direitos fundamentais se interpõe como pressuposto necessário, na medida em que nele se concretizam esses direitos, ao mesmo tempo em que se permite uma participação ativa dos cidadãos, na defesa inconteste dos vetores axiológicos encartados nos enunciados normativos constitucionais[9].

O processo está adstrito aos direitos de matiz fundamental, haja vista que a sua própria conceituação, como estabelecem alguns autores[10], depende da existência de, no mínimo, um desses direitos, qual seja o contraditório. Sob esse prisma, o processo é visto como um procedi-

---

7 ALEXY, Robert. **Teoria dos Direitos Fundamentais**. Tradução Virgílio Afonso da Silva. 2ª ed. São Paulo: Malheiros, 2011. p. 254-275.

8 LEAL, Mônica Clarissa Hennig. Jurisdição Constitucional Aberta: a abertura constitucional como pressuposto de intervenção do amicus curiae no direito brasileiro. **Revista de Direito Público**. Brasília: v. 1, n. 21, Maio-Junho de 2008. p. 27-49.

9 MARINONI, Luiz Guilherme. **Novo curso de processo civil**. São Paulo: Revista dos Tribunais, 2015. p. 466.

10 FAZZALARI, Elio. **Instituições de Direito Processual**. 8ª ed. Campinas: Bookseller, 2006. p. 37.

mento em contraditório, de tal sorte que a privação da possibilidade de participação e influência das partes, na solução do litígio, resulta em total ilegitimidade deste[11].

Doutrinadores outros entendem que o contraditório não pode ser peça integrante do conceito de processo, pois ele mais serve a sua qualificação do que sua definição. Sob esse prisma, conceber-se-ia a ideia de processo mesmo sem o contraditório, o qual, neste caso, seria considerado como antidemocrático, a exemplo do que ocorre em Estados totalitários.

Ocorre que não mais se perfaz possível escandir o direito ao contraditório da noção de processo, no terreno neoconstitucional, haja vista que a vedação aos atos de participação e colaboração efetiva dos litigantes se constitui em negativa da essência mínima do processo em sua concepção constitucionalista. Carlos Alberto Alvaro de Oliveira[12] tece considerações sobre a presente temática:

> A correspondência e equivalência assinaladas influenciam a própria estrutura do procedimento, necessariamente dialética, e devem condizer com a dinâmica dialética do processo. Vale dizer,com outras palavras, que a simetria, mútua implicação e substancial e substancial paridade das posições subjetivas traduzir-se-á na possibilidade de cada um dos participantes intervir de forma não episódica e, sobretudo, no exercício de um conjunto de controles, reações e escolhas, bem como na necessidade de submissão aos controles e reações alheias.

Em acréscimo, cabe pontuar que, a fim de que restem adequadamente atendidos os direitos e garantias fundamentais, no âmbito do processo, faz-se imperiosa a utilização de técnicas processuais hábeis a garantir a efetividade da tutela jurisdicional.

Nesse sentido, diversos institutos foram introduzidos ao longo do tempo, com o intuito de melhor servir às exigências do direito material, reduzindo-se, muitas vezes, o excesso de formalismo que obstava a plena satisfatividade deste[13]. Consoante dispõe Luiz Guilherme Marinoni[14]: "Se as tutelas dos direitos (necessidades no plano material) são diversas, as técnicas processuais devem a elas se adaptar." À guisa de exemplo, no

11 CÂMARA, Alexandre Freitas. **O novo processo civil brasileiro**. São Paulo: Atlas, 2015. p. 24.

12 OLIVEIRA, Carlos Alberto Alvaro de. **Do formalismo no processo civil**: proposta de um formalismo-valorativo. 4ª ed. São Paulo: Saraiva, 2010. p. 158.

13 OLIVEIRA, Carlos Alberto Alvaro. **Do formalismo no processo civil**: proposta de um formalismo-valorativo. 4ª ed. São Paulo: Saraiva, 2010. p. 160-161.

14 MARINONI, Luiz Guilherme. **Técnica processual e tutela dos direitos**. 3ª ed. São Paulo: Revista dos Tribunais, 2010. p. 114.

direito brasileiro, pode-se citar a consolidação da fase de cumprimento de sentença, em detrimento da necessidade de se deflagrar um processo executivo autônomo, o que defluiu em nítida melhoria na concretização daquilo que fora pugnado e reconhecido em juízo.

Além disso, não se pode olvidar o benefício auferido com a tutela inibitória, evitando-se situações diretas de ameaças a direitos dos jurisdicionados. Frente a tais considerações, urge evidenciar que não só basta que seja conferida ao cidadão a possibilidade de verter sua demanda ao Poder Judiciário, mas é preciso que os meios procedimentais à sua disposição estejam em perfeita consonância com as necessidades postas.

Nestes termos, exsurge clarividente a imbricada relação entre o processo, enquanto via imprescindível ao exercício da jurisdição, e os direitos fundamentais dispostos no ordenamento jurídico, uma vez que é dado ao Poder Jurisdicional efetivar o conteúdo de todos os pressupostos básicos inerentes ao Estado Democrático de Direito, quando da análise dos casos postos à apreciação.

Diante do panorama alinhavado acima, abre-se a possibilidade para tratar da relação existente entre a sistemática dos precedentes judiciais vinculantes e a maior efetividade dos direitos fundamentais. Partindo-se da premissa já exposta de que o processo se consubstancia como meio propício ao reconhecimento e concretização dos valores fundantes de uma nação, há que se dar relevo aos elementos que influenciam na formação das decisões judiciais.

Como fartamente relatado, no presente trabalho, os precedentes judiciais obrigatórios são manifestações resolutivas dos órgãos judicantes, as quais tem o condão de servir de paradigma para pronunciamentos futuros, desde que consideradas as peculiaridades fáticas do caso, constituindo-se como importante instituto de racionalização da função jurisdicional, bem como de uniformidade, coerência e integridade do direito[15]. Assim, a observância vinculante das manifestações pretéritas serve à estabilização dos entendimentos lavrados por juízes e Tribunais, garantindo-se às partes uma resposta ao litígio que esteja afinada com o profícuo processo de construção da solução tomada por parâmetro.

Nesse passo, cumpre ressaltar que o acesso à ordem jurídica justa pressupõe que as decisões oriundas do Poder Judiciário atentem para a igualdade de tratamento dos litigantes, bem como sejam previsíveis, seguras e efetivas, de modo a possibilitar que os direitos fundamentais

---

15 DIDIER JR, Fredie. Sistema brasileiro de precedentes judiciais obrigatórios e os deveres institucionais dos tribunais: uniformidade, estabilidade, integridade e coerência da jurisprudência. DIDIER JR, Fredie (coord.). **Precedentes**. Salvador: Juspodivm, 2015. p. 383– 397.

sejam alvo de concretização, nos moldes do que se vislumbra na sistemática dos precedentes vinculantes[16]. Nesse sentido, Hélio Ricardo Diniz Krebs[17] assim se manifesta:

> Vale dizer, o respeito aos precedentes, mesmo quando estes não tratam de nenhum direito fundamental específico, cumpre papel determinante para a vida em sociedade, pois fortalece a segurança jurídica, propiciando uniformidade, estabilidade, previsibilidade e isonomia, bem como ajuda os cidadãos a definir expectativas e pautar suas formas de conduta. Estes, aliás, são valores indissociáveis a qualquer país que se intitule como um Estado Democrático de Direito.

A ideia de estabelecimento de um sistema de precedentes vinculantes é acompanhada, inicialmente, da necessidade de se conferir o mesmo tratamento a situações análogas, com o escopo de evitar um feixe dissonante de decisões judiciais, as quais caminham em sentido oposto à busca pela isonomia entre cidadãos[18]. Os direitos fundamentais de segunda dimensão, içados pela bandeira da igualdade, ergueram-se para exigir do Estado congruência dos atos praticados em relação a todos os indivíduos. Dessa forma, é incompatível com a linha evolutiva dos direitos fundamentais as manifestações do Estado-Juiz, as quais geram soluções díspares, para litigantes submetidos à premissas fáticas e jurídicas correlatas.

Essa situação, nos moldes já estabelecidos neste trabalho, dá azo a eventuais favorecimentos, de modo a ensejar julgamentos por conveniência, privilegiando, assim, determinados grupos ou pessoas específicas. Só por isso, poder-se-ia confirmar o estreito liame entre a vinculatividade dos precedentes judiciais, que impõem respeito às decisões anteriormente lavradas sobre um caso, e a efetividade dos direitos fundamentais, haja vista que se evitam tratamentos anti-isonômicos[19].

Doutro giro, tem-se pontuado que a utilização dos precedentes vinculantes é medida salutar, tendo em vista que fortifica a segurança jurídica, pois, com a aplicação destes, passa-se a ter maior previsibilidade

---

16 MARINONI, Luiz Guilherme. **Novo curso de processo civil**. São Paulo: Revista dos Tribunais, 2015, v. 1, p. 148-149.

17 KREBS, Hélio Ricardo Diniz. **Sistemas de precedentes e direitos fundamentais**. São Paulo: Revista dos Tribunais, 2015. p. 258.

18 WAMBIER, Teresa Arruda Alvim. Precedentes e evolução do direito. WAMBIER, Teresa Arruda Alvim (coord.). **Direito jurisprudencial**. São Paulo: Revista dos Tribunais, 2012, v. 1, p. 40.

19 MARINONI, Luis Guilherme. **Precedentes obrigatórios**. 2º ed. São Paulo: Revista dos Tribunais, 2011. p. 140-150.

quanto às soluções adotadas pelo Poder Judiciário[20]. O cidadão não pode ficar à mercê da variabilidade decisória, para fins de reconhecimento dos direitos e garantias fundamentais encartados na Constituição, já que isso equivaleria a uma negativa peremptória daquilo que lhe fora conferido pelo legislador constituinte.

O Supremo Tribunal Federal[21], inclusive, já estabeleceu correlação explícita entre os precedentes e a segurança jurídica:

> Os precedentes firmados pelo Supremo Tribunal Federal desempenham múltiplas e relevantes funções no sistema jurídico, pois lhes cabe conferir previsibilidade às futuras decisões judiciais nas matérias por eles abrangidas, atribuir estabilidade às relações jurídicas constituídas sob a sua égide e em decorrência deles, gerar certeza quanto à validade dos efeitos decorrentes de atos praticados de acordo com esses mesmos precedentes e preservar, assim, em respeito à ética do Direito, a confiança dos cidadãos nas ações do Estado. – Os postulados da segurança jurídica e da proteção da confiança, enquanto expressões do Estado Democrático de Direito, mostram-se impregnados de elevado conteúdo ético, social e jurídico, projetando-se sobre as relações jurídicas, inclusive as de direito público, sempre que se registre alteração substancial de diretrizes hermenêuticas, impondo-se à observância de qualquer dos Poderes do Estado e, desse modo, permitindo preservar situações já consolidadas no passado e anteriores aos marcos temporais definidos pelo próprio Tribunal.

O valor segurança é indissociável do Estado Democrático de Direito, consoante assentado alhures, de tal sorte que os cidadãos devem estar cientes das conseqüências advindas de suas condutas, a fim de que possam pautar seus comportamentos, bem como é imperioso que conheçam a forma como o direito será aplicado, para que possam requestar a sua regular efetivação[22]. Nesta quadra, a instabilidade alusiva à atuação do Poder Judiciário resta por esvaziar, muitas vezes, o conteúdo do rol de direitos fundamentais titularizados pelos cidadãos. O professor

---

20 BARBOZA, Estefânia Maria de Queiroz **Precedentes judiciais e segurança jurídica**: fundamentos e possibilidades para a jurisdição constitucional brasileira. São Paulo: Saraiva, 2014. p. 233-246.

21 BRASIL. Supremo Tribunal Federal. **Acórdão no Mandado de Segurança n. 26.603/DF**. Relator: Ministro Celso de Mello. DJ, 19 dez. 2008. Disponível em: http://www.stf.jus.br/portal/processo/verProcessoAndamento.asp?numero=26603&classe=MS&codigoClasse=0&origem=JUR&recurso=0&tipoJulgamento=M. Acesso em: 30 jan. 2016.

22 JÚNIOR, Jaldemiro Rodrigues de Ataíde. **Precedentes vinculantes e irretroatividade do direito no sistema processual brasileiro**: os precedentes dos tribunais superiores e sua eficácia temporal. Curitiba: Juruá, 2012. p. 110.

Humberto Ávila[23] demonstra essa preocupação ao tratar das decisões consideradas não vinculantes e a expectativa legítima do cidadão:

> Pode haver casos em que, embora não se trate de uma decisão com eficácia geral, ainda assim ela se revista de algumas particularidades que a tornam merecedora de confiança por parte dos destinatários, como a pretensão de correção, a sua inserção em cadeia de decisões no mesmo sentido, a sua finalidade orientadora - e assim sucessivamente. Apesar de não-vinculante, ela pode produzir efeitos relativamente àqueles que com base nela exerceram atos de disposição dos direitos fundamentais de liberdade e de propriedade.

Nessa passagem, Ávila demonstra a relevância dos precedentes vinculantes ou *binding precedents,* para o efetivo cumprimento da segurança jurídica, reforçando, destarte, a tese de que estes são pressupostos necessários à concretização dos direitos e garantias fundamentais. Desse modo, a inserção, no processo, da técnica da observância cogente dos precedentes tem favorecido a confiança dos jurisdicionados, no labor dos juízes e tribunais.

Evitam-se, desse modo, situações de variabilidade decisória, como a que se verificou na discussão acerca da possibilidade de a multa cominatória suplantar, eventualmente, o valor da obrigação principal. Nos idos de 2009, o Superior Tribunal de Justiça oscilava sua orientação quanto à matéria, de tal sorte que alguns jurisdicionados eram beneficiados com a diminuição das *astreintes*, na hipótese de seu montante alcançar patamar superior à obrigação principal, a exemplo do que ocorreu no acórdão proferido no Recurso Especial Nº 998.481/RJ, e sobre outros pesava o ônus de ter que arcar com uma multa cominatória em patamares elevados, tal como ocorrera no julgamento do Agravo Regimental no Recurso Especial nº 1084302/AL

Outro exemplo que demonstra a dispersão jurisprudencial é o que versa sobre a legalidade da cobrança de taxas de manutenção criadas por associação de moradores, tendo em conta que, antes da decisão proferida no Recurso Especial Repetitivo Nº 1.439.163/SP, os Tribunais divergiam quanto à possibilidade dessas pessoas jurídicas requererem o adimplemento da contribuição dos não associados e daqueles que não haviam anuído com a sua imposição. Somente após o pronunciamento do Superior Tribunal de Justiça, em decisão revestida de caráter vinculante, segundo o Código de Processo Civil em vigor, é que foi possível evitar que, ao mesmo tempo, algumas associações fossem legitimadas à

23 ÁVILA, Humberto. **Segurança jurídica**: entre permanência, mudança e realização no direito tributário. 2ª ed. São Paulo: Malheiros, 2012. p. 324.

cobrança e outras não, evitando-se, assim, um tratamento díspare com questões símiles.

Seria possível citar vários casos nos quais se verifica conflito de entendimentos, no âmbito dos Tribunais, mas, para arrematar a questão, menciona-se discussão acerca do prazo prescricional para efetivação da cobrança das taxas condominiais. Alguns Tribunais, a exemplo do Tribunal de Justiça do Distrito Federal e Territórios[24], entendiam que era decenal o prazo de prescrição das taxas condominiais, pois se aplicaria o prazo geral do Código Civil (art. 205), em virtude da ausência de previsão expressa.

O Superior Tribunal de Justiça[25], no entanto, compreendia que o prazo era qüinqüenal, uma vez que as taxas condominiais configurariam dívidas constantes em instrumentos escritos e com plena liquidez, aplicando-se o art. 206, §5º, I, do Código Civil.

A matéria somente restou decidida, por ducto de precedente obrigatório, em 01/02/2017, com a publicação do acórdão do Recurso Especial repetitivo nº 1553065 / PR (paradigma).

Ainda no que pertine a correlação entre precedentes vinculantes e efetividade dos direitos e garantias fundamentais, insta salientar que aqueles são fatores de promoção da eficiência do Poder Judiciário, uma vez que impedem a prática de atos processuais desnecessários, evitando-se, assim, o dispêndio de recursos e a movimentação odiosa da máquina administrativa[26].

Na prática forense atual, ainda se vislumbram situações em que o juízo de piso se manifesta em sentido contrário ao que vaticinou, por exemplo, o Superior Tribunal de Justiça, em sede de decisão não vinculante, de tal sorte que há interposição de recursos, com vistas a levar a matéria à apreciação da Corte cidadã, a fim de que prevaleça o já pacificado entendimento do STJ. Sem dúvida, todo o trâmite processual ocorrido após a prolação da sentença poderia ser evitado caso a questão

24 BRASIL. Tribunal de Justiça do Distrito Federal e Territórios. **Acórdão proferido na apelação n. 20140110329993**. Relator: Desembargador Cruz Macedo. DJE, 16 mar, 2016. Disponível em: http://pesquisajuris.tjdft.jus.br/IndexadorAcordaos-web/sistj. Acesso em: 27 mar. 2016.

25 BRASIL. Superior Tribunal de Justiça. **Acórdão proferido no Agravo Regimental no Recurso Especial 1553065/PR**. Relator: Ministro João Otávio de Noronha. Desembargador Cruz Macedo. DJE, 10 dez, 2015. Disponível em: https://ww2.stj.jus.br/processo/pesquisa/?src=1.1.3&aplicacao=processos.ea&tipoPesquisa=tipoPesquisaGenerica&num_registro=201502194402. Acesso em: 27 mar. 2016.

26 CAHALI, Claudia Elisabete Schwerz. A excessiva instabilidade da jurisprudência como causa da ineficiência da jurisdição. MENDES, Aluísio de Castro et.al (orgs.). **Direito Jurisprudencial**. São Paulo: Revista dos Tribunais, v. 2, 2014. p. 231-246.

tivesse sido decidida com fundamento na tese capitaneada pela Corte de vértice, promovendo-se, dessa forma, uma maior racionalidade decisória e uma solução mais expedita à demanda levada ao crivo dos órgãos jurisdicionais[27].

A eficiência oriunda da atuação do Poder Judiciário, com a aplicação dos precedentes judiciais, confere às partes uma solução que atende os interesses gerais debatidos em juízo, de tal sorte que é reforçado o direito fundamental de acesso à justiça, em sua ampla acepção.

Noutra quadra, aplicando-se os precedentes judiciais vinculantes, presta-se obséquio ao direito fundamental a uma tutela jurisdicional efetiva, a qual está vocacionada a se aproximar, ao máximo, daquilo que a parte teria obtido, na hipótese de ter havido, por exemplo, o cumprimento voluntário do direito em discussão[28].

Isso ocorre porque, uma vez pacificada a questão de direito levada ao crivo do Poder Judiciário, cabe ao juízo atribuir ao caso em análise a solução anteriormente posta, desde que haja adequabilidade fática, resultando em um pronunciamento em consonância com a integridade do ordenamento jurídico e plenamente compatível com as necessidades do direito material. Acaso desprezada uma decisão oriunda de uma Corte uniformizadora, ter-se-ia a possibilidade de construir uma resposta para o caso que deixasse de realizar, por completo, a pretensão da parte e, consequentemente, certo direito fundamental.

Ao contribuir para a efetividade da tutela jurisdicional, estarão os precedentes vinculantes influenciando para que direitos e garantias fundamentais sejam concretizados em todos os seus relevantes aspectos, pois se a atividade do Poder Judiciário se distancia daquilo que exige o direito material, o processo não atingirá a sua finalidade precípua, qual seja a de dar guarida ao conteúdo das normas jurídicas fundamentais.

Há quem correlacione[29], ainda, o sistema de precedentes judiciais, mormente em seu caráter vinculante, ao protoprincípio da dignidade da pessoa humana, que se constitui como fundamento da República Federativa do Brasil, nos moldes do art. 1º, III, da carta de outubro. A referida norma principiológica tem por pressuposto a necessidade de

---

27 MARINONI, Luis Guilherme. **Precedentes obrigatórios**. 2º ed. São Paulo: Revista dos Tribunais, 2011. p. 190.
MACÊDO, Lucas Buril. **Precedentes judiciais e o direito processual civil**. Salvador: Juspodivm, 2015. p. 169-170.

28 MARINONI, Luiz Guilherme. **Técnica processual e tutela dos direitos**. 3ª Edição. São Paulo: Revista dos Tribunais, 2010. p. 143.

29 KREBS, Hélio Ricardo Diniz. **Sistemas de precedentes e direitos fundamentais**. São Paulo: Revista dos Tribunais, 2015. p. 265.

o Estado Democrático de Direito conferir ao indivíduo os meios e condições imprescindíveis à sua plena realização, de tal sorte que não lhe pode ser subtraído nem negado nenhum substrato essencial. Sobre a matéria, pronuncia-se Luís Roberto Barroso: "A dignidade humana, como atualmente compreendida, se assenta sobre o pressuposto de que cada ser humano possui um valor intrínseco e desfruta de uma posição especial no universo."[30]

Marcos Ehrhardt Júnior[31] evidencia que a dignidade da pessoa humana serve de esteio a todos os direitos fundamentais, bem como é fundamento que legitima e confere expressão maior à ordem constitucional posta.

Nestes termos, tomando-se em conta que a consolidação de um sistema de precedentes vinculantes está em compasso com a realização de valores como igualdade, segurança, efetividade, dentre outros, os quais estão dirigidos à defesa das prerrogativas do indivíduo, na busca da realização de suas necessidades, vislumbra-se, também, certo liame com a dignidade da pessoa humana, a qual orienta a aplicação das demais normas do ordenamento jurídico.

Essa aproximação, no entanto, não é tão direta e imediata. O vínculo entre a dignidade da pessoa humana e o sistema de precedentes vinculantes se estabelece, na medida em que, com o uso de decisões obrigatórias, concretizam-se preceitos como isonomia, segurança jurídica, efetividade, razoável duração do processo, dentre outros, os quais são caros à efetivação de direitos que podem servir à plena realização do indivíduo, na via processual. Afinal de contas, como afirma Daniel Mitidiero[32]: "A dignidade da pessoa humana impõe a necessidade de considerarmos a tutela dos direitos como fim do processo." Nestes termos, inexiste uma correlação implacável entre precedentes vinculantes e a dignidade da pessoa humana, mas sim uma influência tangencial e reflexa.

Esmiuçados esses argumentos, percebe-se a clara relação entre o sistema de precedentes vinculantes e a efetividade de direitos e garantias fundamentais, demonstrando, assim a relevância desse instituto, para os desígnios do Estado neoconstitucional.

---

30 BARROSO, Luís Roberto. **A dignidade da pessoa humana no direito constitucional contemporâneo**: a construção de um conceito jurídico à luz da jurisprudência mundial. Traduzido por Humberto Laport de Mello. 3ª reimpressão. Belo Horizonte: Fórum, 2014. p. 14.

31 Ehrhard JR, Marcos. **Apontamentos sobre a eficácia dos direitos fundamentais nas relações de direito privado**. Revista do mestrado em direito/Universidade Federal de Alagoas. Maceió: v. 2, n. 2, p. 269-294, jan-jun, 2006.

32 MITIDIERO, Daniel. A tutela dos direitos como fim do processo civil no estado constitucional. In: MENDES, Aluísio de Castro et.al (orgs.). **Direito Jurisprudencial**. São Paulo: Revista dos Tribunais, v. 2, 2014. p. 247-272.

5.2. Precedente vinculante e efetivação da razoável duração do processo: premissa inafastável?

A literatura nacional não se deteve, especificamente, acerca da problemática ora apresentada, de tal sorte que os autores[33] se restringem a afirmar que, em face da consolidação do *stare decisis*, ter-se-ia uma prestação jurisdicional mais célere e consentânea com a garantia de legítima interveniência das partes no processo. A base desse raciocínio imediato está centrada na ideia de que, ao aplicar o precedente judicial obrigatório, haveria uma redução do tempo de duração do litígio, haja vista que o juiz ou tribunal não mais necessitaria se debruçar, em profundidade, sobre a questão jurídica posta, tendo em conta que é dever da Corte responsável pela uniformização da matéria fixar as balizas imperiosas à compreensão do tema. Assim, nessa linha de raciocínio, seria proporcionada às partes, em tese, sempre uma resposta adequada e tempestiva.

Doutro giro, pode-se afirmar que, ao impor uma relação implicacional direta entre precedentes vinculantes e razoável duração do processo, toma-se por pressuposto que o juiz responsável pela aplicação do precedente judicial está adaptado ao instituto e, facilmente, trabalhará com analogias e contra-analogias, a fim de entender cabível ou não a solução adotada pelo órgão jurisdicional que exarou a decisão-quadro pretérita.

Talvez ainda imbuídos pelo espírito da escola exegética, a qual pressupunha que a aplicação da lei dependia apenas de um juízo lógico-subsuntivo, pensem esses doutrinadores que a utilização dos precedentes obrigatórios é realizada apenas através de mera e simplória subsunção, de tal modo que a atuação do magistrado do caso futuro é resumida a um raciocínio deveras perfunctório. Portanto, subtrar-se-ia qualquer labor interpretativo mais apurado, resultando em desprestígio do aplicador do direito.

Afinal de contas, ao fazer incidir um precedente judicial, o juízo estará aplicando enunciados normativos, dos quais ele precisará extrair a norma jurídica universalizável, comumente denominada de *ratio decidendi* ou *holding*. Nesse diapasão, posiciona-se Amilcar Araújo Carneiro

---

33 Nesse sentido, podem ser apontados os seguintes autores: MARINONI, Luiz Guilherme. **Precedentes Obrigatórios**. 2ª ed. São Paulo: Revista dos Tribunais, 2011. p. 186-187; MACÊDO, Lucas Buril. **Precedentes judiciais e o direito processual civil**. Salvador: Juspodivm, 2015. p. 163; SOUZA, Marcelo Alves Dias de. **Do precedente judicial à súmula vinculante**. Curitiba: Juruá, 2013, p. 302-303; ATAÍDE JÚNIOR, Jaldemiro Rodrigues de. **Precedentes vinculantes e irretroatividade do direito no sistema processual brasileiro**: os precedentes dos tribunais superiores e sua eficácia temporal. Curitiba: Juruá, 2012. p. 112; KREBS, Hélio Ricardo Diniz. **Sistemas de precedentes e direitos fundamentais**. São Paulo: Revista dos Tribunais, 2015, p. 270; Tucci, José Rogério Cruz e. **Precedente judicial como fonte do direito**. São Paulo: Revista dos Tribunais, 2004. p. 279-283.

Júnior[34] sobre os empecilhos da doutrina de precedentes: "Diz-se que a complexidade da doutrina dos precedentes faz com que não seja fácil distinguir numa decisão o que seja a *ratio decidendi*, pois não há uma distinção precisa entre os *obiter dictum* e a *ratio decidendi* de um caso."

A tentativa de se utilizar o precedente judicial como se o texto do seu enunciado fosse bastante em si, como se se cuidasse de enunciado geral e abstrato, a ser aplicado através de deduções e subsunções, por óbvio, não se coaduna com a teoria do *stare decisis*, que impõe a análise pormenorizada dos casos tidos por similares – até para a correta demonstração dessa similitude -, além da situação pessoal e histórica de cada caso, ou seja, faz-se necessária a reconstrução da história do precedente, levando-se em consideração as peculiaridades do caso concreto, o que nem de longe se assemelha a como vem sendo utilizados, no Brasil, os precedentes obrigatórios[35]. Reforçando a argumentação tecida, adequadas são as ponderações de Lênio Streck e Georges Abboud: "Portanto, lá como cá, inexiste aplicação mecânica ou subsuntiva na solução dos casos mediante a utilização do precedente judicial."[36]

O processo argumentativo, portanto, imbuído de um discurso racional que abranja uma justificação interna e externa, é medida imperiosa para que se possa trabalhar com a construção e aplicação dos precedentes judiciais. Exatamente por isso é que o Código de Processo Civil de 2015 exige que os pronunciamentos judiciais sejam analiticamente construídos, com o debate aprofundado das questões postas, a fim de que se possa afastar as percepções simplistas da análise dos casos, as quais geralmente se traduzem em pronunciamentos que se resumem a transcrever textos legais ou ementas de julgados pretéritos. Assim, devem os órgãos jurisdicionais buscar interpretações racionais, ou seja, aquelas que são justificadas e cujos resultados são coerentes e universalizáveis, tal como propõe Daniel Mitidiero[37].

Ademais, forceja considerar que entender, sem ressalvas, que os precedentes obrigatórios são catalisadores do trâmite processual, im-

34 JÚNIOR, Amílcar Araújo Carneiro. Parâmetro do *common law* para a elaboração de um novo sistema: necessidade de uma atitude de vanguarda. MENDES, Aluísio de Castro et.al (orgs.). **Direito Jurisprudencial**. São Paulo: Revista dos Tribunais, v. 2, 2014. p. 108.

35 ZANETI JR, Hermes. **O valor vinculante dos precedentes**. Salvador: Juspodivm, 2015. p. 192.

36 ABBOUD, Georges; STRECK, Lênio. O NCPC e os precedentes – Afinal, do que estamos falando? DIDIER JR, Fredie. **Precedentes**. Salvador: Juspodivm, 2015. p. 178.

37 MITIDIERO, Daniel. **Precedentes**: Da persuasão à vinculação. São Paulo: Revista dos Tribunais, 2016. p. 68.

plica em desconsiderar todo o apuro técnico necessário à formação de uma decisão judicial a que se atribui o qualificativo de precedente. Deve-se considerar que a elaboração de um precedente judicial demanda a análise de todos os possíveis meandros a envolver aquela solução que será dada ao caso em apreço, sem que se desconsiderem argumentos relevantes, os quais podem influenciar na questão jurídica debatida[38].

Outrossim, para a formação do precedente vinculante, exige-se uma ampla e efetiva participação das partes, com o fito de que estas possam contribuir no debate argumentativo, defluindo em um resultado democrático e exauriente, pois há uma pretensão de esgotamento de todos os possíveis enfoques da demanda proposta. Saliente-se, porquanto oportuno, que há abertura suficiente à interferência de outros sujeitos, tal como ocorre com o *amicus curiae,* o qual contribui com a colheita de informações imprescindíveis ao deslinde da causa. Essa, inclusive, é a perspectiva a envolver o Código de Processo Civil brasileiro, quando consigna, por exemplo, a necessidade de vasta participação dos indivíduos, na alteração de precedente judicial, consoante se vislumbra da redação insculpida no §º2, do art. 927[39]: "A alteração de tese jurídica adotada em enunciado de súmula ou em julgamento de casos repetitivos poderá ser precedida de audiências públicas e da participação de pessoas, órgãos ou entidades que possam contribuir para a rediscussão da tese."

O regramento do incidente de resolução de demandas repetitivas, no CPC/15 (art. 984, §2º), por sua vez, também demonstra a necessidade de um amplo debate, exigindo-se, inclusive, que todos os argumentos, favoráveis ou contrários à tese jurídica discutida, sejam apreciados, quando da prolação do acórdão.

Nessa mesma linha de pensamento, encontra-se o enunciado Nº 305, do Fórum Permanente de Processualistas Civis: "No julgamento de casos repetitivos, o tribunal deverá enfrentar todos os argumentos contrários e favoráveis à tese jurídica discutida, inclusive os suscitados pelos interessados."

Tudo isso deixa claro que o desenho da arquitetura do precedente judicial exige maior burilamento técnico dos órgãos jurisdicionais, evitando-se, assim, pronunciamentos judiciais de caráter superficial e alheios, muitas vezes, aos pontos nevrálgicos do desenrolar do entrave

---

38 TARUFFO, Michele. **Dimensiones del precedente judicial**. Paginas sobre justicia civil. Madrid: Marcial Pons, 2009, n.33.

39 BRASIL. Lei nº 13.105, de 16 de março de 2015. Código de Processo Civil. **Diário Oficial da República Federativa do Brasil**, Poder Executivo, Brasília, DF, 2015. Disponível em: http://www.planalto.gov.br/ccivil_03/_ato2015-2018/2015/lei/l13105.htm. Acesso em: 30 set. 2015.

jurídico proposto nos autos. Nesse passo, a fundamentação alinhavada pelos julgadores deve se inclinar à análise de todos os pontos suficientes a infirmar a conclusão adotada, nos moldes do que também se vislumbra no art. 489, §1º, IV, da Lei 13.105/15.

Com efeito, vê-se que, em um sistema sólido de precedentes judiciais vinculantes, não se admitem, como se disse, decisões que se resumem a citar artigo de lei ou eventual ementa/acórdão pretérito, descuidando das inúmeras facetas a envolver o caso concreto, pois delas poderá ser extraída uma regra geral e universalizável, com caráter potencialmente prospectivo e, portanto, hábil a se transformar em um precedente judicial. Imperioso trazer a lume, nesse ponto, consideração de Lorena Miranda Santos Barreiros[40], a qual alerta os juízes e tribunais sobre a necessidade de maior perspicácia na elaboração de suas decisões:

> O juiz, ao decidir, deve estar preocupado não apenas em esclarecer às partes sobre as razões pelas quais proferiu esta ou aquela norma individualizada para o caso concreto; antes, haverá de ter em mente que a sua decisão possui uma inegável função extraprocessual, já que pode servir como precedente para julgamento de casos futuros cuja base fática seja semelhante àquela em que proferido o julgado.

Diante desse quadro, perceber-se-á que a confecção de decisões judiciais, com esse grau de apuramento jurídico, demandará, em certas ocasiões, um lapso temporal mais dilatado, contrariando a perspectiva de que, somente em função de se trabalhar com precedentes obrigatórios, ter-se-ão posicionamentos mais expeditos dos órgãos jurisdicionais. A perspectiva fordista de produção das decisões judiciais deve ser mitigada, nos países que buscam consolidar um sistema de precedentes vinculantes, haja vista que se corre o risco, tal como já vaticinou Rupert Cross[41], de se vislumbrar inúmeros defeitos nas técnicas judiciais, olvidando-se a necessidade de perfilhamento adequado dos fundamentos suficientes à tomada de decisão.

Não se pode deixar de lado, dada a sua relevância, conforme já ressaltado no presente trabalho, que a utilização dos precedentes vinculantes pressupõe uma estrutura organizada e de fácil acesso ao repertório de decisões com cunho paradigmático, as quais poderão ser utilizadas

40 BARREIROS, Lorena Miranda Santos. Estruturação de um sistema de precedentes no Brasil e concretização da igualdade: desafios no contexto de uma sociedade multicultural. DIDIER JR, Fredie (coord.). **Precedentes**. Salvador: Juspodivm, 2015. p. 195.

41 CROSS, Rupert; HARRIS, J.W. **El precedente en el derecho inglés**. Traducción de Mª Angélica Pulido. Madrid: Marcial Pons, 2012. p. 119.

em um caso futuro[42]. A ausência de compilação dos pronunciamentos judiciais e sua escorreita sistematização, tal como os *Law Reports* ingleses, restaria por dificultar a incidência dos precedentes obrigatórios, de tal sorte que o transcurso processual seria dilatado, malferindo o princípio da razoável duração do processo. Nestes termos, a fim de que se possa afirmar que os precedentes vinculantes facilitam, de alguma maneira, o trâmite processual, deve-se ter em conta a perfeita disposição dos instrumentos necessários ao funcionamento da engrenagem do *stare decisis,* sob pena de ir de encontro aos valores constitucionais do processo.

Malgrado o exposto, é preciso repensar, em que termos, a utilização de um sistema de precedentes obrigatórios pode colaborar para que se efetive a razoabilidade temporal das demandas, haja vista que, a depender de alguns fatores, é possível que, ao invés de se respeitar esse direito fundamental do processo, tenha-se nítida violação aos seus termos e conteúdo intrínseco.

A mera expansão de um sistema de precedentes vinculantes, nos moldes do que é possível verificar na Inglaterra, nos Estados Unidos e nos demais países da *Commonwealth,* não é suficiente para provocar uma otimização da atividade jurisdicional, com reflexo direto no princípio da razoável duração do processo, se não for acompanhada de uma mudança de cultura jurídica e de aplicação do direito.

Muitas vezes, como já pontuado em linhas pretéritas, pensa-se que uma simples alteração legislativa é suficiente para provocar uma transmudação comportamental que já perdura há anos. No caso do Brasil, a reformulação de paradigma quanto à utilização dos precedentes judiciais obrigatórios, foi alvo de paulatina inserção, na medida em que alguns diplomas normativos foram responsáveis por consolidar institutos parelhos com a já disseminada teoria do *stare decisis.* Nestes termos, instrumentos processuais como a súmula vinculante, a técnica dos recursos repetitivos, a repercussão geral no recurso extraordinário, dentre outros, deram azo a um novo panorama decisional, com vistas a implementar um maior respeito aos pronunciamentos consolidados das cortes de vértice.

Com isso, buscou-se conferir maior uniformidade aos entendimentos do Poder Judiciário, de modo a alijar a cambiante jurisprudência, cujos influxos geram resultados deletérios às partes, na medida em que atinge frontalmente a isonomia, a segurança jurídica e a efetividade da tutela jurisdicional. De acordo com Marco Antônio da Costa Sabino[43]:

---

42 SOUZA, Marcelo Alves Dias de. **Do precedente judicial à súmula vinculante**. Curitiba: Juruá, 2013. p. 103-122.

43 SABINO, Marco Antônio da Costa. O precedente vinculante e sua força no Brasil. **Revista Dialética de Direito Processual**. São Paulo: n. 85, abril de 2010. p. 66.

"No sistema brasileiro, é plenamente possível – e, aliás, ordinário, até – que duas pessoas em situação idêntica tenham soluções diametralmente opostas para seus casos."

A despeito disso, os juízes e tribunais demonstraram que ainda não estão adaptados aos elementos que permeiam o trabalho com precedentes vinculantes, pois, na tradição jurídica brasileira, em maior parte, as decisões pretéritas apenas serviam como reforço argumentativo, revelando, destarte, o seu caráter persuasivo. Assim, aos juízos de piso, com a ressalva de alguns posicionamentos dos tribunais superiores, era conferida a possibilidade de divergir da solução jurídica outrora posta, esfacelando, por conseguinte, a integridade que os precedentes buscam dar à atuação dos órgãos jurisdicionais. Acerca da divergência de entendimentos entre os diversos juízos e tribunais e a contrariedade à boa prestação judicial, leciona Rodolfo de Camargo Mancuso[44]:

> A atuação do Estado-juiz num processo se justifica e se legitima enquanto poder-dever de solucionar uma controvérsia, eliminando a incerteza (conhecimento), outorgando segurança (cautelar) ou satisfazendo o credor (execução), donde se seguir que uma resposta judiciária incapaz de atender, tempestiva e satisfatoriamente, aqueles objetivos perde sua razão de ser, além de concorrer para exacerbar as divergências interpretativas. Tal deficiência leva ao paroxismo e à perplexidade, por ser inconcebível que uma função estatal de que se espera uma contribuição efetiva para a estabilidade social e a segurança jurídica acabe funcionando em sentido contrário, deixando lides em aberto, acarretando injustiças, desagregando o tecido social e assoreando o serviço judiciário.

Com efeito, a introdução da técnica de precedentes vinculantes, por si, não resolve o problema da dispersão decisória, uma vez que é preciso que a sua aplicação seja apurada, de tal modo que o Poder Judiciário e os demais operadores do direito saibam com ela trabalhar.

Nessa quadra, a título de compreensão, faz-se mister tecer algumas considerações sobre a técnica de julgamento repetitivo, nos recursos extraordinários e especiais, a qual se encontrava prevista nos artigos 543-B e 543-C, do Código de Processo Civil de 1973, e, atualmente, está encartada nos artigos 1.036 a 1.041, do Código de Processo Civil ora em vigor.

A princípio, deve-se abrir um parêntesis para deixar claro que a decisão proferida com o uso desse tipo de técnica não constituía, sob a égide do Código de Processo Civil de 1973, necessariamente, um pre-

44 MANCUSO, Rodolfo de Camargo. **Divergência jurisprudencial e súmula vinculante**. 2ª ed. São Paulo: Revista dos Tribunais, 2001. p. 156-157.

cedente vinculante[45], tendo em conta que os tribunais de origem poderiam, com fundamento na própria legislação processual, alijar-se do entendimento propugnado pelo STF ou STJ.

Malgrado o exposto, constituíam os recursos repetitivos relevantes parâmetros decisórios, para que se pudesse compreender a forma de se trabalhar com os precedentes judiciais[46]. Inadequações na aplicabilidade dos recursos repetitivos causavam dilações indevidas, mormente quando não consideradas todas as nuances a envolver a questão jurídica levada ao crivo do Poder Judiciário.

O modelo de julgamento em discussão foi instituído com o escopo de conferir maior efetividade aos princípios da razoável duração do processo e da economicidade, haja vista que racionaliza a análise das demandas de massa, as quais, diuturnamente, abarrotam as prateleiras do judiciário. Por via desse procedimento, são escolhidos alguns recursos representativos da controvérsia, a fim de que seja fixada tese uniforme da questão jurídica controvertida, resolvendo-se milhares de processos que cuidam de idêntica matéria, os quais ficam sobrestados na origem até a ulterior deliberação[47]. Assim, é necessário que sejam identificados, de maneira adequada, quais os eventuais recursos que cuidam do mesmo tema, para que possam ficar sustados, sob pena de obstar o prosseguimento de demandas que não possuem qualquer relação com a matéria que se está a discutir.

Ocorre que, na prática forense, talvez em razão da ausência de afinidade com institutos dessa natureza, tem-se verificado, em diversos tribunais distribuídos pelo país (Tribunal de Justiça de Pernambuco, Tribunal de Justiça do Rio Grande do Sul, Tribunal de Justiça da Paraíba, Tribunal Regional Federal da 5ª Região, dentre outros, segundo pesquisa encomendada pelo Conselho Nacional de Justiça[48]), a suspensão de recursos que cuidam de questão de direito completamente diversa, pois não são consideradas as nuances do caso concreto. A identificação da

45 BUSTAMANTE, Thomas da Rosa de (coord) et al. **A força normativa do direito judicial**: uma análise da aplicação prática do precedente no direito brasileiro e dos seus desafios para a legitimação da autoridade do Poder Judiciário. Brasília: Conselho Nacional de Justiça, 2015.p. 118.

46 MANCUSO, Rodolfo de Camargo. **Sistema brasileiro de precedentes**: natureza-eficácia-operacionalidade. São Paulo: Revista dos Tribunais, 2014. p. 532.

47 ASSIS, Araken de. **Manual dos recursos**. 5ª ed. São Paulo: Revista dos Tribunais, 2013. p. 864.

48 BUSTAMANTE, Thomas da Rosa de (coord) et al. **A força normativa do direito judicial**: uma análise da aplicação prática do precedente no direito brasileiro e dos seus desafios para a legitimação da autoridade do Poder Judiciário. Brasília: Conselho Nacional de Justiça, 2015.p. 106.

similaridade, por vezes, exige um detida apreciação daquilo que se irá decidir, com vistas a proceder um cotejo analítico suficiente a justificar o entrave do fluxo processual daqueles recursos que não foram escolhidos como paradigmas. A despeito disso, como já pontuado, tem-se imposto a paralisação de uma gama de feitos, sem correspondência direta com o recurso representativo da controvérsia.

Nesse diapasão, o Conselho Nacional de Justiça[49], em 2014, encomendou pesquisa judiciária, para tratar da força normativa do direito judicial, na qual analisou como os juízes e tribunais vem lidando com a consolidação de um sistema de precedentes, mormente aqueles de caráter obrigatório. As conclusões a que chegaram os pesquisadores corroboram com o posicionamento ora defendido, no sentido de que os órgãos judiciários ainda encontram dificuldade na aplicação escorreita das decisões referenciais, de tal sorte que isso, em diversas ocasiões, tem gerado atraso no trâmite do processo e ineficiência deste. Um dos pontos avaliados foi a técnica dos recursos repetitivos, cujas impressões restaram assim transcritas:

> O ato de identificação do caso para fins de sobrestamento/suspensão, como constitui o primeiro efeito da autoridade e vinculatividade das decisões do STJ, é um ato tão importante quanto o rejulgamento do caso com base no entendimento consolidado no paradigma, uma vez que existindo algum equivoco em relação ao sobrestamento o princípio tão almejado da duração razoável do processo resta sobremaneira violado, na medida em que esse ato inviabiliza o andamento e trâmite normal do processo, que fica aguardando o pronunciamento do STJ.
> Assim, a decisão que estabelece a identidade entre o caso concreto e o Recurso Paradigma se torna o primeiro aspecto crucial para o sucesso da aplicabilidade da técnica, de modo que o seu proferimento deve ser feito com a devida cautela e de forma suficientemente fundamentada.
> Mas é possível que a decisão de sobrestamento seja feita de maneira equivocada, como verificado em vários processos analisados, principalmente no Tribunal de Justiça do Estado da Paraíba.

Exsurge clarividente, desta feita, que o equívoco na correta apreciação dos recursos, para fins de sobrestamento, e a consequente aplicação de tese diversa da adequada ao caso, poderá implicar em nítida violação à razoável duração do processo e à efetividade da tutela jurisdicional,

49 BUSTAMANTE, Thomas da Rosa de (coord) et al. **A força normativa do direito judicial**: uma análise da aplicação prática do precedente no direito brasileiro e dos seus desafios para a legitimação da autoridade do Poder Judiciário. Brasília: Conselho Nacional de Justiça, 2015. p. 112.

uma vez que a parte será privada da justa solução que se amoldava às peculiaridades do caso concreto. Essa situação representa, sem dúvida alguma, um desserviço do Poder Judiciário, de tal modo que acende um alerta quanto à necessidade de melhor preparo e conscientização dos juízes e tribunais, sobre o uso de técnicas afetas à temática dos precedentes judiciais[50].

Objetivando afastar esse equívoco, de maneira mais proeminente, é que o Código de Processo Civil de 2015 assentou a possibilidade de a parte suscitar o *distinguishing* entre seu caso e o paradigma, com vistas a evitar o sobrestamento, nos moldes do que dispõe o art. 1.037, §9º[51]: "Demonstrando distinção entre a questão a ser decidida no processo e aquela a ser julgada no recurso especial ou extraordinário afetado, a parte poderá requerer o prosseguimento do seu processo." No entanto, ainda que conste, às claras, a prerrogativa da parte de se insurgir contra o sobrestamento indevido, é imperioso que o tribunal saiba lidar com a distinção, para que não mantenha uma suspensão equivocada.

Nestes termos é que a decisão que determina o sobrestamento dos demais processos, quando do julgamento de um Recurso Excepcional Repetitivo, deve ser adequadamente fundamentada, nos moldes do que impõe o art. 489, §1º, do Novo Código de Processo Civil. Cabe ao órgão judicante dispor sobre o substrato material do caso modelo, com vistas a compará-lo com o do feito que se buscar interromper, para que se arremate a efetiva similitude. Manifestações genéricas e que sirvam à resolução de qualquer hipótese, distanciam-se do uso adequado dos precedentes judiciais, pois é inservível a justificar a correlação entre as demandas.

Ainda em relação aos recursos repetitivos, podem-se vislumbrar problemas de outra ordem, os quais defluem em nítida violação à razoabilidade temporal das demandas. Com efeito, o fato de, na vigência do Código de Processo Civil de 1973, o juízo de admissibilidade dos recursos sobrestados ser realizado apenas após o julgamento do recurso representativo da controvérsia, provocava dilação desnecessária do feito, pois, ainda que a aplicação da tese fosse favorável ao recorrente, o recurso não era conhecido, evitando-se, assim, a plena satisfatividade do direito do recorrido. O art. 543, §8º, do antigo Código de Processo Civil assim disciplinava a matéria: "Na hipótese prevista no inciso II do § 7º

50 WOLKART, Erik Navarro. **Precedente judicial no processo civil brasileiro**: mecanismos de objetivação do processo. Salvador: Juspodivm, 2013. p. 143.

51 BRASIL. Lei nº 13.105, de 16 de março de 2015. Código de Processo Civil. **Diário Oficial da República Federativa do Brasil**, Poder Executivo, Brasília, DF, 2015. Disponível em: http://www.planalto.gov.br/ccivil_03/_ato2015-2018/2015/lei/l13105.htm. Acesso em: 01 out. 2015.

deste artigo, mantida a decisão divergente pelo tribunal de origem, far-se-á o exame de admissibilidade do recurso especial."

A postergação do juízo de admissibilidade, desta feita, impossibilitava a conclusão do julgamento, nas hipóteses em que não restavam preenchidos os requisitos necessários para o regular processamento do recurso, transformando o sobrestamento em instrumento violador da razoável duração do processo e da efetividade da tutela jurisdicional. Nesse passo, definida a questão central contida no recurso piloto, o efeito prático de estender a incidência da tese sobre as causas que, eventualmente, discutam a mesma matéria, com vistas a pacificar a aplicação do direito, seria estéril, uma vez que a inadmissibilidade obstaria a incidência regular do precedente.

Concebida a problemática acima, impõe-se a apresentação de uma solução ao caso, a qual obstaculize o sobrestamento de recurso que contenha objeto similar ao que se discute na insurgência representativa da controvérsia, quando inexistente seus pressuspostos de admissibilidade. Atento ao desgaste gerado nessas situações, o Código de Processo Civil de 2015 apresentou resposta ao ponto de inflexão suscitado, na medida em que, no art. 1.036,§2º, permitiu que a parte requeresse a exclusão do sobrestamento, desde que verificada a intempestividade recursal. Evita-se, assim, uma espera inefetiva pelo julgamento de uma tese que não pode reverberar sobre a demanda suspensa. Indiscutível, desse modo, o aperfeiçoamento da técnica processual de julgamento de recursos repetitivos, a fim de se permitir uma adequada aplicação dos precedentes vinculantes, hábil a favorecer a razoável duração do processo.

Acredito, no entanto, que a recente legislação processual poderia ter dado um passo mais contundente, ao determinar a realização do juízo de admissibilidade recursal, em caráter amplo, antes do próprio sobrestamento, sem necessidade de requerimento expresso da parte e não apenas restrito a questões afetas à intempestividade, mas a todos os pressupostos gerais requisitados para o processamento do recurso.

A despeito da ausência de previsão, nesse sentido, no Código de Processo Civil, essa medida pode ser aplicada à luz do que prevê o art. 5º, LXXVIII, da Constituição Federal, ou seja, com fundamento na própria razoável duração do processo. Inclusive, o art. 1º, do CPC impõe a necessidade de leitura dos enunciados normativos processuais, de acordo com os preceitos maiores da Constituição: "O processo civil será ordenado, disciplinado e interpretado conforme os valores e as normas fundamentais estabelecidos na Constituição da República Federativa do Brasil, observando-se as disposições deste Código"[52].

52 BRASIL. Lei nº 13.105, de 16 de março de 2015. Código de Processo Civil. **Diário Oficial da República Federativa do Brasil**, Poder Executivo, Brasília, DF, 2015.

Tal iniciativa, por exemplo, evitaria o sobrestamento de recursos que tratam de questões mistas, ou seja, aquelas que abrangem o tema central da demanda repetitiva, bem como açambarcam matérias que sequer serão discutidas pela Corte de Vértice, no caso de ser inadmissível o recurso interposto.

Afinando-se com o exposto, já se pronunciou o Superior Tribunal de Justiça, nos seguintes processos: Recurso Especial Nº 1.189.922/SC, Questão de Ordem no Recurso Especial Nº 1.061.530/RS e Recurso Especial no Agravo Regimental no Recurso Especial 1.302.307/TO.

Em momento outro do presente livro, registrou-se que para a formação de um precedente judicial obrigatório seria necessário um maior apuro técnico e debates exaurientes das questões centrais que vincularão os órgãos jurisdicionais, quando do julgamento das futuras causas correlatas. Assim, para que restem amadurecidas as razões universalizáveis do precedente judicial, demanda-se mais tempo, principalmente, para admitir a participação daqueles que tem interesse na resolução uniformizadora do direito e respectiva consideração dos argumentos aventados.

Há um pressuposto lógico-argumentativo, na formação do precedente judicial, qual seja a lavratura de um discurso racional, impregnado de elementos que aprofundem o exame dos temas que constituem a espinha dorsal do precedente vinculante[53].

O Código de Processo Civil, portanto, permite uma participação difusa, conforme já mencionado, das partes, de interessados, de associações, inclusive com a realização de audiências públicas, em processos que envolvam a formação de precedentes vinculantes, conforme disposição legal.

Tendo em vista a necessidade de um debate mais intenso e a abordagem de um maior número de argumentos possíveis, é que, em média, o tempo de duração, por exemplo, de um recurso especial afetado à técnica repetitiva é maior do que um recurso que segue o trâmite tradicional, de acordo com o levantamento realizado junto ao sítio do Superior Tribunal de Justiça:

Disponível em: http://www.planalto.gov.br/ccivil_03/_ato2015-2018/2015/lei/l13105.htm. Acesso em: 30 jan.2016.

---

53 MARINONI, Luiz Guilherme. **O STJ enquanto corte de precedentes**. São Paulo: Revista dos Tribunais, 2014. p. 206.

Quadro 1

Recurso Especial sob o rito comum	Tempo de Duração
REsp nº 1555004 / SC (2015/0218945-5)	Autuado em 16/09/2015 – Julgado em 16/02/2016 – Acórdão Publicado em 25/02/2016
REsp nº 1463921 / PR (2014/0148161-4)	Autuado em 07/07/2014 – Julgado em 10/11/2015 – Acórdão Publicado em 15/02/2016
REsp nº 1417598 / CE (2013/0375420-8)	Autuado em 04/11/2013 – Julgado em 17/12/2015 – Acórdão Publicado em 18/02/2016
REsp nº 1565429 / SE (2015/0160111-8)	Autuado em 03/11/2015 – Julgado em 24/11/2015 – Acórdão Publicado em 04/02/2016
REsp nº 1462659 / RS (2014/0151126-5)	Autuado em 01/07/2014 – Julgado em 01/12/2015 – Acórdão Publicado em 04/02/2016
REsp nº 1569547 / RN (2015/0301993-4)	Autuado em 23/11/2015 – Julgado em 15/12/2015 – Acórdão Publicado em 02/02/2016
REsp nº 1415741 / MG (2013/0365254-5)	Autuado em 22/10/2013 – Julgado em 03/12/2015 – Acórdão Publicado em 14/12/2015
REsp nº 1540855 / RS (2015/0155201-5)	Autuado em 02/07/2015 – Julgado em 17/12/2015 – Acórdão Publicado em 18/12/2015
REsp nº 1531288 / RS (2015/0102858-8)	Autuado em 15/05/2015 – Julgado em 24/11/2015 – Acórdão Publicado em 17/12/2015
REsp nº 1400152 / PR (2013/0283524-0)	Autuado em 23/08/2013 – Julgado em 15/12/2015 – Acórdão Publicado em 02/02/2016

Quadro 2

Recurso Repetitivo Representativo da Controvérsia	Tempo de Duração
REsp nº 1383500 / SP (2013/0165764-6)	Autuado em 27/05/2013 – Julgado em 17/02/2016 – Acórdão Publicado em 26/02/2016
REsp nº 1200492 / RS (2010/0116943-3)	Autuado em 10/08/2010 – Julgado em 14/10/2015 – Acórdão Publicado em 22/02/2016
REsp nº 1354908 / SP (2012/0247219-3)	Autuado em 19/11/2012 – Julgado em 09/09/2015 – Acórdão Publicado em 10/02/2016
REsp nº 1391092 / SC (2013/0109503-3)	Autuado em 17/05/2013 – Julgado em 22/04/2015 – Acórdão Publicado em 10/02/2016
REsp nº 1111270 / PR (2009/0015798-8)	Autuado em 27/02/2009 – Julgado em 25/11/2015 – Acórdão Publicado em 16/02/2016
REsp nº 1459779 / MA (2014/0138474-9)	Autuado em 17/06/2014 – Julgado em 22/04/2015 – Acórdão Publicado em 18/11/2015
REsp nº 1355052 / SP (2012/0247239-5)	Autuado em 20/11/2012 – Julgado em 25/02/2015 – Acórdão Publicado em 05/11/2015

REsp nº 1340236 / SP (2012/0176521-0)	Autuado em 23/08/2012 - Julgado em 14/10/2015 - Acórdão Publicado em 26/10/2015
REsp nº 1215550 / PE (2010/0177654-7)	Autuado em 09/11/2010 - Julgado em 23/09/2015 - Acórdão Publicado em 05/10/2015
REsp nº 1401560 / MT (2012/0098530-1)	Autuado em 17/05/2012 - Julgado em 12/02/2014 - Acórdão Publicado em 13/10/2015
REsp nº 1102460 / RJ (2008/0255844-7)	Autuado em 21/11/2008 - Julgado em 17/06/2015 - Acórdão Publicado em 23/09/2015

A análise comparativa dos dados evidencia que o trâmite de julgamento dos recursos submetidos à técnica repetitiva demanda um intervalo de tempo mais estendido, em função do caloroso debate a envolver as questões submetidas ao crivo do Superior Tribunal de Justiça, tendo em conta a sua repercussão em milhares de processos versando sobre a mesma matéria. Desse modo, não é possível afirmar, friamente, que o uso de precedentes vinculantes resulta em garantia de implementação da razoável duração dos feitos, já que, como visto, diversos processos ficam aguardando a solução dirigida à causa piloto, enquanto recursos outros são julgados com maior celeridade.

No julgamento do Recurso Extraordinário Nº 559.937/RS[54], a Ministra Ellen Gracie, em seu voto, destacou a problemática do represamento dos recursos sobrestados, em razão da demora do julgamento do recurso paradigma:

> Importa destacar, ainda, que há milhares de processos sobre a matéria aguardando o julgamento definitivo da questão por este Supremo Tribunal Federal, os quais vêm sendo represados já há mais de dois anos. Daí a urgência para que este Tribunal defina a questão e promova assim o encerramento dessa miríade de controvérsias repetitivas que sobrecarregam o sistema judiciário.

À época do Código de Processo Civil de 1973, não havia prazo específico para o julgamento da tese repetitiva, o que resultava em prolongamento exagerado da duração do processo, tal como se viu no Recurso Especial 1.102.460/RJ, o qual demorou mais de 06 anos para ser concluído. O CPC/15, comprometido com a razoabilidade temporal das demandas, fixou o prazo de um ano, para o término da

54 BRASIL. Supremo Tribunal Federal. **Acórdão no Recurso Extraordinário nº 559.937**. Relatora: Ministra Ellen Gracie. DJE, 16 out. 2013. Disponível em: http://www.stf.jus.br/portal/processo/verProcessoAndamento.asp?numero=559937&classe=RE&codigoClasse=0&origem=JUR&recurso=0&tipoJulgamento=M. Acesso em: 30 jan. 2016.

análise dos recursos repetitivos, e estabeleceu preferência na ordem de julgamento, suprindo lacuna da antiga legislação processual e evitando, por conseguinte, que a apreciação da insurgência se protraia, indefinidamente, no tempo.

Salutar, desse modo, a redação do §4º, do art. 1.037, do CPC/15: "Os recursos afetados deverão ser julgados no prazo de 1 (um) ano e terão preferência sobre os demais feitos, ressalvados os que envolvam réu preso e os pedidos de habeas corpus."

O CPC/15 também previa a possibilidade de se afastar o sobrestamento dos processos, voltando a demanda ao seu natural fluxo, na hipótese de o Tribunal Superior extrapolar o prazo ânuo para julgamento da tese repetitiva, conforme estabelecia o §5º, do art. 1037: Não ocorrendo o julgamento no prazo de 1 (um) ano a contar da publicação da decisão de que trata o inciso I do caput, cessam automaticamente, em todo o território nacional, a afetação e a suspensão dos processos, que retomarão seu curso normal. Indiscutível que essa medida viabilizava a continuidade do feito, em situações de desarrazoada demora no julgamento da demanda.

Ocorre que, antes mesmo de o Novo Código de Processo Civil entrar em vigor, a Lei 13.256/16 tratou de revogar o dispositivo em análise, indo de encontro ao conteúdo normativo da razoável duração do processo, pois, mesmo que ainda mantido o prazo de um ano para julgamento, não se tem garantia do prosseguimento dos processos sobrestados, caso o Tribunal Superior não consiga atender a meta temporal prevista no §4º, do art. 1.037.

Sob essa ótica, extirpada a solução contra atrasos desmedidos, no julgamento dos recursos afetados à técnica repetitiva, ter-se-ão os mesmos problemas já verificados na vigência do CPC/73.

Visto isso, o que se quer demonstrar é que a mera inserção de um sistema de precedentes vinculantes, dentro de um ordenamento jurídico, não resulta, como consectário lógico, em maior efetividade do direito fundamental à razoável duração do processo. Para que isso ocorra, é imprescindível que os órgãos jurisdicionais saibam trabalhar com toda a estrutura que vem a reboque da obrigatoriedade de se seguir decisões jurisdicionais pretéritas. Assim, na hipótese de os juízes desconhecerem, por exemplo, as técnicas de extração da *ratio decidendi* ou *holding*, tornar-se-á estéril a finalidade de aplicação dos precedentes obrigatórios, na medida em que a solução adotada não será consentânea com aquilo que já fora arrematado e demorará mais tempo para ser proferida.

É iniludível que aplicar um precedente judicial não é tão simples quanto, por subsunção, fazer incidir um dispositivo de lei, pois pressupõe, nos termos do que estabelece Dierle Nunes[55], atentar para os seguintes pontos: a) a observancia do dever de integridade, com vistas a possibilitar a análise adequada do caso paradigma, considerando todos os elementos que conduziram à afirmação da tese; b) a vinculação do próprio Tribunal ao que fora decidido (*stare decisis* horizontal), para evitar instabilidade decisória e conseqüente violação à segurança jurídica; c) a aplicação discursiva do precedente, considerando todas as nuances do caso julgado e do caso modelo, colimando evitar, tal como dito, decisões automatizadas e em descompasso com a realidade ínsita à hipótese em julgamento; d) a consciência da distinção entre o que seja *ratio decidendi* e *obter dictum*, para que o precedente não seja aplicado de maneira equívoca, resultando em efeito reverso, ou seja, contrário à isonomia, segurança jurídica e razoável duração do processo e e) a necessidade de um trabalho apurado com as técnicas de superação do precedente, como o *overruling,* e de distinção (*distinguishing*), mormente para evitar, por exemplo, que a diferenciação entre os casos sirva apenas como mera burla à força obrigatória dos precedentes judiciais.

Diante de todas as exigências acima elencadas, para a boa aplicação do precedente judicial vinculante, resta iniludível que deve ser rechaçada a utilização exclusiva de métodos automáticos de observância das decisões-quadro. O juiz da ementa não é o juiz do precedente, haja vista que, ao fazer uso do *binding precedent* o magistrado deve se ater a todas as eventuais circunstâncias a envolver o caso concreto, bem como está obrigado a extrair a *holding* do julgado referencial e, na hipótese de existirem eventuais diferenças entre eles, proceder ao *distinguishing.*

Construir e aplicar precedentes exige, portanto, tomar por relevante os fatos materiais que guiam a elaboração da tese e sua incidência futura. O desalinho na acomodação do precedente ao caso posterior, no Brasil, em parte é decorrência da não consideração do arcabouço fático a envolver a causa, pois, segundo Rupert Cross e J.W. Harris[56]:

> No podemos ocuparnos aqui de reseñar todas las ocasiones em que los jueces se han pronunciado insistiendo en la importância de otorgar la mayor atención posible a los hechos que serviero de fundamento a los precedentes que se invocan ante ellos. En efecto, este requisito se encuentra en la raíz

---

55 NUNES, Dierle. **Processualismo constitucional democrático e o dimensionamento de técnicas para a litigiosidade repetitiva**: a litigância de interesse público e as tendências "não compreendidas" de padronização decisória. Revista de Processo. São Paulo: v. 199, set. 2011, p. 66-69.

56 CROSS, Rupert; HARRIS, J.W. **El precedente en el derecho inglés**. Traducción de Mª Angélica Pulido. Madrid: Marcial Pons, 2012. p. 65.

> misma de la doctrina del precedente, el la medida en que de acuerdo com esta doctrina los casos similares deben ser decididos de manera similar.

Pronunciando-se sobre a relevância dos fatos, na construção do precedente, escreve Marinoni:

> Em suma: na elaboração do precedente é imprescindível situar as esecíficas circunstâncias de fato e na decisão que analisa a sua aplicabilidade é indispensável justificar a compatibilidade ou não entre os fatos do precedente e do caso sob julgamento. O descuido em relação aos fatos que exigiram a definição da questão de direito torna o precedente impreciso, dificultando a análise da sua aplicação, na medida em que se deixa de ter importante parâmetro para se determinar a sua incidência nos casos futuros.

Como exemplo de tal deterpução, pode-se citar o insucesso da aplicabilidade do art. 518, §1º, do antigo Código de Processo Civil, que aventava a possibilidade de o juiz não receber a apelação, quando o recurso estivesse em desconformidade com súmula do Superior Tribunal de Justiça e do Supremo Tribunal Federal.

Percebeu-se que o número de agravos exitosos era significativo[57], a fim de reverter o provimento jurisdicional que impedia o regular processamento do recurso, com base na aplicação dos enunciados sumulares. Tal fato era resultado da deficiência argumentativa da decisão judicial que inadmitia o recurso, principalmente em função de os juízes deixarem de avaliar os precedentes que deram origem às súmulas, olvidando o arcabouço fático das decisões paradigmáticas e do caso analisado, aplicando, assim, o enunciado sumular como ato normativo autônomo. Além disso, os magistrados não se debruçavam, de maneira analítica sobre os argumentos suscitados pelas partes, para possível distinção, conforme resultado extraído da pesquisa do Conselho Nacional de Justiça, citada em ponto outro deste trabalho, acerca da força do direito judicial:

> Observou-se, com os dados obtidos, que a grande maioria dos juízes ignorava os argumentos apresentados pelo apelante, deixando de realizar a diferenciação ou comparação, solicitada pelas partes, entre as súmulas abstratamente consideradas e o caso específico a ser decidido, o que, em prol de maior agilidade processual, traz conseqüências deletérias aos direitos em discussão, uma vez que são ignorados os fundamentos apresentados pelas partes.

57 BUSTAMANTE, Thomas da Rosa de (coord) et al. **A força normativa do direito judicial**: uma análise da aplicação prática do precedente no direito brasileiro e dos seus desafios para a legitimação da autoridade do Poder Judiciário. Brasília: Conselho Nacional de Justiça, 2015. p. 59.

Dessa forma, violava-se, frontalmente, a razoável duração do processo, uma vez que esse direito fundamental não está adstrito apenas à celeridade de tramitação dos feitos, mas também à efetividade e adequabilidade da tutela jurisdicional prestada.

Dificuldade de semelhante jaez poderá ocorrer, quando do julgamento por improcedência liminar, com base no que estabelece o art.332, do Código de Processo Civil de 2015. A legislação processual em vigor prevê a possibilidade de o magistrado julgar improcedente a demanda, antes mesmo da citação do réu, nas hipóteses em que a pretensão deduzida estiver em desconformidade com pronunciamentos vinculantes. O dispositivo em muito se assemelha ao que dispunha o art. 285, do antigo Código de Processo Civil, e pode gerar retardamento no processo, caso o precedente não seja aplicado de maneira adequada.

Incidindo, portanto, o art. 332, do CPC/15, exige-se que as razões decisórias apliquem o precedente sem as vicissitudes do passado, ou seja, o juiz não pode se resumir a citar decisão obrigatória, ignorando as minúncias do caso concreto. O uso inadvertido dos precedentes vinculantes, nesse caso, dilata o tempo de duração do processo, haja vista que será preciso manejar uma apelação, a fim de que seja regularmente processada a demanda.

O Superior Tribunal de Justiça, por exemplo, reiteradamente, sob a justificativa de aplicar precedentes, transcreve ementas nos acórdãos, sem correlação direta com as peculiaridades do caso, nos moldes do que se verifica nos seguintes julgados: Agravo Regimental no Agravo em Recurso Especial Nº 789.117/RJ, Agravo Regimental no Agravo Regimental no Conflito de Competência Nº 81.922/RJ e Embargos de Declaração no Agravo Regimental no Conflito de Competência Nº 137.520/SP.

Desnatura-se, assim, o papel de Corte de Precedentes que é atribuído ao STJ, uma vez que, ao invés de pacificar as questões em debate, gera-se mais insegurança jurídica, dada a dificuldade de se observar a escorreita *ratio decidendi.*

Problemática outra que surge, quando do questionamento acerca da correlação direta entre precedentes vinculantes e razoável duração do processo é a situação alusiva às decisões plurais. Entende-se por decisões plurais aquelas que são convergentes quanto ao resultado do julgamento, mas divergentes no que diz respeito aos fundamentos adotados para o arremate da questão proposta. Acerca do conceito de decisões plurais, aduz Marinoni[58]: "Em outras palavras, uma decisão plural

58 MARINONI, Luiz Guilherme. **Julgamento nas cortes supremas**: precedente e decisão do recurso diante do novo CPC. São Paulo: Revista dos Tribunais, 2015. p. 39.

é majoritária quanto ao resultado, mas incapaz de gerar *ratio decidendi*, na medida em que nenhum dos fundamentos que nela estão contidos são sustentados pela maioria."

Não é incomum, em nosso sistema jurídico, no julgamento de algumas causas, que se chegue a determinado resultado, constante da parte dispositiva do acórdão, mas com a adoção de diversos fundamentos encartados nos votos, a exemplo do ocorrido no julgamento do Recurso Especial Nº 442.778. Hipóteses como essa resultam na impossibilidade de se extrair a razão determinante do julgado, afastando a sua caracterização enquanto precedente vinculante.

No Projeto da Câmara dos Deputados, para a elaboração do Código de Processo Civil atualmente em vigor, existia previsão expressa, no art. 521, §3º, sobre a necessidade de a Corte deliberar sobre os fundamentos determinantes do pronunciamento judicial, a fim de se alcançar a maioria, para que fosse possível atribuir efeito vinculante ao julgado: "Os efeitos previstos nos incisos do *caput* deste artigo decorre dos fundamentos determinantes adotados pela maioria dos membros do colegiado, cujo entendimento tenha ou não sido sumulado." O enunciado normativo se apresentava como solução ao problema das decisões plurais, de modo a evitar a formação de manifestações que em nada serviriam para servir de parâmetro obrigatório às decisões futuras, promovento a razoável duração do processo.

A Lei 13.105/15, ao contrário do que estabelecia o Projeto Legislativo da Câmara dos Deputados, não reproduziu dispositivo semelhante, dando azo à possibilidade da prolação de acórdãos com fundamentos distintos, para a resolução de determinada causa. Dessa forma, algumas das decisões encartadas no art. 927, do Código de Processo Civil, poderão deixar de ter o efeito vinculante consignado no diploma legislativo, pois não será possível conhecer a *ratio decidendi* do julgado, já que não se pode atribuir valor de precedente tão só ao resultado da demanda.

Sob essa perspectiva, fica claro que uma formação equivocada do precedente judicial, poderá defluir em entraves judiciais que postergarão a julgamento de inúmeros feitos. Nesse sentido, leciona Marinoni[59]: "De acordo com a teoria clássica do precedente, a falta de uma *ratio* claramente adotada pela maioria em suporte do resultado retira do julgamento ou da decisão qualquer valor de precedente."

59 MARINONI, Luiz Guilherme. **Julgamento nas cortes supremas**: precedente e decisão do recurso diante do novo CPC. São Paulo: Revista dos Tribunais, 2015. p. 147.

Por todo o exposto, conclui-se que, apesar da subtração do dispositivo que previa a necessidade de votação dos fundamentos determinantes, permanece necessária a adoção desse tipo de procedimento, sob pena de se obstar a formação de um precedente vinculante, o qual serviria de fundamento à promoção da razoável duração do processo, da isonomia e da segurança jurídica.

A complexidade a recobrir a sistemática dos precedentes judiciais obrigatórios clama por adaptação dos operadores do direito, de tal sorte que, em permanecendo a dificuldade de tratativa com as questões postas, ter-se-á um processo moroso e contrário aos mais basilares valores processuais constitucionais.

Assim, a princípio, com a efetiva consolidação de um sistema de precedentes vinculantes, no Código de Processo Civil de 2015, ao invés de o trâmite processual ter o seu prazo de duração reduzido, observar-se-á uma dilação do tempo de análise das demandas. Isso ocorrerá porque está em jogo, tal como dito em linhas outras, uma mudança de cultura jurídica, a qual interfere, diretamente, na prática dos atos processuais necessários ao deslinde da causa. Sobreleva informar, porquanto necessário, que a conclusão ora grafada dispensa outras variáveis e leva em conta apenas a relação direta entre os precedentes vinculantes e a razoável duração do processo.

Noutra quadra, é forçoso aduzir que, na hipótese de aplicação ótima do sistema de precedentes obrigatórios, sem as vicissitudes que se costuma observar no cotidiano do judiciário brasileiro, entende-se que há um contributo para a razoabilidade temporal das demandas, tendo em vista que, embasado em uma solução pretérita já conferida, os juízes e tribunais poderão aplicar a mesma lógica decisória nos casos análogos, resultando em maior efetividade do pronunciamento e economia de tempo. Consoante aduz Lucas Buril de Macêdo[60]: "Com efeito, resolvida a questão nesses moldes, tem-se uma fórmula eficiente para resolver os demais casos similares."

Sobreleva informar, noutro giro, que o próprio processo de construção do precedente judicial, nos termos do que se vislumbra em uma tradição jurídica de *Common Law,* demanda tempo superior ao processo de tomada de decisão erigido nas tradições romano-germânicas. Isso ocorre em função da relevância do precedente enquanto fonte do direito, na medida em que, ao terem ciência de que a decisão poderá servir como paradigma obrigatório para a resolução de casos futuros, os juízes e tribunais se debruçam não só sobre os pontos necessários à construção da

60 MACÊDO, Lucas Buril. **Precedentes judiciais e o direito processual civil**. Salvador: Juspodivm, 2015, p. 130.

norma individual do caso concreto, mas também tomam por base todos os argumentos hábeis a solucionar eventuais casos parelhos submetidos ao crivo futuro dos órgãos jurisdicionais.

A afirmação feita acima resta perceptível, quando da análise dos debates produzidos nos julgamentos dos seguintes casos pela Suprema Corte dos Estados Unidos da América: Welch v. United States, Army Corps of Engineers v. Hawkes Co., Sheriff v. Gillie Ross v. Blake.

Frederick Shauer[61] já esquadrinhou o caráter prospectivo do precedente judicial e seu liame com a necessidade de produção de decisões mais consentâneas com a sua função, tendo em conta que esses se perfectibilizam como modelos de julgamento. Visto isso, percebe-se que a sistemática dos precedentes obrigatórios pode demandar um maior tempo de maturação do processo, de tal sorte que não necessariamente fomenta a efetividade da razoável duração das demandas, principalmente em relação à sua faceta ligada à celeridade.

Ultrapassadas essas considerações, chega-se à conclusão de que não se pode afirmar, peremptoriamente, que a só implementação da técnica dos precedentes judiciais vinculantes é suficiente ao resguardo e ampla aplicação do direito fundamental à razoável duração do processo. Cingindo-se ao contexto brasileiro, perceber-se-á que a má utilização das decisões paradigmas obrigatórias, nos moldes do que se aventou linhas atrás, poderá ensejar equívocos inarredáveis, os quais são suficientes a afastar uma prestação jurisdicional expedita e efetiva.

É preciso que os operadores do direito saibam lidar com os institutos implementados, sob pena de se vislumbrar, como já acontece em alguns casos, mais do mesmo, ou seja, o uso dos precedentes obrigatórios com a mentalidade adstrita à mera replicação autômata de enunciados normativos. Repita-se, dada a imprescindibilidade, que os precedentes vinculantes, quando tomados por parâmetro na resolução de casos futuros, não podem ser confrontados em descompasso com as peculiaridades fáticas a revestir o processo em apreciação pelo Poder Judiciário, exigindo-se, por conseguinte, maior argúcia dos magistrados e dos Tribunais.

O fato de os pronunciamentos judiciais servirem à constituição de arquétipos decisórios resulta na necessidade destes serem confeccionados com maior qualidade e preocupação técnica. Até por conta disso, é que o Código de Processo Civil brasileiro fez questão de grafar as balizas da fundamentação dos atos decisionais, consoante propugna o art. 489,§1º, uma vez que o arrazoado das manifestações dos órgãos ju-

61 SHAUER, Frederick. Precedente. DIDIER JR, Fredie (coord.). **Precedentes**. Salvador: Juspodivm, 2015. p. 50-86.

risdicionais serve à extração da norma geral do precedente, qual seja a *holding* ou *ratio decidendi.*

É indene de dúvidas que, para a produção de uma decisão jurisdicional com os requisitos necessários à sua qualificação como precedente judicial, demanda-se maior tempo e exige-se, de acordo com o que fora mencionado algures, juízes preparados ao exercício da hercúlea tarefa de fomentar um sistema uniforme, íntegro e coerente. Bem utilizados os precedentes obrigatórios, será possível conferir, de modo amplo, a efetividade da razoável duração do processo.

5.3. A relação entre precedente vinculante e a razoável duração do processo e as perspectivas futuras à luz do Código de Processo Civil de 2015

De acordo com o exposto, percebe-se que há, de fato, uma relação entre a aplicação de um sistema de precedentes vinculantes, quando bem trabalhado, e a maior efetividade de direitos e garantias fundamentais, na medida em que o uso de decisões paradigmas com força obrigatória possibilita que os valores precípuos do Estado Democrático de Direito, no transcorrer do processo, sejam verdadeiramente respeitados, tais como os fartamente aduzidos princípios da isonomia, segurança jurídica e da tutela jurisdicional efetiva.

Não se pode olvidar, que, nem sempre, essa interação resulta em consequencias positivas diretas, pois, da maneira como assentado no item anterior, a falta de preparo suficiente ao manuseio dos *binding precedents* poderá resultar em malferimento a preceitos que esse instituto visa resguardar, como é o caso da razoável duração do processo.

Neste azo, em países tradicionalmente adstritos a uma cultura romano-germânica, a busca pela implementação de um sistema de precedentes vinculantes, em uníssono com o que se vislumbra na Inglaterra e nos Estados Unidos, tem provocado alguns paradoxos, tendo em vista o choque de realidade prática, naquilo que concerne à escorreita aplicação do direito. Afinal de contas, qualquer incorporação acrítica de experiências encampadas em sistemas jurídicos outros provoca conflitos internos e exige que se estabeleçam as necessárias adaptações procedimentais e comportamentais.

Mesmo que se admita, de acordo com aquilo que já fora posto neste trabalho, que o Brasil é uma nação de tradição jurídica mista, uma vez que, desde o período Republicano já incorporava traços de ações assentadas em países de *Common Law,* tal como o *judicial review,* é notória a sua imersão no *Civil Law,* mormente no que pertine à forma através da qual o Poder Judiciário realiza os seus julgamentos e encara o valor das decisões judiciais pretéritas com caráter paradigmático. Passo a passo, no entanto, os precedentes obrigatórios foram ganhando espaço, com o escopo de pôr termo às escatologias judiciais diuturnas, as quais derivavam e ainda derivam da constante oscilação de posicionamentos geradoras de injustiças, por vezes, irreparáveis.

Ocorre que, no Brasil, ao revés do que se verificou nas nações de *Commonwealth,* a adoção da técnica de vinculatividade decisória não foi fruto do amadurecimento do sistema, voltado à necessidade de se conferir maior integridade ao labor do Poder Jurisdicional, mas sim de uma imposição legislativa que, aos poucos, foi ampliando os espaços dos precedentes vinculantes. Registre-se, por oportuno, que não se está a desconsiderar o papel dos precedentes judiciais, no Brasil, naquilo que diz respeito ao seu forte apelo persuasivo para a tomada de decisões, mas há que se pontuar a ausência pretérita da obrigatoriedade de observância dos pronunciamentos jurisdicionais, de tal sorte que ainda se permitia uma ampla liberdade de tomada de posições, ainda que em frontal desrespeito às manifestações paradigmas.

Desse modo, exsurge clarividente que se perfaz imperioso alterar antigos modelos teóricos, para que se possa trabalhar, com perfeição, em um novo ambiente de valorização da racionalidade decisória ligada ao paulatino incremento de uma teoria dos precedentes judiciais obrigatórios.

O Código de Processo Civil DE 2015, na esteira do que se aduz, ampliou o rol de decisões que são consideradas vinculantes, de acordo a listagem implementada pelo art. 927[62], o qual passa a conferir maior respeitabilidade aos pronunciamentos judiciais construídos pelas mais diversas Cortes do país. Nesse ponto, o legislador ordinário atentou para a necessidade de o Judiciário exarar posicionamentos uníssonos, haja vista que, como função precípua ao desenvolvimento de um Estado Democrático, não pode se furtar ao mister de exercer o seu múnus com coerência e atento à necessidade de se implementar soluções justas e consentâneas com os mais diversos anseios da sociedade.

62 Art. 927. Os juízes e os tribunais observarão:
I – as decisões do Supremo Tribunal Federal em controle concentrado de constitucionalidade;
II – os enunciados de súmula vinculante;
III – os acórdãos em incidente de assunção de competência ou de resolução de demandas repetitivas e em julgamento de recursos extraordinário e especial repetitivos;
IV – os enunciados das súmulas do Supremo Tribunal Federal em matéria constitucional e do Superior Tribunal de Justiça em matéria infraconstitucional;
V – a orientação do plenário ou do órgão especial aos quais estiverem vinculados.

Consoante já se propugnou em linhas outras, o fato de o juiz ter que seguir precedentes não significa malferir a escorreita prestação jurisdicional. Ao revés, quando se institui um sistema de precedentes vinculantes, busca-se implementar um valor-chave da República Federativa do Brasil que é a unidade do Poder Judiciário, a qual não pode ser sacrificada em detrimento do mero talante de alguns juízes singulares, os quais ainda se põem renitentes em aceitar posicionamentos das Cortes de vértice com o argumento de que isso viria a ferir a ampla liberdade decisória.

Afinando-se no mesmo diapasão, vêem-se as reflexões de Hugo Chacra Carvalho e Marinho[63], que aduzem ser inadmissível o juiz confundir liberdade com libertinagem, pois inexiste liberdade sem limites, de tal modo que nenhum direito é absoluto a ponto de afastar outros preceitos caros ao pleno funcionamento da engrenagem jurisdicional. Assim, são descabidas as considerações que buscam alijar o precedente judicial vinculante sob a alegativa de que isso vergasta a autonomia jurisdicional, uma vez que a plena independência dos juízes, na apreciação dos feitos, não se sobrepõe ao dever de o Judiciário dar respostas compatíveis com a sua atribuição de elucidar a aplicabilidade do ordenamento jurídico.

Dito isso, vê-se que é louvável a modificação empreendida pelo Código de Processo Civil de 2015, tendo em vista que a catalogação de um maior número de decisões vinculantes objetiva aplainar os frequentes conflitos de posicionamentos, os quais, como se disse, colocam o jurisdicionado em posição insustentável, já que não lhes é conferido o mínimo de previsibilidade e cognoscibilidade. Completa-se, desta feita, um ciclo legislativo que providenciará uma transmudação de modelo jurídico-cultural, a fim de consolidar, em efetivo, uma teoria dos precedentes judiciais brasileira.

Ciente dos posicionamentos vinculantes dos Tribunais, o jurisdicionado evitará a propositura de demandas infundadas, desafogando, por conseguinte, os órgãos jurisdicionais. O Código de Processo Civil em vigor, no art. 77, II, estabelece como dever das partes a proibição de deflagrar demandas destituídas de fundamento, dentre as quais se incluem aquelas que colidem frontalmente com decisões paradigmas de caráter obrigatório. As partes e os advogados, portanto, sob pena de imputação de multa por litigância de má-fé, refletirão, em maior escala, sobre os custos de um eventual litígio em desarmonia com matéria já pacificada e vinculante.

63 MARINHO, Hugo Chacra Carvalho e. A independência funcional dos juízes e os precedentes vinculantes. DIDIER JR, Fredie (coord.) et al. **Precedentes**. Salvador: Juspodivm, 2015. p. 87.

Essa consciência maior acerca do dever de seguir precedentes também deságua em uma busca por meios alternativos de solução de conflitos. Afinal de contas, uma das maneiras de se implementar, nas linhas diretivas do processo civil, o direito fundamental à razoável duração do processo é com a utilização de outros métodos de resolução de litígios, os quais tem por intuito desafogar o Judiciário, para que essa função estatal possa se ocupar apenas dos casos não passíveis de pacificação, por ducto da arbitragem, da mediação, da conciliação, e de outras vias mais céleres de autocomposição e heterocomposição.

Tendo em conta esse panorama é que o CNJ fez publicar a Resolução Nº 125/2010, que propõe, nos termos do modelo norte-americano, a ideia de Tribunal Multiportas, ou seja, é preciso que a sociedade tenha à sua disposição variados instrumentos de resolução de controvérsias, com vistas a pacificar os conflitos intersubjetivos, prezando-se pela eficiência e adequabilidade prática[64]. O Conselho Nacional de Justiça, inclusive, reconhece, na adoção desses métodos alternativos, um dos caminhos para que os julgamentos cada vez mais se afinem com a razoável duração do processo[65].

O Código de Processo Civil de 2015, alinhavando-se com essas premissas, estimula a utilização de métodos outros de solução consensual de conflitos, inclusive com a criação de centros judiciários instaurados pelos próprios tribunais, com vistas a incentivar a desjudicialização. Espera-se que essa medida seja fator catalisador do cumprimento da razoável duração do processo, mormente quando as partes visualizem a existência de precedentes obrigatórios.

A despeito dos novos rumos propostos com a Lei 13.105/15, naquilo que pertine aos *binding precedents*, há quem entenda[66] que a inovação legislativa é inconstitucional e, por isso, merece ser afastada, haja vista que somente a Constituição poderia prever decisões com cunho obrigatório, pois os precedentes vinculantes teriam o condão de podar a independência dos juízes.

---

64 CAHALI, Francisco José. **Curso de arbitragem**: resolução CNJ 125/2010 (e respectiva emenda de 31 de janeiro de 2013) – mediação e conciliação. 3ª ed. São Paulo: Revista dos Tribunais, 2013. p. 53.

65 **Justiça em números** 2015: ano-base 2014/Conselho Nacional de Justiça – Brasília: CNJ, 2015, p. 484.

66 NERY JÚNIOR, Nelson. **A força dos precedentes**. Palestra realizada pela Escola Nacional de Formação e Aperfeiçoamento de Magistrados do Trabalho. Vídeo. Duração: 56m02s. Disponível em: <https://www.youtube.com/watch?v=IxXIPKu-reAc>. Acesso em: 09 de outubro de 2015.

No entanto, a consolidação de um sistema de precedentes vinculantes, por via do CPC/15, é decorrência da própria estrutura hierarquizada do Poder Judiciário traçada pela Constituição Federal, de tal modo que o legislador ordinário apenas respaldou aquilo que já fora previsto pelo constituinte originário. As razões que defluem na necessidade de estabelecimento de decisões-quadro obrigatórias são oriundas das funções que a Carta Magna deferiu a cada órgão jurisdicional, a fim de que se possa arrematar uma prestação jurisdicional que, verdadeiramente, atenda os cânones da isonomia, da segurança jurídica e da efetividade. Nessa esteira, tem-se as considerações tecidas por Thiago Rodovalho[67], quando da análise do papel das Cortes Superiores:

> Neste sentido, as decisões paradigmáticas proferidas pelas Cortes Superiores contribuem, justamente, para que o discurso jurídico se dê de forma mais racional, conferindo, pois, maior segurança jurídica aos jurisdicionados, que têm como saber o que esperar do judiciário [previsibilidade], lembrando-se ser a segurança jurídica um valor mesmo, necessário à vida em sociedade e que precisa ser respeitado.

Diante de tais considerações, apenas se poderia cogitar de uma eventual inconstitucionalidade da ampliação do rol de precedentes vinculantes, caso o legislador ordinário houvesse estabelecido a obrigatoriedade de as outras funções estatais (Executivo e Legislativo), assim como ocorre nas súmulas vinculantes, seguirem as decisões paradigmas oriundas do Judiciário. Nessa hipótese, poder-se-ia cogitar de suposta violação à tripartição constitucional dos Poderes, de tal sorte que os enunciados normativos poderiam padecer de vício intrínseco de inconstitucionalidade.

Weber Luiz de Oliveira[68], ao cuidar da aplicação dos precedentes vinculates à Administração Pública, adota solução em compasso com o princípio da juridicidade administrativa:

> Uma solução que se reputa adequada e salvaguardora do exercício das atividades públicas e privadas, além de 'legalizar' a atuação estatal, é a edição de uma norma autorizativa regulamentadora para aplicação de precedentes vinculantes pela Administração Pública. Esta lei seria um acoplamento estrutural entre os sistemas judiciais e legislativos, havendo, com a adoção

67 RODOVALHO, Thiago. A função institucional das Cortes Superiores. **Processo nos tribunais e meios de impugnação às decisões judiciais**. DIDIER JR, Fredie (coord.). Salvador: Juspodivm, 2015. p. 67.

68 OLIVEIRA, Weber Luiz de. Precedentes judiciais na Administração Pública. **Revista de processo**. São Pualo: vol. 251. ano 41. P. 429-455. São Paulo: Ed. RT, jan. 2016.

pela Administração dos precedentes em razão desta norma autorizativa, o exercício de uma racionalidade transversal (três sistemas entrelaçados – legislativo, judiciário e administrativo), pois, com base empírica do que está sendo julgado nos precedentes vinculantes, pode-se, ou não, adotá-los.

Ocorre que o CPC/15 apenas cuida da estrutura do Poder Judiciário e da vinculação dos juízes de piso às decisões das Cortes Superiores, reproduzindo, como sublinhado outrora, a determinação constitucional de escorreita organização da função jurisdicional. Tal como já ocorre há séculos nos Estados Unidos[69] e na Inglaterra, os precedentes dos Tribunais hierarquicamente superiores vinculam os inferiores, de modo que estes deles não podem se afastar, salvo em situações excepcionais que devem ser justificadas de maneira analítica.

Mesmo que a lista encartada no art. 927, do Novo Código de Processo Civil não englobe, em sua totalidade, precedentes, de acordo com o conceito adotado no presente trabalho, buscam-se aplicar institutos de caráter paradigmático (súmulas da jurisprudência do Tribunal, por exemplo), sempre com o objetivo de minar a divergência reiterada de entendimentos, a qual é tida por perniciosa e insustentável[70]. Isso reafirma o compromisso do legislador e porque não dizer do Poder Judiciário em se distanciar da tão indesejada jurisprudência lotérica, que põe em condições díspares sujeitos que se dirigem ao Poder Judiciário para discutir questão jurídica correlata.

Outrossim, a interpretação do art. 927, do Código de Processo Civil, deve ir além do que lá se encontra, na medida em que a busca pela implementação de uma sistemática de precedentes vinculantes não deve encontrar restrições e óbices à uniformidade decisória[71]. Nesta quadra, por exemplo, hão que ser considerados os julgados oriundos das turmas ou seções, quando não houver precedente formulado pelo plenário ou órgão especial[72] ou outra manifestação definida como vincu-

69 FARNSWORTH, E. Allan. **Introdução ao sistema jurídico dos Estados Unidos**. Tradução de Antônio Carlos Diniz de Andrada. Rio de Janeiro: Forense, 1963. p. 64.

70 Enunciado 170, do Fórum Permanente de Processualistas: As decisões e precedentes previstos nos incisos do *caput* do art. 927 são vinculantes aos órgãos jurisdicionais a eles submetidos.

71 DIDIER JR, Fredie. **Curso de Direito Processual Civil**. 10ª Ed.Salvador: Juspodivm, 2015, v. 2, p. 461.

72 Enunciado 314, do Fórum Permanente de Processualistas: As decisões judiciais devem respeitar os precedentes do Supremo Tribunal Federal, em matéria constitucional, e do Superior Tribunal de Justiça, em matéria infraconstitucional federal.

lante. Corrobora com esse posicionamento o professor Luiz Guilherme Marinoni[73] ao dispor que:

> Porém, negar eficácia obrigatória às decisões de Turma e de Seção, diante de casos que jamais poderão ser definidos como repetitivos, é cometer lamentável equívoco, na medida em que a eficácia obrigatória de uma decisão de Corte Suprema está muito longe de se destinar a inibir decisões diferentes para casos de massa.

Essa interpretação se amolda ao que estabelece o art. 926, do Novo CPC, que aduz ser imprescindível que os Tribunais uniformizem sua jurisprudência, para que ela seja mantida estável, íntegra e coerente. Veja-se que os precedentes vinculantes, como dito antes, relacionam-se com valores constitucionais fundamentais, daí defluindo sua força obrigatória, ou seja, a imperiosidade de sua aplicação, em uníssono com o que apregoa Aleksander Peczenik[74]: "A similiar rationale for the normative force of precedent concerns fundamental constitucional and politico-moral values". Desse modo, não faz sentido desprover de efeitos os relevantes precedentes não alinhavados no art. 927, do Novo CPC.

Diante desse novel cenário que se entremostra, com CPC/15, percebe-se que a relação entre precedentes vinculantes e o direito fundamental à razoável duração dos processos tende a ficar cada vez mais estreita, uma vez que, com a concreta solidificação de um sistema inclinado a seguir decisões de cunho obrigatório, existe uma forte tendência de os processos serem julgados tempestivamente, haja vista a existência de posicionamentos já definidos e cogentes, bem como de se ter uma análise das demandas com alto grau de apuro técnico-jurídico o que levará a decisões jurisdicionais mais efetivas e perfilhadas com o princípio da economicidade processual. Cria-se, desta feita, um conjunto de determinações que se presta a conferir racionalidade aos pronunciamentos lavrados pelo Poder Judiciário, de tal sorte que os feitos poderão ter respostas mais adequadas e em menor espaço de tempo.

Reforçando essa tendência, o Código de Processo Civil, com nítida inspiração no procedimento-modelo alemão[75], criou o incidente de resolução de demandas repetitivas, que tem por objetivo pacificar questões

73 MARINONI, Luiz Guilherme. **Julgamento nas cortes supremas**: precedente e decisão do recurso diante do novo CPC. São Paulo: Revista dos Tribunais, 2015. p. 23.

74 PECZENIK, Aleksander. The binding force of precedent. MACCORMICK, Neil; SUMMERS, Robert S.(orgs.). **Interpreting precedents**: a comparative study. Dartmouth: Ashgate, 1997, p. 487.

75 CAVALCANTI, Marcos. **Incidente de resolução de demandas repetitivas e ações coletivas**. Salvador: Juspodivm, 2015, p. 328.

de direito (material ou processual) repetidas em processos múltiplos. A inovação é das mais aplaudidas, na legislação processual, tendo em conta que reforça a necessidade de se conferir tratamento isonômico aos casos que versem sobre matéria correlata, ao tempo em que confere maior destaque aos Tribunais inferiores, evitando a proliferação de decisões contraditórias e instáveis, promovendo-se, assim a necessária segurança jurídica, nos termos do art. 976, do CPC.

Esse mecanismo, enquadra-se no microssistema de resolução de demandas repetitivas[76], e permite que seja afetado ao Tribunal a análise de questão de direito reiterada em diversas demandas, em pronunciamento com caráter vinculante. Com efeito, antes mesmo da interposição de Recurso Extraordinário ou Especial, é possível solver impasses em demandas plúrimas, as quais, muitas vezes, envolvem questões de direito local. O incidente permite, na linha dos Recursos Extraordinários e Especiais repetitivos, a suspensão dos processos que tratem de tema símile.

A expectativa, desta feita, é que o uso do IRDR (atualmente, já foram instaurados 219 Incidentes de Resolução de Demandas Repetitivas) possa servir de reforço à promoção da razoável duração do processo, uma vez que casos podem ser solvidos, de maneira uniforme, com uma decisão pacificadora e paradigmática.

Noutra quadra, insta salientar que a ideia, "a priori", de que os precedentes vinculantes servem à efetivação da razoabilidade temporal das demandas, não reflete a realidade prática por completo, na medida em que poderão existir variações, a depender da forma como os aplicadores do direito encaram as decisões obrigatórias. Acerca do tema, são válidas as considerações de Aluísio Gonçalves de Castro Mendes e Larissa Clare Pochmann da Silva[77], os quais analisam a relação entre precedentes e razoabilidade temporal das demandas:

> Sem adentrar em uma explanação mais detalhada sobre os precedentes, no que tange à duração razoável do processo, do ponto de vista macro, a vinculação ao precedente judicial pode significar uma celeridade maior, porque, com o acolhimento dos precedentes judiciais no julgamento, há uma ten-

---

76 Enunciado nº 345, do Fórum Permanente de Processualistas Civis: O incidente de resolução de demandas repetitivas e o julgamento dos recursos extraordinários e especiais repetitivos formam um microssistema de solução de casos repetitivos, cujas normas de regência se complementam reciprocamente e devem ser interpretadas conjuntamente.

77 MENDES, Aluisio Gonçalves de Castro; SILVA, Larissa Clare Pochmann da Silva. Os impactos do novo CPC na razoável duração do processo. DIDIER JR, Fredie (coord.). **Coleção novo CPC** – Doutrina selecionada: parte geral. Salvador: Juspodivm, 2015. p. 314.

> dência à coerência, à integridade e à estabilidade dos julgamentos e, como consequência, também uma tendência à redução do número de recursos, com a diminuição no tempo de tramitação dos processos.

Apesar do que foi dito acima, sabe-se que essa é uma conclusão simplória, haja vista que toma por parâmetro um cenário ideal de condições, que geralmente não se vislumbra na prática judiciária brasileira. Da forma como já aventado, a aplicação dos precedentes judiciais vinculantes pressupõe uma alteração de cultura jurídica, cuja construção não se faz da noite para o dia.

É preciso que os operadores do direito repensem a sua forma de lidar com as decisões judiciais, mormente em relação àquelas que serão consideradas paradigmas vinculantes.

Outrossim, é necessário que os institutos incorporados ao CPC/15 sejam adequadamente utilizados, sob pena de tornar estéril a tentativa de se promover um processo mais expedito e em conformidade com o direito material deduzido em juízo. Apenas dessa maneira será possível atingir níveis como os dos países de *Commonwealth*, nos quais o *stare decisis,* efetivimente, contribui para a observância do direito fundamental à razoável duração do processo.

No entanto, o cenário atual não indica rumos diferenciados, com a consolidação de um sistema de precedentes vinculantes, haja vista que o Judiciário, sob a égide do Código de Processo Civil de 2015, vem acenando para a inefetividade de premissas fundamentais ao bom andamento do modelo de decisões obrigatórias.

Exemplo disso é o enunciado Nº 47, da Escola Nacional de Formação e Aperfeiçoamento de Magistrados - ENFAM, que aduz ser inaplicável, no âmbito dos juizados especiais, o art. 489, do Novo Código de Processo Civil. O dever de fundamentação analítica, previsto no referenciado dispositivo, é essencial à adequada aplicação dos precedentes judiciais, pois não se perfaz possível fazer incidir o precedente de maneira automática e cabalística, sob pena de aplicá-lo erroneamente, gerando um prolongamento irrazoado do processo.

Insistir em observar o novo com os olhos do velho, pode resultar em conseqüências drásticas para a harmonia do sistema de precedentes e sua colaboração para a razoável duração do processo. Lênio Streck e Dierle Nunes[78] arrematam:

78 STRECK, Lênio; NUNES, Dierle. CPC: conclamamos a que olhemos o novo com os olhos do novo! Disponível em: http://www.conjur.com.br/2016-mar-17/senso--incomum-cpc-conclamamos-olhemos-olhos. Acesso em: 17 mar.2016.

> Mas o grande desafio é o de se promover a institucionalização das garantias constitucionais que o Código busca procedimentalizar especialmente quando promove a nova regência dogmática de algumas decisões que obterão o status de precedentes normativos no quadro legislativo nele dimensionado.

De fato, o comportamento do operador do direito deve se adequar à realidade que se mostra inafastável, em função do Novo Código de Processo Civil. Somente um esforço conjunto operará as mudanças necessárias à consolidação de um efetivo sistema de precedentes vinculantes.

6

CONCLUSÃO

O presente livro se dedicou a tema de extrema relevância para o contexto jurídico atual, na medida em que, com as reformulações empreendidas na Constituição e na legislação processual civil, os precedentes vinculantes estão, cada vez mais, ganhando força aplicativa e se destacando como instrumento prático de racionalidade decisória.

Dessa feita, é preciso que o operador do Direito esteja atento aos elementos circundantes do presente instituto jurídico, o qual, consoante conclusões expendidas nos itens anteriores, erige-se como fonte do direito, pois as manifestações exaradas pelo Poder Judiciário, no cenário em que nos encontramos, são revestidas de nítidos contornos criativos. Assim, para a escorreita compreensão do conteúdo dos enunciados normativos, é preciso que se conheça a forma como eles são aplicados pelos órgãos jurisdicionais.

A fim de apreender a mudança de paradigma que se instaurou, no âmbito do ordenamento jurídico pátrio, fez-se imprescindível esmiuçar as tradições jurídicas mais marcantes do mundo, quais sejam o *Common Law* e o *Civil Law,* haja vista que os precedentes são vistos de formas distintas, a depender da cultura jurídica de cada país. Sem dúvida, como se viu, as nações de *Commonwealth,* supedaneadas pelo direito costumeiro, posicionam as decisões paradigmáticas obrigatórias em destaque, de tal sorte que elas são, naturalmente, levadas em conta, quando da decisão de um caso futuro. Dessarte a doutrina do *stare decisis* encontrou terreno fértil em países como Estados Unidos e Inglaterra, prestando-se obséquio a valores como segurança jurídica e isonomia.

Ocorre que se instaurou um movimento de convergência entre as tradições jurídicas aventadas, de tal sorte que muitas nações de *Civil Law* passaram a adotar elementos estruturais básicos de um sistema de precedentes vinculantes, com o escopo findar incongruências deletérias dos posicionamentos advindos do Poder Judiciário. Muito disso se deveu ao avanço de consciência e evolução das balizas jurídicas, com a superação de dogmas como o da suficiência legal e da idéia de que o juiz apenas se restringe a declarar o sentido exato da lei, ou seja, o outrora cognominado julgador "boca da lei".

É forçoso aduzir que o marco teórico dessas mudanças, em grande medida, é encontrado sob os influxos do pós-positivismo, que propôs a reformulação de valores fundamentais e, principalmente, buscou dar novo posicionamento à atuação dos magistrados, os quais, na busca pela efetivação dos dispositivos da Constituição, passaram a exercer o seu múnus de modo mais proativo. Nesse passo, atender, tão somente, aos preceptivos assentados pelo Poder Legislativo não é observar o Direito em sua totalidade, uma vez que é preciso, hodiernamente, tomar por referência as manifestações oriundas do Poder Judiciário.

Na esteira do que se expôs, é que o Brasil, apesar de ser considerado como um país de tradição híbrida – posição defendida neste trabalho -, aproximou-se, de forma mais intensa, do *Common Law* e de sua maneira de enxergar o precedente judicial. Apesar de o ordenamento jurídico brasileiro não desconhecer os precedentes do judiciário, em regra, tratou-o em seu caráter persuasivo, ou seja, as decisões judiciais passadas apenas serviam como reforço de argumentação, na defesa de certa e determinada tese jurídica. Essa postura rendeu azo à prolação diuturna de feixes decisórios que tratavam questões correlatas de forma completamente dissonante. A independência e liberdade decisória viravam as costas para a necessidade de se alcançar a uniformidade, estabilidade, coerência e integridade dos pronunciamentos judiciais.

Diante desse cenário é que, no Brasil, paulatinamente, foram introduzidas técnicas de vinculação dos juízes e tribunais a decisões já proferidas ou a enunciados que retratavam o extrato daquilo que serviu de base para a resolução de um caso concreto, tal como são as súmulas. Nessa linha de intelecção, é que foram implementadas as súmulas vinculantes, a repercussão geral, os recursos repetitivos, a súmula impeditiva de recursos, além de opções outras que viabilizam uma maior dinamicidade, na apreciação dos feitos submetidos ao crivo da função jurisdicional. Com a deflagração do Código de Processo Civil de 2015, passa-se a outro estágio de consolidação dos precedentes judiciais, de tal modo que são ampliados os chamados *binding precedents,* os quais são considerados impositivos, demandando, por conseguinte, a observância obrigatória pelos órgãos do Poder Judiciário a eles submetidos.

A transmudação da procedibilidade de julgamento trouxe consigo a necessidade de adaptação a institutos novos e de se alterar a cultura jurídica dos órgãos julgadores, que ainda não estão acostumados a lidar com um sistema no qual a extração da norma universalizante do precedente (*ratio decidendi*) deve ter como fonte os relevantes argumentos trazidos à baila na fundamentação decisória. Outrossim, quando do cotejo analítico dos casos tidos por correlatos, há que se levar em consideração o arcabouço fático do caso em análise, de tal modo que o uso do precedente ou seu afastamento, por ducto do *distinguishing* ou *overruling,* clama por um profundo esmiuçar de razões.

No entanto, antes disso tudo, é preciso entender o que se deve tomar, verdadeiramente, por precedente judicial, na medida em que ainda tergiversam os autores nacionais sobre sua correta delimitação conceitual. Nesse diapasão, dentre os inúmeros posicionamentos, buscou-se definir precedente judicial, dentro de uma visão macro, como a decisão proferida em determinado caso, que ganha foro paradigmático, na medida em que pode se tornar elemento de referência para decisões futuras, haja vista que nele se encontra inserida uma tese jurídica passível de ser universalizável, no bojo de circunstâncias fáticas que embasam a controvérsia.

De outro giro, sob um ângulo estrito, toma-se o precedente pela sua parte vinculante, de tal modo que ele se confundiria com a própria *holding*. Resta claro, portanto, que não se deve conceber como sinônimos conceitos como jurisprudência, precedente, súmula e ementa, para fins de uma correta incidência da teoria dos precedentes judiciais.

Assim, ao se institucionalizar uma sistemática de precedentes judiciais obrigatórios, exige-se que haja uma readequação dos anteriores modelos de julgamento, a qual deve ser acompanhada de uma mudança de postura dos operadores do direito. Arremata-se, no presente ponto, que a inércia do Poder Judiciário, naquilo que pertine ao remodelamento de seu perfil, tendo em conta o trabalho cada vez mais frequente com as decisões paradigmas de observância obrigatória, conduz suas ações ao colapso e choque com os direitos e garantias fundamentais.

Pormenorizadas, no capítulo primeiro, as questões atinentes aos precedentes judiciais e sua aplicabilidade, objetivando firmar as bases teóricas essenciais ao reto dimensionamento da teoria do *stare decisis*, no bojo do ordenamento jurídico pátrio, passou-se a tratar da sua relação com o tormentoso problema da ineficiência do Poder Judiciário e seus reflexos na inefetividade dos direitos e garantias fundamentais, mormente no que pertine à razoável duração do processo. Nessa ocasião, foi possível vislumbrar a parca produção doutrinária e as dificuldades de se definir os parâmetros, para se elencar os componentes intrínsecos à razoabilidade temporal das demandas. A despeito disso, é possível concluir que a previsão encartada no art. 5º, LXXVIII, não está vinculada somente à morosidade ou lentidão dos feitos, mas envolve a preocupação com a efetividade, a economicidade e proteção das garantias de atuação das partes no processo.

À evidência, é imperioso que sejam utilizados instrumentos processuais idôneos ao cumprimento da promessa constitucional de garantir um acesso à justiça que promova uma resposta jurisdicional justa e tempestiva. Correlatamente ao que se verifica em países como a Itália, o delongado trâmite processual, no Brasil, ainda subtrai do jurisdicionado a possibilidade de obter uma solução que, após tantos anos, atenda aos anseios expostos quando da deflagração do feito.

Como uma das vias de promoção e concretização do direito fundamental à razoável duração do processo, entremostra-se o sistema de precedentes vinculantes, o qual, se bem utilizado, poderá dar ensejo a decisões mais céleres, efetivas, sem que se desrespeitem as garantias de interveniência e influência dos sujeitos processuais. Além disso, a técnica de julgamento que leva em conta os precedentes judiciais reduz a litigiosidade, uma vez que gera estabilidade, previsibilidade e confiança dos jurisdicionados nos pronunciamentos emanados do Poder Judiciário.

Malgrado o exposto, nos moldes do que se prelecionou, não há uma implicação direta e inafastável entre precedentes vinculantes e razoável duração do processo, pois outros fatores podem contribuir para que, em um sistema que utiliza os *binding precedents,* o processo demande maior tempo de maturação. Desta feita, é possível concluir que essa discussão traz à reboque problemas de grande monta como a necessidade de aculturação dos operadores do direito às novas premissas de aplicabilidade dos precedentes vinculantes. Outrossim, com o uso dos precedentes obrigatórios, exigem-se decisões de alto teor qualitativo, de tal modo que, nos termos do que outrora se aduziu, isso pode ensejar dilação do tempo hábil a gerar uma resposta ao questionamento vertido ao Poder Judiciário.

Enfeixando tais considerações, insta salientar que o presente livro buscou provocar uma reflexão em todos aqueles que lidam com os mais imbricados problemas jurídicos, acerca dos novos rumos apresentados pela consolidação de um sistema de precedentes vinculantes e sua potencial contribuição com a deficiente prestação jurisdicional. É iniludível que, se adequadamente aplicados, os precedentes obrigatórios podem favorecer a efetividade da razoável duração do processo, em todas as suas nuances.

No entanto, para que isso ocorra, é imprescindível que o instituto seja bem compreendido e aplicado. Por vezes, o uso de decisões-quadro pode até postergar a duração de uma demanda, haja vista o apuro técnico exigido do operador do direito, mas o resultado final pode se apresentar bem mais efetivo, principalmente quando contribui, tal como se exige, para a solução de diversos outros casos futuros. É hora de rechaçar antigas premissas, a fim de atender ao preceito maior de defesa de um Poder Judiciário com posições uniformes e seguras.

7

REFERÊNCIAS

ABBOUD, Georges. et.al. Como trabalhar – e como não trabalhar – com súmulas no Brasil: um acerto de paradigmas. MENDES, Aluísio de Castro et.al (orgs). **Direito Jurisprudencial**. São Paulo: Revista dos Tribunais, v. 2, 2014.

ABBOUD, Georges; STRECK, Lênio. O NCPC e os precedentes – Afinal, do que estamos falando? DIDIER JR, Fredie. **Precedentes**. Salvador: Juspodivm, 2015.

ALEXY, Robert. **Teoria da argumentação jurídica** – A teoria do discurso racional como teoria da fundamentação jurídica. 3ª ed. Rio de Janeiro: Forense, 2013.

ALEXY, Robert. **Teoria dos direitos fundamentais**. Tradução Virgílio Afonso da Silva. 2ª ed. São Paulo: Malheiro, 2011.

AMARAL, Francisco. **Direito civil**: introdução. 8ª ed. Rio de Janeiro: Renovar, 2014.

ARGENTINA. Corte Suprema de Justicia de La Nación. M. 1181. XLIV. ROR. MEZZADRA JORGE OSCAR c/ EN M° JUSTICIA Y DDHH s/DAÑOS Y PERJUICIOS. 08/11/2011. Disponível em: http://servicios.csjn.gov.ar/confal/ConsultaCompletaFallos.do?method=verDocumentos&id=10639. Acesso em: 17 set.2015.

ARRUDA, Samuel Miranda. **O direito fundamental à razoável duração do processo**. Brasília: Brasília Jurídica, 2006.

ASSIS, Araken de. **Manual dos recursos**. 5ª ed. São Paulo: Revista dos Tribunais, 2013.

ATÍDE JR, Jaldemiro Rodrigues de. **Precedentes vinculantes e irretroatividade do direito no sistema processual brasileiro**: os precedentes dos tribunais superiores e sua eficácia temporal. Curitiba: Juruá, 2012

AUSTIN, John. **The province of jurisprudence determined and the uses of the study of jurisprudence**. New York: The Noonday Press, 1954.

ÁVILA, Humberto. **Teoria dos princípios**: da definição à aplicação dos princípios jurídicos. 15ª ed. São Paulo: Malheiros, 2014.

ÁVILA, Humberto. **Segurança jurídica**: entre permanência, mudança e realização no direito tributário. 2ª ed. São Paulo: Malheiro, 2012.

BALEEIRO, Aliomar. **O Supremo Tribunal Federal, esse outro desconhecido**. Rio de Janeiro: Forense, 1968.

BARBOZA, Estefânia Maria de Queiroz. **Precedentes judiciais e segurança jurídica**: fundamentos e possibilidades para a jurisdição constitucional brasileira. São Paulo: Saraiva, 2014.

BARREIROS, Lorena Miranda dos Santos. Estruturação de um sistema de precedentes no Brasil e concretização da igualdade: desafios no contexto de uma sociedade multicultural. DIDIER JR, Fredie. (coord.). **Precedentes**. Salvador: Juspodivm, 2015.

BARROSO, Luís Roberto. **Curso de direito constitucional contemporâneo**: os conceitos fundamentais e a construção do novo modelo. 2ª Edição. São Paulo: Saraiva, 2012.

BARROSO, Luís Roberto. **A dignidade da pessoa humana no direito constitucional contemporâneo**: a construção de um conceito jurídico à luz da jurisprudência mundial. Traduzido por Humberto Laport de Mello. 3ª reimpressão. Belo Horizonte: Fórum, 2014.

BARROS, Flaviane de Magalhães; OLIVEIRA, Marcelo Andrade Cattoni de. A síndrome da pressa e o direito ao processo em tempo devido no projeto de código de processo civil. FREIRE, Alexandre *et al* (org.). **Novas tendências do processo civil**: estudos sobre o projeto do novo código de processo civil. Salvador: Juspodivm, v.2, 2014.

BEDAQUE, José Roberto dos Santos. **Tutela cautelar e tutela antecipada**: tutelas sumárias e de urgência (tentativa de sistematização). 5ª ed. São Paulo: Malheiros, 2009.

BEDAQUE, José Roberto dos Santos. **Poderes instrutórios do juiz**. 7ª ed. São Paulo: Revista dos Tribunais, 2013.

BERMUDES, Sérgio. **Introdução ao Processo Civil**. 5ª ed. Rio de Janeiro: Forense, 2010.

BINEBOJM, Gustavo. **Uma teoria do direito administrativo**: direitos fundamentais, democracia e constitucionalização. 3ª ed. Rio de Janeiro: Renovar, 2014.

BONAVIDES, Paulo; ANDRADE, Paes. **História constitucional do Brasil**. Brasília: Paz e Terra Política, 1989.

BONAVIDES, Paulo. **Curso de direito constitucional**. 27ª ed. São Paulo: Malheiros, 2012.

BRASIL. Lei nº 13.105, de 16 de março de 2015. Código de Processo Civil. **Diário Oficial da República Federativa do Brasil**, Poder Executivo, Brasília, DF, 2015. Disponível em: http://www.planalto.gov.br/ccivil_03/_ato2015-2018/2015/lei/l13105.htm.

BRASIL. Lei de 5.869, de 11 de janeiro de 1973. Código de Processo Civil. **Diário Oficial da República Federativa do Brasil**, Poder Executivo, Brasília, DF, 1973. Disponível em: http://www.planalto.gov.br/ccivil_03/leis/L5869.htm.

BRASIL. Decreto-Lei de 1.608, de 18 de setembro de 1939. **Diário Oficial da República Federativa do Brasil, Poder Executivo**, Brasília, DF, 1939. Código de Processo Civil. Disponível em: http://www.planalto.gov.br/ccivil_03/decreto-lei/1937-1946/Del1608.htm.

BRASIL. Decreto-Lei de 3.689, de 03 de outubro de 1941. **Diário Oficial da República Federativa do Brasil**, Poder Executivo, Brasília, DF, 1941. Código de Processo Penal. http://www.planalto.gov.br/ccivil_03/Decreto-Lei/Del3689Compilado.htm.

BUSTAMANTE, Thomas de Rosa. A dificuldade de se criar uma cultura argumentativa do precedente judicial e o desafio do novo CPC. DIDIER JR, Fredie (coord.). **Precedentes**. Salvador: Juspodivm, 2015, p. 287.

BUSTAMANTE, Thomas da Rosa de (coord) et al. **A força normativa do direito judicial**: uma análise da aplicação prática do precedente no direito brasileiro e dos seus desafios para a legitimação da autoridade do Poder Judiciário. Brasília: Conselho Nacional de Justiça, 2015.

CABRAL, Antônio do Passo. A duração razoável do processo e a gestão do tempo no projeto do novo código de processo civil. . FREIRE, Alexandre *et al* (org.). **Novas tendências do processo civil**: estudos sobre o projeto do novo código de processo civil. Salvador: Juspodivm, v.2, 2014.

CÂMARA, Alexandre Freitas. **O novo processo civil brasileiro**. São Paulo: Atlas, 2015.

CANOTILHO, J.J Gomes. **Direito constitucional e teoria da constituição**. 4ª ed. Coimbra: Almedina, 2000.

CAHALI, Francisco José. **Curso de arbitragem**: resolução CNJ 125/2010 (e respectiva emenda de 31 de janeiro de 2013) – mediação e conciliação. 3ª ed. São Paulo: Revista dos Tribunais, 2013.

CAHALI, Claudia Elisabete Schwerz. A excessiva instabilidade da jurisprudência como causa da ineficiência da jurisdição. MENDES, Aluísio de Castro et.al (orgs.). **Direito Jurisprudencial**. São Paulo: Revista dos Tribunais, v. 2, 2014.

CAMPINHO, Sérgio. **Falência e recuperação de empresa**: o novo regime da insolvência empresarial. 7ª ed. Rio de Janeiro: Renovar, 2015.

CARNEIRO JÚNIOR, Amílcar Araújo. Parâmetro do *common law* para a elaboração de um novo sistema: necessidade de uma atitude de vanguarda. MENDES, Aluísio de Castro et.al (orgs). **Direito Jurisprudencial**. São Paulo: Revista dos Tribunais, v. 2, 2014.

CARNEIRO, Athos Gusmão. **Jurisdição e competência**. 17ª ed. São Paulo: Saraiva, 2010.

CARVALHO, Raquel Melo Urbano. **Curso de direito administrativo**: parte geral, intervenção do estado e estrutura da administração. Salvador: Juspodivm, 2008.

CAPPELLETTI, Mauro. **Juízes legisladores?** Tradução de Carlos Alberto Alvaro de Oliveira. Porto Alegre: Sergio Antônio Fabris, 1993.

COUTINHO, Carlos Marden Cabral; CATERINA, Rafaela Marjorie de Oliveira. Legitimidade das decisões judiciais: análise dos precedentes à brasileira e do acesso à justiça no novo CPC. FREIRE. Alexandre *et al* (org.). **Novas tendências do processo civil**: estudos sobre o projeto do novo código de processo civil. Salvador: Juspodivm, 2014.

CRAMER, Ronaldo. **Ação rescisória por violação da norma jurídica**. Salvador: Juspodvm, 2012.

CROSS, Rupert; HARRIS, J.W. **El precedente en el derecho inglés**. Traducción de Mª Angélica Pulido. Marcial Pons. Madrid, 2012.

DAVID, René. **Os Grandes Sistemas de Direito Contemporâneo**. Tradução de Hermínio A. Carvalho. São Paulo: Martins Fontes, 2014,

DIDIER JR, Fredie. **Curso de Direito Processual Civil**. 8ª Edição. Salvador: JusPodivm, v.2, 2013.

___________. **Curso de direito processual civil**: Introdução ao direito processual civil, parte geral e processo de conhecimento.17ª ed. Salvador: Juspodivm, v.1, 2015.

___________. Sistema brasileiro de precedentes judiciais obrigatórios e os deveres institucionais dos tribunais: uniformidade, estabilidade, integridade e coerência da jurisprudência. DIDIER JR, Fredie (coord.). **Precedentes**. Salvador: Juspodivm, 2015.

DIDIER JR, Fredie; NOGUEIRA, Pedro Henrique Pedrosa. **Teoria dos Fatos Jurídicos Processuais**. 2ª ed. Salvador: Juspodivm, 2013.

DINAMARCO, Cândido Rangel. Instituições de direito processual civil. Volume I. 7ª edição. Editora Malheiros. São Paulo, 2013.

DINAMARCO, Cândido Rangel. **Capítulos de Sentença**. 6ª ed. São Paulo: Malheiros, 2014.

DINAMARCO, Cândido Rangel. **Nova era do processo civil**. 4ª ed. São Paulo: Malheiros, 2013.

DINAMARCO, Cândido Rangel. **Fundamentos do processo civil moderno**. São Paulo: Revista dos Tribunais, 1986.

DINAMARCO, Cândido Rangel. **A instrumentalidade do processo**. 13ª ed. São Paulo: Malheiros, 2008.

DWORKIN, Ronald. **Levando os Direitos a Sério**. 2ª ed. São Paulo: Martins Fontes, 2007.

FAZZALARI, Elio. **Instituições de Direito Processual**. 8ª ed. Campinas: Bookseller, 2006. p. 37.

FERRAZ JR, TÉRCIO SAMPAIO. **Introdução ao estudo do direito**: técnica, decisão, dominação. 8ª ed. São Paulo: Atlas, 2015.

FINE, Toni M. **Introdução ao Sistema Jurídico Anglo-Americano**. Tradução: Eduardo Saldanha. São Paulo: Martins Fontes, 2011.

FINZI, Enrico. Questioni controverse in tema di esecuzione provvisoria. **Rivista di Diritto Processuale Civile**, Padova: Cedam, 3, parte I, 1926.

FOGAÇA, Mateus Vargas; CAMBI, Eduardo. Sistema de precedentes judiciais obrigatórios no novo código de processo civil. DIDIER JR, Fredie (coord.). **Precedentes**. Salvador: Juspodivm, 2015.

FARNSWORTH, E. Allan. **Introdução ao sistema jurídico dos Estados Unidos**. Tradução de Antônio Carlos Diniz de Andrada. Rio de Janeiro: Forense, 1963

FRANCO, Marcelo Veiga. A teoria dos precedentes judiciais no novo código de processo civil. DIDIER JR, Fredie. **Precedentes**. Salvador: Juspodivm, 2015.

FREITAS, Juarez. **Direito fundamental à boa administração**. 3ª ed. São Paulo: Malheiros, 2014.

FUX, Luiz. **Teoria geral do processo civil**. Rio de Janeiro: Forense, 2014.

GARCIA, André Luis Bitar. A ausência de um sistema de precedentes no NCPC: uma oportunidade perdida. DIDIER JR, Fredie *et al* (orgs). **O projeto do novo código de processo civil**: estudos em homenagem ao professor José de Albuquerque Rocha. Salvador: Juspodivm, 2011.

GAJARDONI, Fernando da Fonseca. **Técnicas de aceleração do processo**. São Paulo: Lemos & Cruz, 2003.

GREGER, Reinhard. Cooperação como princípio processual. Traduzido por Ronaldo Kochem. **Revista de processo**. São Paulo: Revista dos Tribunais, 2012, 206.

GUASTINI, Riccardo. **Interpretar y argumentar**. Traducción de Silvina Álvarez Medina. Madrid: Centro de estúdios políticos y constitucionales, 2014.

HOFFMAN, Paulo.Razoável duração do processo. Quartier Latin. São Paulo, 2006, p. 219.

IVO, Gabriel. **Norma Jurídica**: Produção e Controle. São Paulo: Noeses, 2006. p. XL.

JAGUARIBE, Marcio. Tempo e história. DOCTORS, Marcio (org.). **Tempos dos tempos**. Rio de Janeiro: Jorge Zahar, 2003. p. 157.

JOBIM, Marco Félix. **O direito à duração razoável do processo**: responsabilidade civil do Estado em decorrência da intempestividade processual. 2ª ed. Porto Alegre: Livraria do Advogado, 2012. p. 21.

JUSTEN FILHO, Marçal. **Curso de direito administrativo**. 10ª ed. São Paulo: Revista dos Tribunais, 2012

Justiça em números 2015: ano-base 2014/Conselho Nacional de Justiça - Brasília: CNJ, 2015.

KOEHLER, Frederico Augusto Leopoldino. **A razoável duração do processo**. 2ª ed. Salvador: Juspodivm, 2013.

KELSEN, Hans. **O problema da Justiça**. Tradução: João Baptista Machado. 3ª ed. São Paulo: Martins Fontes. 1998.

___________. Teoria Pura do Direito. Tradução: João Baptista Machado. São Paulo: Martins Fontes, 2012.

KREBS, Hélio Ricardo Diniz. **Sistemas de precedentes e direitos fundamentais**. São Paulo: Revista dos Tribunais, 2015.

KRELL, Andreas J. A relevância da teoria do fato jurídico no âmbito do moderno direito constitucional e administrativo. DIDIER JR, Fredie; EHRHARDT JR, Marcos (coord.). **Revisitando a teoria do fato jurídico**: homenagem a Marcos Bernardes de Mello. São Paulo: Saraiva, 2010.

LARENZ, Karl. **Metodologia da Ciência do Direito**. Lisboa: Fundação Calouste Gulbenkian, 1997.

LEAL, Mônica Clarissa Hennig. Jurisdição Constitucional Aberta: a abertura constitucional como pressuposto de intervenção do amicus curiae no direito brasileiro. **Revista de Direito Público**. Brasília: v. 1, n. 21, Maio-Junho de 2008.

LIMA, Tiago Asfor Rocha. **Precedentes judiciais civis no Brasil**. São Paulo: Saraiva, 2013.

LOPES, Dimas Ferreira. Celeridade do processo como garantia constitucional - estudo histórico-comparativo: constituição brasileira e espanhola. Fiuza, César (org.). Direito **Processual na História**. Belo Horizonte: Mandamentos, 2002.

LOPES FILHO, Juraci Mourão. **Os Precedentes judiciais no constitucionalismo brasileiro contemporâneo**. Salvador: JusPodivm, 2014.

LUCCA, Rodrigo Ramina. **O dever de motivação das decisões judiciais**. Salvador: Juspodivm, 2015.

MACCORMIL, Neil. **Rethoric and the rule of law** – A theory of legal reasoning. New York: Oxford University Press, 2005.

MACCORMICK, Neil; SUMMERS, Robert S.(orgs.). **Interpreting precedents**: a comparative study. Dartmouth: Ashgate, 1997.

MACÊDO, Lucas Buril. **Precedentes judiciais e o direito processual civil**. Salvador: Juspodivm, 2015.

MAGALHÃES, Bruno Baía; SILVA, Sandoval Alves da Silva. Quem vê ementa, não vê precedente: ementismo e precedentes judiciais no projeto do novo CPC. FREIRE, Alexandre et al (orgs.). **Novas tendências do processo civil**: estudos sobre o projeto do novo código de processo civil. Salvador: Juspodvm, 2014.

MANCUSO, Rodolfo de Camargo. **Divergência jurisprudencial e súmula vinculante**. 2ª ed. São Paulo: Revista dos Tribunais, 2001.

____________. **Sistema brasileiro de precedentes**: natureza-eficácia-operacionalidade. São Paulo: Revista dos Tribunais, 2014.

MARINHO, Hugo Chacra Carvalho e. A independência funcional dos juízes e os precedentes vinculantes. DIDIER JR, Fredie (coord.) et al. **Precedentes**. Salvador: Juspodivm, 2015. p.87.

MARINONI, Luiz Guilherme; ARENHART, Sérgio Cruz; MITIDIERO, Daniel. Novo curso de processo civil. São Paulo: Revista dos Tribunais, v.1, 2015.

MARINONI, Luiz Guilherme; ARENHART, Sérgio Cruz; MITIDIERO, Daniel. Novo curso de processo civil. São Paulo: Revista dos Tribunais, v.2, 2015.

MARINONI, Luiz Guilherme; ARENHART, Sérgio Cruz; MITIDIERO, Daniel. Novo código de processo civil comentado. São Paulo: Revista dos Tribunais, 2015.

MARINONI, Luiz Guilherme. **Precedentes Obrigatórios**. 2ª ed. São Paulo: Revista dos Tribunais, 2011.

____________. Da corte que declara o "sentido exato da lei" para a corte que institui precedentes. MENDES, Aluísio de Castro et.al (orgs.). **Direito Jurisprudencial**. São Paulo: Revista dos Tribunais, v. 2, 2014.

____________. O precedente na dimensão da igualdade. MARINONI, Luiz Guilherme. **A força dos precedentes**: estudos dos cursos de mestrado e doutorado em direito processual civil da UFPR. 2ª ed. Salvador: Juspodivm, 2012.

___________. **A ética dos precedentes**: justificativa do novo CPC. São Paulo: Revista dos Tribunais, 2014.

___________. **Técnica processual e tutela dos direitos**. 3ª ed. São Paulo: Revista dos Tribunais, 2010.

___________. O STJ enquanto corte de precedentes. São Paulo: Revista dos Tribunais, 2014.

___________. **Julgamento nas cortes supremas**: precedente e decisão do recurso diante do novo CPC. São Paulo: Revista dos Tribunais, 2015.

MAYNEZ, Eduardo Garcia. **Dialogos jurídicos**. México: Forrua,1978.

MEDAUAR, Odete. **Direito administrativo moderno**. 18ª ed. São Paulo: Revista dos Tribunais, 2014.

MELLO, Marcos Bernardes de. **Teoria do fato jurídico**– Plano da existência. 20ª ed. São Paulo: Saraiva, 2014.

___________. **Teoria do Fato Jurídico** – Plano da Validade. 10ª ed. São Paulo: Saraiva, 2010.

MELLO, Celso Antônio Bandeira de. **O conteúdo jurídico do princípio da igualdade**. 3ª Ed. São Paulo: Malheiros, 2013.

MENDES, Gilmar Ferreira; COELHO, Inocêncio Mártires; BRANCO, Paulo Gustavo Gonet. **Curso de direito constitucional**. 2ª ed. São Paulo: Saraiva, 2008.

MENDES, Aluisio Gonçalves de Castro; SILVA, Larissa Clare Pochmann da Silva. Os impactos do novo CPC na razoável duração do processo. **Coleção novo CPC – Doutrina selecionada**: parte geral. DIDIER JR, Fredie (coord.). Salvador: Juspodivm, 2015.

MERRYMAN, John Henry. **La tradición juridical romano-canônica**. Trad. Eduardo L. Suárez. 2ª ed. México: Fondo de Cultura Económica, 1989.

MIRANDA, Pontes de. **Tratado de Direito Privado**. 2ª Tiragem. São Paulo: Revista dos Tribunais, 2012, Tomo I.

___________. **Sistemas de ciência positiva de direito**. Campinas: Bookseller, 2000. Tomo I.

MITIDIERO, Daniel. **Colaboração no processo civil**: pressupostos sociais, lógicos e éticos. São Paulo: Revista dos Tribunais, 2009.

___________. Fundamentação e precedente – dois discursos a partir da decisão judicial. MARINONI, Luiz Guilherme. **A força dos prece-**

dentes: estudos dos cursos de mestrado e doutorado em direito processual civil da UFPR. 2ª ed. Salvador: Juspodivm, 2012.

___________. **Cortes superiores e cortes supremas: do controle à interpretação, da jurisprudência ao precedente**. 2ª ed. São Paulo: Revista dos Tribunais, 2014.

___________. A tutela dos direitos como fim do processo civil no estado constitucional. MENDES, Aluísio de Castro et.al (orgs.). **Direito Jurisprudencial**. São Paulo: Revista dos Tribunais, v. 2, 2014.

___________. **Precedentes**: Da persuasão à vinculação. São Paulo: Revista dos Tribunais, 2016. p. 68.

MONTESQUIEU. **Do espírito das leis**. São Paulo: Difusão Européia do Livro, 1962, v.1.

NEVES, Antônio Castanheira. **O instituto dos assentos e a função jurídica dos Supremos Tribunais**. Coimbra: Coimbra, 1983, n. 1.

NERY JR, Nelson Nery. **Princípios do processo na constituição federal**: processo civil, penal e administrativo. 9ª ed. São Paulo: Revista dos Tribunais, 2009.

NICOLITT, André. **A duração razoável do processo**. 2ª ed. São Paulo: Revista dos Tribunais, 2014.

NOBRE JUNIOR, Edilson Pereira. **Súmula vinculante**: o desafio de sua implementação. São Paulo: MP, 2008.

NOGUEIRA, Gustavo Santana. **Precedentes vinculantes no direito comparado e brasileiro**. 2ª ed. Salvador: Juspodivm, 2014.

ODAHARA, Bruno Periolo. Um rápido olhar sobre o *stare decisis*. **A força dos precedentes**: estudos dos cursos de mestrado e doutorado em direito processual civil da UFPR. 2ª ed. Salvador: Juspodivm, 2012.

OLIVEIRA, Carlos Alberto Alvaro. **Do formalismo no processo civil**: proposta de um formalismo-valorativo. 4ª ed.São Paulo: Saraiva, 2010.

PECZENIK, Aleksander. The binding force of precedent. MACCORMICK, Neil; SUMMERS, Robert S.(orgs.). **Interpreting precedents**: a comparative study. Dartmouth: Ashgate, 1997, p. 487.

PEIXOTO, Ravi. **Superação do precedente e segurança jurídica**. Salvador: Juspodivm, 2015.

PEREIRA, Paula Pessoa. **Legitimidade dos precedentes**: universalidade das decisões do STJ. São Paulo: Revista dos Tribunais, 2014.

PORTANOVA, Rui. **Princípios do processo civil**. 5ª ed. Porto Alegre: Livraria do Advogado, 2003.

PORTUGAL. Lei nº 41, de 26 de junho de 2013. Diário da República 121, Primeira Série, páginas 3518 a 3665. Disponível em: http://www.pgdlisboa.pt/leis/lei_mostra_articulado.php?nid=1959&tabela=leis.

ROCCO, Alfredo. **La sentezia civile**. Milano: Giuffré, 1962,

ROCHA, Cármen Lúcia Antunes. **Constituição e segurança jurídica**: direito adquirido, ato jurídico perfeito e coisa julgada. 2ª ed. Belo Horizonte: Fórum, 2009.

RODOVALHO, Thiago. A função institucional das Cortes Superiores. **Processo nos tribunais e meios de impugnação às decisões judiciais**. DIDIER JR, Fredie (coord.). Salvador: Juspodivm, 2015.

ROSSI, Júlio César. **Precedente à brasileira**: a jurisprudência vinculante no CPC e no novo CPC. São Paulo: Atlas, 2015.

SABINO, Marco Antônio da Costa. O precedente vinculante e sua força no Brasil. **Revista Dialética de Direito Processual**. São Paulo: n.85, abril de 2010.

SANTOS, Evaristo Aragão dos. Em torno do conceito e da formação do precedente judicial. WAMBIER, Teresa Arruda Alvim (coord.). **Direito jurisprudencial**. São Paulo: Revista dos Tirbunais, 2012, v.1,

___________. Por que os juízes (no *common law*) se sentem obrigados a seguir precedentes? MENDES, Aluísio de Castro et.al (orgs.). **Direito Jurisprudencial**. São Paulo: Revista dos Tribunais, v. 2, 2014.

SANTOS, B.S; PEDROSO, J.; MARQUES, M.M.L. **Os tribunais nas sociedades contemporâneas**. Porto: Edições Afrontamento, 1996. p. 390.

SARLET, Ingo Wolfgang. **A eficácia dos direitos fundamentais: uma teoria geral dos direitos fundamentais na perspectiva constitucional**. 10ª ed. Porto Alegre: Livraria do Advogado, 2010.

SHAUER, Frederick. Precedente. DIDIER JR, Fredie. **Precedentes**. Salvador: Juspodivm, 2015.

SOUZA, Carlos Mota de. **Direito judicial, jurisprudencial e sumular**. Revista de Processo. São Paulo: 80/208, out-dez, 1995

SOUZA, Marcelo Alves Dias de. **Do precedente judicial à súmula vinculante**. Curitiba: Juruá, 2013.

SOUZA, Marcelo Alves Dias de. Os law reports ingleses: história e panorama atual. MENDES, Aluísio de Castro et.al (orgs.). **Direito Jurisprudencial**. São Paulo: Revista dos Tribunais, v. 2, 2014.

STRECK, Lênio Luiz; ABBOUD, Georges. **O que é isto – o precedente judicial e as súmulas vinculantes?**

SUÁREZ, Christian Delgado. Os precedentes constitucionais no Peru. **A força dos precedentes**: estudos dos cursos de mestrado e doutorado em direito processual civil da UFPR. 2ª ed. Salvador: Juspodivm, 2012.

TAGLE, Fernando Liendo. Precedentes, interpretación, cultura jurídica e independencia judicial en civil law. Hacia uma actualización de concepciones desde y para experiências latinoamericanas. MENDES, Aluísio de Castro et.al (orgs.). **Direito Jurisprudencial**. São Paulo: Revista dos Tribunais, v. 2, 2014.

TARANTO, Caio Márcio Gutterres. **Precedente judicial**: autoridade e aplicação na jurisdição constitucional. Rio de Janeiro: Forense, 2010.

TARUFFO, Michele; MITIDIERO, Daniel (Org.) **Processo civil comparado**: ensaios. São Paulo: Marcial Pons, 2013.

TARUFFO, Michele. Dimensiones del precedente judicial. **Paginas sobre justicia civil**. Madrid: Marcial Pons, 2009, n.33.

TERÁN, Juan Manuel. **Filosofía del derecho**. 14ª ed. Mexico: Porrúa, 1998,

TUCCI, José Rogério Cruz e. **Precedente judicial como fonte do direito**. São Paulo: Revista dos Tribunais, 2004.

____________. **Tempo e processo**. Revista dos Tribunais. São Paulo: 1997.

VIANA, Juvêncio Vasconcelos. **Do processo cautelar**. São Paulo: Dialética, 2014.

VIDAL, Jânio Nunes. **Elementos da teoria constitucional contemporânea**: estudos sobre as constantes tensões entre política e jurisdição. Salvador: Juspodivm, 2009.

VILANOVA, Lourival. **Escritos jurídicos e filosóficos**. São Paulo: Axis Mvndi IBET, 2003, v.1.

WAMBIER, Teresa Arruda Alvim. Precedentes e evolução do direito. WAMBIER, Teresa Arruda Alvim (coord). **Direito jurisprudencial**. São Paulo: Revista dos Tribunais, 2012, v.1.

WATANABE, Kazuo. **Cognição no processo civil**. 4ª ed. São Paulo: Saraiva, 2012.

WOLKART, Erik Navarro. **Precedente judicial no processo civil brasileiro**: mecanismos de objetivação do processo. Salvador: Juspodivm, 2013.

ZANETI JR, Hermes. **O valor vinculante dos precedentes**. Salvador, Juspodivm, 2015.